普通高等教育经管类专业系列教材

外汇理论与实务

何　昌　编著

清华大学出版社
北京

内 容 简 介

本书以外汇理论为基础，以外汇实务为导向，以各种外汇交易方法分析为重点，系统阐述了外汇的基础知识、外汇理论以及外汇实务等。本书主要介绍了即期外汇交易、远期外汇交易、套汇与套利、外汇掉期交易、外汇期货交易、外汇期权交易、外汇互换交易等，内容系统全面。本书在分析了每种交易方法之后，对交易方法的作用进行了分析，便于读者将相关知识快速地应用于外汇交易的实践活动。

本书适合金融学、国际经济与贸易、国际商务等经济类和管理类专业及其他涉外专业的本科、大专及高职学生作为教材使用，也适合从事涉外业务的相关从业人员使用，还适合对外汇投资感兴趣的投资者学习和参考。

本书封面贴有清华大学出版社防伪标签，无标签者不得销售。

版权所有，侵权必究。举报：010-62782989，beiqinquan@tup.tsinghua.edu.cn。

图书在版编目(CIP)数据

外汇理论与实务/何昌编著.—北京：清华大学出版社，2024.2
普通高等教育经管类专业系列教材
ISBN 978-7-302-65387-5

Ⅰ.①外… Ⅱ.①何… Ⅲ.①外汇业务－中国－高等学校－教材 Ⅳ.① F832.63

中国国家版本馆 CIP 数据核字 (2024) 第 019948 号

责任编辑：	施　猛　张　敏
封面设计：	常雪影
版式设计：	方加青
责任校对：	马遥遥
责任印制：	杨　艳

出版发行：清华大学出版社
　　　　网　　址：https://www.tup.com.cn，https://www.wqxuetang.com
　　　　地　　址：北京清华大学学研大厦 A 座　　邮　　编：100084
　　　　社 总 机：010-83470000　　邮　　购：010-62786544
　　　　投稿与读者服务：010-62776969，c-service@tup.tsinghua.edu.cn
　　　　质 量 反 馈：010-62772015，zhiliang@tup.tsinghua.edu.cn
印 装 者：涿州汇美亿浓印刷有限公司
经　　销：全国新华书店
开　　本：185mm×260mm　　印　张：12.5　　字　数：289 千字
版　　次：2024 年 2 月第 1 版　　印　次：2024 年 2 月第 1 次印刷
定　　价：49.00 元

产品编号：104458-01

前言 PREFACE

党的二十大报告强调"有序推进人民币国际化"。随着人民币国际化进程加快，人民币已经成为全球第五大交易货币，国际上对于人民币的兑换需求也日益增加；而且，随着我国对外开放程度的提高，国际贸易、国际投资等经济活动水平日益扩大，带来了越来越多的外汇交易需求；同时，随着"一带一路"建设的推进，我国与"一带一路"共建国家的经济交往活动日渐加深，与他们之间的货币兑换活动也越来越多。在此背景下，国内外对于外汇交易知识的需求越来越强烈。为此我们编写了本书，希望通过本书能够使相关读者掌握外汇交易知识。

为了满足相关读者掌握外汇交易知识的需求，本书做到了以下几点。

(1) 本书对相关外汇交易知识进行较为深入的理论分析，便于读者深入理解相关的知识内容。比如，倒数汇率计算的理论分析、套算汇率计算的理论分析、双向远期汇率计算的理论分析，以及篮子货币保值的深入分析等。

(2) 本书对于外汇交易知识覆盖比较全面，便于读者系统全面地掌握外汇交易的相关知识。本书覆盖外汇即期交易、外汇远期交易、套汇与套利、外汇掉期交易、外汇期货交易、外汇期权交易等内容。每个内容下面又涵盖了概念、交易的报价、交易的程序、交易的作用，以及人民币的相关交易等。

(3) 本书在分析了每种交易方法之后，对交易方法的作用进行了分析，便于读者将相关知识快速地应用于外汇交易的实践活动。比如，远期外汇交易可以用于规避外汇风险和投机。

(4) 为了更加贴近国内读者外汇交易的实践，本书还分析了人民币外汇交易，包括人民币即期外汇交易、人民币远期外汇交易、人民币外汇掉期交易、人民币外汇期货交易、人民币外汇期权交易、人民币外汇货币互换交易等，同时也方便国外读者了解人民币外汇交易的情况。

笔者在修订本书的过程中参阅了一些资料，在此向相关作者表示感谢。限于时间和水平，本书难免存在不妥之处，敬请广大读者指正。反馈邮箱：shim@tup.tsinghua.edu.cn。

配套资料

扫描下载

何 昌
2023年10月

目录 CONTENTS

第一章 外汇和外汇市场 / 1
第一节 外汇、外币与外汇交易 / 3
第二节 外汇市场概述 / 5
第三节 世界重要的外汇市场和外汇交易平台 / 9
第四节 我国的外汇市场 / 14

第二章 外汇价格理论 / 18
第一节 外汇价格(汇率)概述 / 19
第二节 外汇价格(汇率)的理论分析 / 22
第三节 外汇远期价格(远期汇率)理论 / 25
第四节 外汇报价 / 29

第三章 即期外汇交易 / 36
第一节 即期外汇交易概述 / 37
第二节 即期外汇交割 / 38
第三节 即期外汇交易报价在进出口业务中的应用 / 41
第四节 倒数汇率 / 42
第五节 套算汇率 / 43
第六节 即期外汇交易的作用 / 47
第七节 即期外汇交易程序 / 49
第八节 人民币即期外汇交易 / 52

第四章 远期外汇交易 / 56
第一节 远期外汇交易概述 / 57
第二节 远期汇率的计算 / 58
第三节 远期外汇报价 / 61
第四节 远期套算汇率 / 66
第五节 择期外汇交易 / 67
第六节 远期外汇交易的作用 / 70

第七节 远期外汇交易程序 / 72
第八节 人民币远期外汇交易 / 74

第五章 套汇与套利 / 79
第一节 套汇交易 / 80
第二节 套利交易 / 84

第六章 外汇掉期交易 / 89
第一节 外汇掉期交易概述 / 90
第二节 外汇掉期率 / 92
第三节 外汇掉期交易汇率的计算 / 95
第四节 外汇掉期交易的作用 / 97
第五节 外汇掉期交易程序 / 99
第六节 人民币外汇掉期交易 / 101

第七章 外汇期货交易 / 104
第一节 外汇期货交易概述 / 106
第二节 外汇期货交易报价 / 110
第三节 外汇期货交易的作用 / 112
第四节 外汇期货交易风险规避 / 119
第五节 人民币外汇期货交易 / 122

第八章 外汇期权交易 / 127
第一节 外汇期权交易概述 / 128
第二节 外汇期权的种类 / 131
第三节 外汇期权的基本交易策略 / 133
第四节 外汇期权的组合交易策略 / 137
第五节 外汇期权交易的作用 / 145
第六节 人民币外汇期权交易 / 147

第九章 外汇互换交易 / 155
第一节 互换交易概述 / 156
第二节 货币互换交易 / 159
第三节 货币互换交易的作用 / 161
第四节 利率互换交易 / 163
第五节 利率互换交易的作用 / 166
第六节 人民币外汇货币互换交易 / 168

第十章　外汇风险管理 / 173

　　第一节　外汇风险管理概述 / 174
　　第二节　外汇风险识别 / 176
　　第三节　外汇风险测量 / 180
　　第四节　外汇风险规避的一般方法 / 183
　　第五节　外汇风险规避的综合方法 / 186

参考文献 / 191

第一章
外汇和外汇市场

学习目标

理论目标：掌握外汇的概念；掌握外币的概念；掌握外汇交易的概念；掌握外汇市场的分类。

实务目标：了解外汇的特点；了解世界主要的外汇市场和外汇交易平台；了解我国外汇市场的基本情况。

情景小故事

情景一：帮客户妥善应对汇率风险

2021年8月10日上午，北京西单中国银行总行大楼2层的全球市场部交易室，上百台电脑屏幕同时滚动着数字，电脑提示音此起彼伏，让这里的气氛显得有些紧张。年轻的外汇交易员们眼盯屏幕、耳听电话、十指敲击键盘，忙个不停。庄媛就是其中的一位。

每位交易员的办公桌上都摆放着三四块电脑屏幕，分别显示着客户交易、国际外汇牌价、外汇走势图和即时新闻等。庄媛介绍，外汇交易员要时刻关注各个国家的股市、债市、央行政策和主要宏观经济指标等信息，决定交易策略。

国际外汇市场瞬息万变，市场热点频繁轮动。从业8年的庄媛不断感受着工作带来的兴奋："在国际外汇市场中，交易的资金量很大，全球日均外汇交易量达到6.6万亿美元，有时候一笔交易金额就可能上亿美元。汇率价格变化快，且影响价格的因素很多，任何一个操作都可能带来损益的波动，交易员需要在快速波动的市场中快速反应、果断判断，这有赖于平时的大量训练和不断累积。我叙做的外汇期权属于复杂衍生品，它的定价、交易和管理都具有一定复杂性。目前，行业的金融科技创新非常快，我们交易员需要快速适应这些新的变化。虽然工作繁忙且充满挑战，但也很有成就感。"

2020年3月的一段工作经历让庄媛印象深刻。当时新冠肺炎疫情在全球扩散蔓延，市场面临巨大不确定性，国际外汇市场动荡，市场流动性急剧收缩。"作为当日的看盘交易员，面对突如其来的变化，我也很紧张。"庄媛回忆道，当时他们顶着市场波动的压力，积极承担做市商责任，同时尽可能满足客户需求。

"市场的变化来源于经济的不确定性，任何一种交易都是对未来的定义和定价，而交易员就像画家，用交易这一画笔实现内心对未来的理解和刻画。"庄媛说道。

在庄媛看来，敏捷、自律、勤奋、果敢、心理素质好、责任心强，是外汇交易员需要具备的基本素质。"目前，亚洲外汇市场交易量占全球外汇市场交易量的比重逐年升高，人民币交易占比排名也逐渐攀升，成为全球重要交易币种之一。随着国内市场不断扩大开放，企业、机构等对于汇率风险管理的要求将不断提高，国内汇率风险保值工作还有很大的提升空间。中国银行外汇业务起步早、专业优势明显，一直保持着银行间市场核心做市商和报价行地位。作为中国银行的外汇交易员，将国有大行的先进理念、管理经验和平台优势等通过自己的工作传导给客户，做好企业、行业汇率风险对冲工作，服务好实体经济，是我们一直以来不断努力的方向！"庄媛对未来充满信心。

【整编自《人民日报》(2021年08月23日17版)】

情景二：外汇交易员利奇的一天

塞缪尔•利奇(Samuel Leach)是一位英国的外汇交易员。他18岁那年成为外汇市场的外汇交易员，到28岁的时候，通过其外汇交易员的工作，已经在英国买了3套大房子。

塞缪尔•利奇每星期只工作三至四天，周末他就和家人在一起休息。他工作的一天安排如下。

早上5点，利奇早早地起床，和他的狗玩一会儿后去公司。早餐则直接在上班路上解决。

早上6点到公司，他先喝杯咖啡，然后坐下来看看外汇交易的盘面行情，检查各个持仓品种是否都在一个不错的位置。

8点30分，利奇开始正式参与交易。他通常做短线交易，在这上面他花的时间最短只有10～15分钟，最长也仅有6～8小时。他非常关注实时新闻消息，不管是欧洲央行、美联储还是英国央行的消息，还是谁在谈论的有关货币或者经济问题。

利奇只关注接下来几天的市场情绪，而不是一周以外或更长远的市场情绪。因为他只做外汇短线交易，所以一周以外发生什么事情对他来说并不重要。

中午12点，利奇准时吃午饭。因为需要时刻关注新闻消息，所以他通常在办公桌上吃午餐，大概在10～15分钟内吃完，然后玩一会儿游戏，这是为了将他的注意力暂时地从外汇交易员的工作上转移开来，以得到适当的放松。

12点30分，用过午餐后，利奇回到外汇交易员的工作中。在下午，他期待着纽约盘的到来。纽约盘一般在英国时间13点30分或14点30分开盘，具体时间取决于英国是在夏令时还是冬令时。美国的外汇交易员会给外汇市场带来大量的流动性，他也能从纽约盘中观察到美国人对于美元走强的看法。

16点30分，利奇通常会快速地回顾一下他自己的外汇持仓量，并且在下午5点前逐步平仓。

17点30分，利奇结束当天的外汇交易员工作。之后，他会去健身房，在那里花费一个半小时左右的时间进行健身。

19点30分，健身结束后，利奇又回到办公室开会，或者继续看纽约盘的交易流情况，或者继续观察其持仓品种的晚间走势。

20点，利奇下班回家。他通常回家吃晚餐，而晚餐时间大概在22点到22点30分。

23点45分，利奇会带着他的小狗出去散步半个小时，然后回家睡觉。因为工作日他都起得很早，所以周末他会睡到10点至11点。

在周末，利奇一般不工作，也不看新闻。但在周日晚上，他通常会浏览外汇市场行情。因为这个时候澳大利亚的外汇市场已经开盘了，他可以大致了解是否有需要特别关注的消息。

以上就是塞缪尔·利奇作为外汇交易员的一天，从中可以看出他的自律。也正是由于这种自律，才能让他在这个变化多端的外汇市场上一直处于不败之地。

【整编自外汇帮：https://www.waihuibang.com/fxschool/fxstory/158590.html】

第一节　外汇、外币与外汇交易

一、外汇

外汇(foreign exchange，或forex)，是国际汇兑的简称，通常指以外国货币表示的可用于国际结算的各种支付手段。它是国际贸易和国际投资等经济活动的产物，也是国家间债务债权清偿的手段。

外汇具有静态和动态两层含义。

在动态层面上，外汇是指将一国的货币兑换成另一国的货币，借以清偿国家间债务债权关系的专门性货币经营活动。

在静态层面上，外汇是指以外国货币表示的，用于国际结算的支付手段或信用工具。这种支付手段包括以外币表示的信用工具和有价证券，如银行存款、商业汇票、银行汇票、银行支票、外国政府国库券及长短期证券等。

在国际汇兑中，一个国家的货币并非可以自由地兑换任何其他国家的货币，而只能兑换成各国都能接受的某种支付手段或信用工具，如外国货币、外币有价证券、外币支付凭证等。因此，国际货币基金组织(International Monetary Fund，IMF)规定，外汇是货币行政当局以银行存款、财政部证券、长短期政府证券等形式保有的在国际收支逆差时可以使用的债权。

外汇必须具有以下三个特性。

(1) 外币性，必须以外国货币表示；

(2) 可兑换性，必须可以自由兑换其他货币表示的资产或支付工具；

(3) 普遍接受性，必须被各国普遍接受和使用。

根据我国2008年8月5日颁布实施的《中华人民共和国外汇管理条例》，外汇是指下列以外币表示的可以用作国际清偿的支付手段或资产：①外币现钞，包括纸币、铸币；②外币支付凭证或者支付工具，包括票据、银行存款凭证、银行卡等；③外币有价证券，包括债券、股票等；④特别提款权；⑤其他外汇资产。

二、外汇中的外币

外币是指本国货币以外的其他国家或地区的货币。从形式上看，外汇是某种外国货币或外币资产，但不能认为所有的非本国货币都是外汇，只有那些具有可兑换性的外国货币才能成为外汇。根据外国货币的可兑换性，外币可以分为可自由兑换货币、有限度自由兑换货币和不可兑换货币。

1. 可自由兑换货币

凡是接受IMF协定第8条规定的国家，其货币在国际上都被承认为可自由兑换货币。这些国家必须履行以下三条规则。

(1) 对国际经常往来的付款和资金转移不得施加限制。这些国家的货币在国际经常往来中随时可以无条件地作为支付手段，对方应当无条件地接受和承认其合法价值。

(2) 不施行歧视性货币措施或多种货币汇率。

(3) 在另一成员国要求下，随时有义务换回对方在经常往来中所结存的本国货币，即参加该协定的成员国具有无条件承兑本币的义务。

迄今为止，全世界已有50多个国家和地区的货币成为可自由兑换货币，包括美元、欧元、日元、瑞士法郎、丹麦克朗、瑞典克朗、挪威克朗、加拿大元、澳大利亚元、新西兰元、新加坡元、卢布等。

2. 有限度自由兑换货币

凡是接受IMF协定第14条规定的国家，其货币被视为有限度自由兑换货币。这类货币的共同特征表现为对国际经常往来的付款和资金转移施加各种限制，如限制居民的自由兑换、限制资本和金融项目外汇的兑换。这类货币在有限的范围内具有外汇的意义。

3. 不可兑换货币

当一国对其国际间经常账户和资本与金融账户都加以限制时，其货币为不可兑换货币。经济发展非常落后的国家的货币大多属于这一类。这类货币不具有外汇的意义。

目前，有20余种外币可以在中国外汇市场上挂牌买卖，包括美元(USD)、欧元(EUR)、日元(JPY)、英镑(GBP)、瑞士法郎(CHF)、丹麦克朗(DKK)、瑞典克朗(SEK)、加拿大元(CAD)、澳大利亚元(AUD)、新西兰元(NZD)、新加坡元(SGD)、马来西亚林吉特(MYR)等。

三、外汇交易

外汇交易就是用一国货币交换另一国货币。与其他金融市场不同，外汇市场上的外汇交易大多是通过银行、企业和个人间的电子网络进行交易的。

与其他种类的交易不同，外汇交易是买入一对货币组合中的一种货币的同时卖出另外一种货币，即外汇交易是以货币对形式进行的，如欧元/美元(EUR/USD)货币对、美元/日元(USD/JPY)货币对等。

从交易的本质和交易实现的类型来看,外汇交易可以分为以下两大类:第一类是为满足客户真实的国际贸易、国际投资需求进行的基础性的外汇交易,主要交易形式是即期外汇交易;第二类是为规避和防范汇率风险或者出于外汇投资、外汇投机需求而进行的外汇衍生工具交易,主要包括远期外汇交易、外汇择期交易、外汇掉期交易、货币互换交易、外汇期权交易等。

第二节 外汇市场概述

外汇市场(foreign exchange market),又称为"Forex"或"FX"市场,是指从事外汇买卖的交易场所,或者说是各种不同货币相互之间进行交换的场所或渠道。现在,外汇市场已经发展成为24小时交易不停歇,每天交易额达到6万亿美元金融市场。作为全球流动性最强的市场,其规模远超过全球股市、期货等其他金融商品市场。作为最"干净"、最公正透明的投机市场,会有越来越多的投资者参与其中。

一、外汇市场的分类

外汇市场可以按照以下标准进行分类。

(一) 按照组织形态分类

1. 无形外汇市场

无形外汇市场,也称为抽象的外汇市场,是指没有固定的、具体的场所的外汇市场。无形外汇市场也没有固定的交易时间,买卖双方采用现代化电子设备或计算机终端完成外汇交易。这种市场最初流行于英国和美国,故其组织形式被称为英美式外汇市场。现在,这种组织形式不仅扩展到加拿大、日本等其他地区,也渗入欧洲大陆。具有代表性的无形外汇市场有伦敦外汇市场、纽约外汇市场、苏黎世外汇市场、东京外汇市场等。无形外汇市场的主要特点有以下几个:①没有确定的开盘与收盘时间;②外汇买卖双方无须进行面对面的交易;③各主体之间有较好的信任关系。目前,除了个别欧洲国家的一部分银行与顾客之间的外汇交易还在外汇交易所进行外,世界各国的外汇交易均通过现代通信网络进行。无形外汇市场已成为现今外汇市场的主导形式。

2. 有形外汇市场

有形外汇市场,也称为具体的外汇市场,是指有具体的固定场所和固定交易时间集中交易的外汇市场。这种市场最初流行于欧洲大陆,故其组织形式被称为欧洲大陆式外汇市场。具有代表性的有形外汇市场有巴黎外汇市场、法兰克福外汇市场、阿姆斯特丹外汇市场等。有形外汇市场的主要特点有以下几个:①固定场所一般指外汇交易所,通常位于世界各国金融中心；②从事外汇业务经营的双方都在每个交易日的规定时间内进行外汇交易。

(二) 按照交易主体分类

1. 批发外汇市场

批发外汇市场是指银行之间为了轧平其外汇或资金头寸，进行抛补交易或金融性外汇交易的场所，亦称为狭义的外汇市场。它包括同一外汇市场上各个外汇银行之间的外汇交易、不同外汇市场上各个外汇银行之间的外汇交易、中央银行与各个外汇银行之间的外汇交易以及中央银行之间的外汇交易。批发外汇市场的特点是交易金额大、交易非常频繁。

2. 零售外汇市场

零售外汇市场是指外汇银行和客户之间进行外汇交易的场所。企业和个人由于自身需要而参与外汇交易，比如某公司要进口一批货物需要从外汇银行购买外汇、个人出国旅游需要购买外汇以及个人将收到的外汇收入出售给外汇银行等。此类外汇交易是外汇市场的一个重要组成部分，亦称为广义的外汇市场。零售外汇市场的特点是交易规模较小。

(三) 按照交割时间分类

1. 即期外汇市场

即期外汇市场，又称现汇交易市场，是指从事即期外汇买卖的外汇市场。它是外汇市场上最经济、最普通的形式。世界即期外汇市场每天进行着数量巨大的交易，而且交易笔数也是世界最多。这个市场容量巨大、交易活跃，且报价容易，易于捕捉市场行情，是最主要的外汇市场。

即期外汇市场交易并不是在达成外汇买卖协定后立即进行交割，通常在当日或者成交后两个营业日内交割，一般在成交后的第二个营业日内进行交割，如伦敦、纽约、巴黎等市场。在中国香港外汇市场，港元兑换美元的交易在当天交割，而港元兑换日元、新加坡元、澳元等在次日交割，除此之外的其他货币则在第三天(即成交后的第二个营业日)交割。

2. 远期外汇市场

远期外汇市场，又称期汇交易市场，是指在外汇买卖时，双方先签订合约，规定交易货币的种类、数额及适用的汇率和交割时间，并于将来约定的时间进行交割的外汇交易。远期外汇市场交割的期限一般有30天、60天、90天、180天及1年，其中较常见的是90天。在远期外汇市场上进行的交易称为远期外汇交易。企业和个人可以利用远期外汇交易来防范和化解汇率风险，也可以利用远期外汇交易进行外汇投机。

(四) 按照受管制程度分类

1. 自由外汇市场

自由外汇市场是指任何外汇交易都不受所在国主管当局控制的外汇市场，即每笔外汇交易从金额、汇率、币种到资金出入境都没有任何限制，完全由市场供求关系决定。目前,伦敦、纽约、苏黎世、法兰克福、东京等地的外汇市场已成为世界上主要的自由外汇市场。

2. 官方外汇市场

官方外汇市场是指受所在国政府主管当局控制的外汇市场。目前仍实行外汇管制的国家的外汇市场大多是官方外汇市场,但有些国家的官方外汇市场正在渐渐地向自由外汇市场转化。一些国家对从事外汇业务的金融机构的最低资本额、每笔交易的最高限额等仍有严格的限制,但外汇交易市场上可进行交易的币种、汇率的高低已由市场供求关系决定,政府不再有任何限制,从而转化为官方控制的自由外汇市场。目前我国外汇市场上的外汇交易仍然受到一定程度的管制。

二、外汇市场的特点

相比于其他市场,外汇市场主要有以下特点。

1. 24小时交易连续性

由于全球各金融中心的地理位置不同,亚洲市场、欧洲市场、美洲市场因时间差的关系,连成了一个全天24小时连续作业的全球外汇市场。以纽约时间为准,8:30纽约外汇市场开市,9:30芝加哥外汇市场开市,10:30旧金山外汇市场开市,18:30悉尼外汇市场开市,19:30东京外汇市场开市,20:30香港、新加坡外汇市场开市,2:30法兰克福外汇市场开市,3:30伦敦外汇市场开市。昼夜不停运作的外汇市场为投资者提供了没有时间和空间障碍的理想投资场所。外汇交易时间(北京时间)见表1-1。

表1-1 外汇交易时间(北京时间)

地区	城市	开市时间	收市时间	活跃品种	活跃程度
大洋洲	惠灵顿	4:00	13:00	AUD、NZD	较小
	悉尼	7:00	15:00	AUD、NZD	较小
亚洲	东京	8:00	16:00	JPY	一般
	香港	9:00	17:00	JPY、HKD	一般
	新加坡	9:00	17:00	NZD、JPY	一般
	巴林	14:00	22:00	USD	较小
欧洲	法兰克福	16:00	0:00	JPY、EUR、GBP、CHF	较好
	苏黎世	16:00	0:00	CHF	一般
	巴黎	17:00	1:00	EUR	一般
	伦敦	18:00	2:00	所有币种	活跃
北美洲	纽约	20:00	4:00	所有币种	活跃
	洛杉矶	21:00	5:00	所有币种	一般

2. 成交量巨大及公平性

外汇市场是全球最大的金融交易市场,每天成交额甚至超过6万亿美元,其规模远超股票、期货等其他金融商品市场。外汇市场上财富转移的规模越来越大,速度也越来越快。

虽然外汇市场类型较多，但占据绝对主导地位的是即期外汇市场。即期外汇市场交易量大、流通性高及杠杆交易等特征使其难以被少数参与者操纵，甚至中央银行也对其无能为力，其高透明性使得大小参与者都处于平等竞争地位，是真正近似于"公开、公正、公平"的市场。

3. 价格的趋同性

外汇市场曾经有一段时期处于一定的封闭状态，外汇投机者可从一个地点购买外汇到另一个地点出售，低买高卖赚取价差，但现在这种情形很难出现了。即使各国各地区外汇市场上的汇率出现细微变化，都会有大量资金涌入而熨平价差，使得外汇市场可以自动地、及时地对外汇汇率进行调整。前面提到全球外汇市场是一个全天候相连接的市场，上一个外汇市场的收市汇价往往是另一个外汇市场开市汇价的重要参考。

4. 风险性

1970年以后，世界各国先后采用浮动汇率制度(floating exchange rate system)。现在，世界各国采用以美元为主，欧元、日元等其他货币为辅的多种货币准备制度(multiple currencies reserve system)。各国货币发行没有黄金储备作为基础，外汇汇价基本上受市场供求关系影响。国际经济交往形成外汇的供给与需求，外汇的供给与需求产生外汇交易。随着世界经济全球一体化趋势的不断加强，国际外汇市场的汇价也就频繁波动，而且波动幅度很大。

5. 集中性

虽然世界上有很多不同种类的货币，但是在外汇市场上只需要关注英镑/美元、欧元/美元、美元/日元等几种货币对，这些主要货币对的交易量占全球外汇市场交易量的90%，甚至更大。每天外汇交易量的85%以上都是G7 (group of seven)国家的货币，即俗称的"主要货币"。美元更是独领风骚，占据全球外汇交易量的75%以上。近年来，欧元这种新货币的交易量有所扩大，但仍然动摇不了美元的优势地位，这与美元在各个外汇市场上均被作为基础货币有关。

6. 创新性

外汇市场的创新是全方位的，从交易方式到交易内容等方面无处不在，但最主要的还是外汇交易产品的创新。外汇产品创新的动力主要来自两个方面：保值和投机，当然还有一小部分是出于逃避金融当局监管和金融法律约束。

7. 零和游戏

在外汇市场上，汇率波动表示两种货币相对价值量的变化，也就是一种货币价值的减少与另一种货币价值的增加。因此有人形容外汇市场上的外汇交易是一种零和游戏，或者更准确地说是财富的转移。

三、外汇市场的主要参与者

外汇市场的主要参与者有四大类。

1. 中央银行

中央银行负责发行本国的货币，制定货币的供给额，持有及调度外汇储备，维持本国货币对内对外的价值。在有管理的浮动汇率制度下，中央银行通过买进或者卖出外汇来干预外汇市场，维持市场秩序。

2. 商业银行

商业银行是外汇市场的重要参与者。它可以为客户提供有关外汇交易活动的金融服务项目，进行外汇的兑换；还能够进行银行间的外汇交易活动，调整自身在外汇市场中的持仓状况，买卖多余的外汇等。

3. 外汇经纪人

外汇经纪人是存在于外汇银行、中央银行和客户之间的中间人，其本身并不承担外汇交易的盈亏风险。外汇经纪人处在外汇的买主与卖主之间，拉拢撮合，或者进行直接或间接买卖。

4. 客户

外汇市场的客户可以是贸易商、投资者，也可以是一些投机者，还可以是其他一些外汇涉足者，如留学人员、旅游者、侨居者等。除了投机者通过价差获利之外，其他客户都是源于正常经济活动的需要与外汇银行进行外汇交易。

第三节 世界重要的外汇市场和外汇交易平台

本节主要介绍世界重要的外汇市场和外汇交易平台，从中可以获知世界重要的外汇市场和外汇交易平台的大体运行状况。

一、世界重要的外汇市场

1. 伦敦外汇市场

伦敦外汇市场是当前全球最大的外汇交易市场。它主要由经营外汇业务的银行及外国银行在伦敦的分行、外汇经纪人、其他经营外汇业务的非银行金融机构以及英格兰银行构成。伦敦外汇市场上有约300家领有英格兰银行执照的外汇指定银行，其中包括各大清算银行的海外分行。世界100家最大的商业银行几乎都在伦敦设立了分行。它们向客户提供各种外汇服务，并相互间进行大规模的外汇交易。伦敦外汇市场上的外汇经纪人公司约有250家，这些外汇经纪人组成经纪人协会，并支配了伦敦外汇市场上银行同业之间的交易。

伦敦外汇市场没有固定的交易场所，而是通过电传、电报、电话及电子计算机终端进行交易，因而它是一个典型的无形市场。市场上的交易货币几乎包括所有的可兑换货币，其中交易规模最大的当属英镑兑美元的交易，其次是英镑兑欧元和日元的交易。此外，像美元兑欧元、欧元兑日元、日元兑美元等多边交易，在伦敦外汇市场上也普遍存在。人民币也已经在伦敦外汇市场实现了交易。

在伦敦外汇市场上的外汇交易类别包括即期外汇交易、远期外汇交易和掉期外汇交易等。除即期外汇交易外，伦敦也是全球最大的外汇期货和外汇期权交易市场。

2. 纽约外汇市场

纽约外汇市场不仅是美国外汇业务的中心，也是世界上最重要的国际外汇市场之一。从其每日的交易量来看，纽约外汇市场居世界第二位，其日交易量仅次于伦敦外汇市场。

纽约外汇市场也是一个无形市场，它通过电报、电话、电传、计算机终端与国内外联系，没有固定的交易场所。参与纽约外汇市场活动的有美国联邦储备银行、美国各大商业银行的外汇部门、外国银行在美国的分支与代理机构、外汇经纪人、公司财团、个人等。美国联邦储备银行执行中央银行的职能，同许多国家银行订有互惠信贷，可以在一定限度内借入各种货币，干预外汇市场，维持美元汇率的稳定。纽约外汇市场上的各大商业银行是最活跃的金融机构，外汇买卖和收付通过它们在国内外的分支行和代理机构进行。

纽约外汇市场上的外汇交易分为三个层次：第一个层次是银行与客户间的外汇交易市场；第二个层次是纽约银行间的外汇交易市场；第三个层次是纽约各银行与国外银行间的外汇交易市场。其中纽约银行间的外汇交易市场是交易量最大的市场，占整个纽约外汇市场交易量的90%以上。纽约外汇市场上的各大商业银行在外汇交易中起着极为重要的作用，大量的外汇交易需要通过商业银行办理。

纽约外汇市场是一个完全自由的外汇市场，任何一家美国的商业银行均可自由地经营外汇业务。其汇率报价既可采用直接标价法，也可采用间接标价法，便于在世界范围内进行美元交易。纽约外汇市场上交易的货币主要有欧元、英镑、加拿大元、日元等。纽约联邦储备银行的数据显示，在纽约外汇市场上，交易量最大的是欧元，占40%，其次为日元，占23%，之后依次是英镑占19%，加拿大元占5%。

目前，纽约外汇市场在世界外汇市场上占有非常重要的地位。它是世界美元交易的清算中心，有着世界上任何外汇市场都无法取代的美元清算和划拨的职能。外汇市场的开盘价和收盘价都以纽约外汇市场为准。北京时间凌晨4：00，纽约外汇市场的最后一笔交易价格就是前一天的收盘价，此后的第一笔交易就是当天的开盘价。

3. 东京外汇市场

东京外汇市场是随着日本对外经济和贸易发展而发展起来的，是与日本金融自由化、国际化的进程相联系的。

在交易方式上，东京外汇市场与伦敦外汇市场、纽约外汇市场相似，是无形市场，其外汇交易主要利用电话、电报等电讯方式完成。在外汇价格制定上，东京外汇市场又与德国、法国市场相似，采取"定价"方式，即每个营业日的10点，主要外汇银行经过讨价还价，确定当日外汇价格。

从交易货币和种类来看，因为日本的进出口贸易多以美元结算，所以东京外汇市场90%以上的交易是美元兑日元的买卖，而日元兑其他货币的交易较少；交易品种有即期、远期和掉期等。即期外汇买卖又分为银行对客户的当日结算交易和银行同业间的次日结算交易。东京外汇市场上即期、远期交易的比重都不高，但掉期业务量很大，其中以日元/美元的掉期业务为最多。

4. 香港外汇市场

中国香港是个自由港。自1973年中国香港取消外汇管制后，国际资本大量流入，经营外汇业务的金融机构不断增加，外汇市场越来越活跃，发展成为国际性的外汇市场。目前，香港外汇市场是世界第五大外汇交易中心。

香港外汇市场每天开市的正式时间是9点，但许多金融机构半小时以前就有行市显示。到17点，各大银行都已平仓当日外汇头寸，基本上不再做新的外汇交易，因而一般可以认为17点是收市时间。但实际上，许多机构在香港的外汇市场结束后，会继续在伦敦市场、纽约市场进行交易，直到纽约市场收市才停止。

香港外汇市场由两个部分构成：一是港元兑其他货币的市场，其中包括美元、日元、欧元、英镑、加元、澳元等主要货币和东南亚国家的货币，当然也包括人民币；二是美元兑其他外汇的市场，这一市场的交易目的在于完成跨国公司、跨国银行的资金国际调拨。

在香港外汇市场中，美元是所有货币兑换的交易媒介。港币与其他外币不能直接兑换，必须通过美元作为中介货币完成交易，即先将港币兑换成美元，再由美元兑换成所需货币。

5. 苏黎世外汇市场

苏黎世外汇市场没有外汇经纪人，所有外汇交易都在银行同业之间直接进行，参与的外汇银行有瑞士银行、瑞士信贷银行、瑞士联合银行等，还有外国银行在瑞士的分行、国际清算银行和瑞士中央银行(即瑞士国家银行)。苏黎世外汇市场的外汇交易主要是瑞士法郎兑美元的交易，而瑞士法郎兑其他货币的交易要通过美元进行交叉买卖实现。因此瑞士法郎兑美元的汇率是苏黎世外汇市场的主要汇率，瑞士法郎兑其他货币的汇率采用美元为中介货币进行套算。

6. 法兰克福外汇市场

法兰克福外汇市场是德国最大的外汇市场，在欧洲仅次于伦敦外汇市场。法兰克福是德国联邦银行及欧洲中央银行所在地。由于长期以来实行自由汇兑制度，随着经济的迅速发展和欧元地位的提高，法兰克福逐渐发展成为世界主要外汇市场。

法兰克福外汇市场的交易量占据全球外汇市场的40%以上。由于交易量大、交易者众多、交易品种多，法兰克福外汇市场已经成为全球各种金融机构(诸如银行、对冲基金、金融机构)和投资者的重要交易场所。该市场的交易时间跨越欧洲和北美洲，涉及多种货币交易。由于其地理位置的重要性，法兰克福成为全球最受欢迎的外汇交易中心之一。该市场对于欧元区的货币政策具有重要作用，对欧元区的金融稳定和经济发展影响极大。

7. 新加坡外汇市场

新加坡外汇市场是随着美元市场的发展而发展起来的。它是全球第四大外汇市场，日平均交易量仅次于东京外汇市场。新加坡外汇市场的主要参与者是外汇银行、外汇经纪人、商业客户和新加坡金融管理局。在新加坡外汇市场中，银行间的交易都通过外汇经纪人进行，但外汇经纪人只获准作为银行的代理人进行外汇交易，不能以本身的账户直接与非银行客户进行交易。新加坡的银行与境外银行之间一般可以直接进行外汇交易。新加坡金融管理局通常以监督和管理外汇银行、干预外汇市场的身份参与外汇市场。

新加坡外汇市场属于无形市场，通常8点开市交易，15点收市。

8. 悉尼外汇市场

悉尼外汇市场是大洋洲最重要的外汇交易市场。这是由于悉尼不仅是澳大利亚重要的经济文化中心，也是整个大洋洲最重要的金融中心。悉尼的地理位置比较特殊，这使悉尼外汇市场成为全球主要外汇市场中最早开始交易的市场。悉尼外汇市场的地方性比较明显，反映出澳大利亚的经济同日本和美国比较密切。但由于其经济规模较小，悉尼外汇市场难以与东京抗衡，同新加坡外汇市场和香港外汇市场相比，也无优势可言。悉尼外汇市场上的交易品种以澳大利亚元兑美元、新西兰元兑美元和澳大利亚元兑新西兰元为主。

除悉尼外汇市场外，澳大利亚还有一个著名的外汇交易市场，即惠灵顿外汇市场。正是这两个市场将澳大利亚的外汇交易推向了世界外汇交易量的前八位。

二、世界重要的外汇交易平台

外汇交易平台应达到以下标准，才能受到外汇投资人的青睐。

(1) 外汇交易平台必须是一个受监管的经纪商，有良好的声誉和可靠的历史记录。一般来说，最好选择主流外汇监管机构监管的外汇经纪商合作。表1-2列举了世界主流的外汇监管机构。

表1-2 世界主流的外汇监管机构

国家或地区	监管机构
美国	商品期货交易委员会(CFTC)和全国期货协会(NFA)
欧洲	欧洲金融市场监管局(ESMA)、欧洲证券和市场管理局(ESMA)
英国	金融服务监管局(FCA)
澳大利亚	澳大利亚证券和投资委员会(ASIC)
新西兰	新西兰金融市场管理局(FMA)
加拿大	加拿大证券管理局(CSA)
中国香港	中国香港证券及期货事务监察委员会 (FSC)
新加坡	新加坡金融管理局(MAS)
日本	日本金融厅(FSA)

(2) 外汇交易平台应该提供多种交易工具，包括外汇、股票、商品、指数等。

(3) 外汇交易平台应该提供合理的佣金和费用，以确保投资人能够获得最大的收益。

(4) 外汇交易平台应该提供良好的技术支持，包括在线聊天、电子邮件和电话支持等。

(5) 外汇交易平台应该提供易于使用的交易平台，包括图表、技术指标和交易工具等。

(6) 外汇交易平台应该提供丰富的教育资源，包括视频教程、在线课程和市场分析等。

(7) 外汇交易平台应该提供优质的客户服务，包括快速响应、专业的建议和帮助等。

(8) 外汇交易平台应该提供高度安全的交易环境，包括加密技术、多重身份验证和安全存储等。

符合上述标准的外汇交易平台有以下几个。

1. IG Markets

IG Markets是全球最大的外汇交易平台之一,总部位于英国伦敦,成立于1974年。该平台提供外汇、股票、指数、商品等多种交易品种,支持多种交易工具,如MT4、ProRealTime等。IG Markets的交易费用相对较低,且提供多种交易工具,是外汇投资者的首选平台之一。

2. 兴业投资(HYCM)

兴业投资(HYCM)位于英国伦敦,受英国FCA(Financial Conduct Authority)和阿联酋迪拜DFSA(Dubai International Financial centre)授权和管控,恪守全球权威性监管部门的规章,服务平台平稳不掉线,且应用简单。平台产品丰富,入金方便快捷,适合追求外汇低成本同时多产品同台交易的有实力的投资者。

3. 易信(easyMarkets)

易信是外汇在线交易的先驱,于2001年以easy-forex的名字成立。易信是欧盟中国商会成员,受澳洲及欧盟金融监管。

易信自成立起就通过降低入金门槛和不断优化交易平台,将在线交易变得大众化、普及化,让普通投资者轻松进入全球金融市场。易信平台交易的全球金融产品包括外汇、贵金属、加密数字货币和标准期权等。易信彻底推动了外汇零售行业全面向在线交易发展。2016年,易信将品牌名称从easy-forex变更为easyMarkets。

易信的首要特点是为投资者提供固定点差,即投资者在平台交易点击时的价格与最终成交的价格是完全一致的。因此,投资者无须将精力浪费在关注价格浮动等外部因素上,而可以更多关注外汇交易本身。其次,易信为投资者提供"绝对止损"的服务,有效避免滑点的出现。开盘或重大新闻事件的发生可能会让外汇市场出现相应的价格缺口,预见到这一问题的易信,为投资者提供了设置止损与止盈价格的服务,可以有效规避不确定的风险。当市场出现波动而投资者不知情时,易信会严格按照其设置的止损与止盈价格交易,由此可以更好地保证资金被投资者自己掌控。

4. Plus500

Plus500是一家以色列的外汇交易平台,成立于2008年。该平台提供外汇、股票、指数、商品等多种交易品种,支持多种交易工具,如Plus500 WebTrader等。Plus500的交易费用相对较低,且提供多种交易工具,是外汇投资者的首选平台之一。

5. e投睿(eToro)

e投睿是一家以色列的外汇交易平台,成立于2007年。该平台提供外汇、股票、指数、商品等多种交易品种,支持多种交易工具,如e投睿WebTrader等。e投睿的交易费用相对较低,且提供多种交易工具,是外汇投资者的首选平台之一。

6. 巨汇(GGFX)

巨汇是国际性的老品牌外汇交易平台,受到新西兰金融市场管理局(Financial Markets Authority,FMA)和美国全国期货协会(National Futures Association,NFA)两大权威监管机构的双重监管,主要的交易软件是国际版MT4,交易稳定至0.01秒完成,出入金0手续费。巨汇还提供市场分析、导师1对1指导、直播带单等服务,让投资者更加便利地做出交易决策。

7. AvaTrade

AvaTrade是一家爱尔兰的外汇交易平台,成立于2006年。该平台提供外汇、股票、指数、商品等多种交易品种,支持多种交易工具,如MT4、MT5等。AvaTrade的交易费用相对较低,且提供多种交易工具,是外汇投资者的首选平台之一。

8. 福汇(FXCM)

福汇是一家美国的外汇交易平台,成立于1999年。该平台提供外汇、股票、指数、商品等多种交易品种,支持多种交易工具,如MT4、Trading Station等。福汇的交易费用相对较低,且提供多种交易工具,是外汇投资者的首选平台之一。

9. 安达(OANDA)

安达是一家加拿大的外汇交易平台,成立于1996年。该平台提供外汇、股票、指数、商品等多种交易品种,支持多种交易工具,如MT4、OANDA Trade等。安达的交易费用相对较低,且提供多种交易工具,是外汇投资者的首选平台之一。

10. 激石(Pepperstone)

激石是一家澳大利亚的外汇交易平台,成立于2010年。该平台提供外汇、股票、指数、商品等多种交易品种,支持多种交易工具,如MT4、MT5等。激石的交易费用相对较低,且提供多种交易工具,是外汇投资者的首选平台之一。

第四节　我国的外汇市场

一、我国外汇市场的构成

我国外汇市场主要由柜台市场和同业市场构成。

1. 柜台市场

柜台市场又称为零售市场,是外汇指定银行与客户之间进行交易的市场。柜台市场的主要业务是结售汇业务,还包括与进出口贸易有关的国际结算业务、国际投资、国际信贷、贸易融资等。

2. 同业市场

同业市场又称为银行间外汇市场,是外汇指定银行为了轧平其外汇头寸,互相进行交易而形成的外汇买卖市场。同业市场包括中央银行与经营外汇业务银行之间的交易和经营外汇业务银行之间的交易。

二、我国外汇市场业务的构成

我国外汇市场业务主要由人民币兑外币市场和外币兑外币市场构成。

1. 人民币兑外币市场

人民币兑外币市场是在外汇调剂市场基础上建立起来的银行间外汇市场。在这一市场内，目前能进行USD/CNY、EUR/CNY、JPY/CNY、HKD/CNY、GBP/CNY、AUD/CNY、NZD/CNY、SGD/CNY、CHF/CNY、CAD/CNY、CNY/MYR、CNY/RUB、CNY/ZAR、CNY/KRW、CNY/AED、CNY/SAR、CNY/HUF、CNY/PLN、CNY/DKK、CNY/SEK、CNY/NOK、CNY/TRY、CNY/MXN、CNY/THB、CNY/KZT、CNY/MNT、CNY/KHR、CNY/IDR等货币对的即期交易。中国外汇交易中心2023年6月人民币外汇即期月报的数据显示，当月USD/CNY成交量为6309.13亿元，占全部成交量的很大一部分。

人民币兑外币市场由设在上海的中国外汇交易中心进行管理。交易中心实行会员制，凡经国家外汇管理局批准经营外汇业务的金融机构及其分支机构，在提出申请并经核准后，都可成为会员。会员入市可以通过两种方式进行：一种是现场交易，会员指派交易员进入交易市场中心固定的交易场所，通过交易中心为其设立的专用交易台进行交易；另一种是远程交易，即会员通过其与交易中心系统的计算机联网，在自己设置的交易台进行交易。

2. 外币兑外币市场

外币兑外币市场不涉及人民币业务，对国内经济的直接冲击较小，所以国家外汇管理部门对外币兑外币的交易限制较少。目前，凡是持有国家外汇管理局颁发的外汇业务经营许可证的银行和非银行金融机构，几乎都可办理外币兑外币交易的代理业务。该市场的参与者不仅包括公司和企业，还包括持有外汇的居民个人，他们通过委托银行(或有权经营外汇业务的金融机构)参与外汇市场的交易。

目前，国内商业银行主要提供实盘交易业务，只有少数银行可以提供外汇期权和外汇现货的保证金业务。外币兑外币的交易方式主要有4种：一是传统的手工柜台交易；二是电话委托交易；三是多媒体自助交易；四是网上交易。

三、我国外汇市场的特点

我国外汇市场的特点主要体现在以下几个方面。

(1) 银行间外汇市场是全球最大的外汇交易市场之一，每天的交易量巨大。

(2) 银行间外汇市场提供了多种交易方式，包括现金交易、远期交易、掉期交易等，满足不同参与者的需求。

(3) 银行间外汇市场采用电子竞价交易系统，会员通过现场或远程交易终端自主报价，交易系统按照"价格优先、时间优先"的原则进行交易。

(4) 银行间外汇市场的交易价格公开透明，市场参与者可以根据市场行情进行交易，并获得公正的交易价格。

(5) 银行间外汇市场实施T+1和集中清算方式，交易中心统一为会员办理成交后的本币与外币资金清算交割。

(6) 银行间外汇市场受到监管机构的严格监管，保证市场的稳定和公平。

(7) 银行间外汇市场上的加权平均汇率是经中国人民银行公布后，商业银行制定对客户结售挂牌汇价的基准汇率。

(8) 银行与客户之间的交易以具备真实有效的商业背景为基础，外汇管理开放程度为交易自由度的限度。

四、我国外汇市场的参与者

我国外汇市场的主要参与者包括外汇指定银行、客户、中国人民银行以及外汇经纪人和经纪商。

1. 外汇指定银行

外汇指定银行是外汇市场最主要的参与者。在我国，外汇指定银行是中央银行指定或授权经营外汇业务的商业银行。例如，中国银行、中国建设银行、中国工商银行、中国农业银行等16家银行以及外国银行在我国设立的分支机构。外汇指定银行参与外汇市场的经营活动包括以下3个方面。

(1) 代客户买卖外汇。

(2) 进行银行同业间的外汇交易，以调整自身的外汇头寸。

(3) 组织和创造外汇行情，并利用外汇市场行情的波动赚取利润。

2. 客户

在我国，客户是指与外汇指定银行存在外汇交易关系的生产经营性公司或者个人，主要有跨国集团、进出口贸易公司、资产管理机构、投机者、投资者，以及留学人员、旅游者、侨居者。客户在外汇市场上具有非常重要的作用，是外汇的终极供求者。跨国集团和进出口贸易公司由于国际业务的需要，经常在各国的分公司之间进行资金的调拨，是外汇交易的重要参与者。资产管理机构也是外汇市场上重要的参与者，它管理着巨额的资金和有价证券，为了使其管理的资产在外汇市场的波动中实现增值或保值而进行交易。外汇市场的投机者和投资者则是企图利用外汇市场汇率的波动，采用不同形式进行外汇交易，从中实现赚取差价，他们也是外汇市场的重要参与者。留学人员、旅游者和侨居者出于对经济生活的实际需要，也会参与外汇市场交易。

3. 中国人民银行

在外汇市场上，中国人民银行作为外汇市场的干预者，介入外汇市场的目的就是维护本国货币币值的稳定，保证外汇市场的有序运行。中国人民银行干预外汇市场主要是通过公开市场业务来进行的，即直接或间接地参与市场交易，以达到预期目的。除了干预汇率的主要目的，中国人民银行参与外汇交易还有转移官方外汇储备的汇率风险或实现外汇储备增值的目的。

4. 外汇经纪人和经纪商

外汇经纪人和经纪商也是外汇市场上的两个重要参与者。外汇经纪人和经纪商在外汇银行之间、外汇银行和外汇市场其他参与者之间，代理外汇买卖业务并收取佣金。他们本身并不买卖外汇,而是在外汇买卖双方之间起桥梁作用,促使外汇交易的达成。国际银行间的大笔外汇买卖,多数是通过外汇经纪人和经纪商成交的。在我国,外汇市场起步比较晚,发展时间短,再加上政府实行外汇管制,至今没有出现外汇经纪人和经纪商。目前,我国正积极地融入世界经济体系中,外汇交易中心也正积极引进外汇经纪人和经纪商制度,以培育和发展外汇交易主体,促进我国外汇市场的快速发展。

本章小结

1. 外汇是指以外国货币表示的可用于国际结算的各种支付手段。
2. 外汇交易就是用一国货币交换另一国货币。与其他种类的交易不同,外汇交易是买入一对货币组合中的一种货币的同时卖出另外一种货币,即外汇是以货币对形式交易的。
3. 外汇市场是指从事外汇买卖的交易场所,或者说是各种不同货币相互之间进行交换的场所或渠道。外汇市场的特点包括以下几个:24小时交易连续性;成交量巨大及公平性;价格的趋同性;风险性;集中性;创新性;零和游戏。
4. 外汇市场的主要参与者包括外汇指定银行、客户、中国人民银行以及外汇经纪人和经纪商。
5. 我国外汇市场主要由柜台市场和同业市场构成。

关键概念

外汇 外汇交易 外汇市场 柜台市场 同业市场

本章习题

1. 简述外汇的静态含义和动态含义。
2. 什么是可自由兑换货币?
3. 简述外汇市场的风险性。
4. 简述外汇市场价格的趋同性。
5. 外汇市场的主要参与者有哪些?这些参与者分别在外汇市场上承担什么角色?
6. 外汇交易平台应达到什么标准,才能受到外汇投资人的青睐?
7. 根据交易系统的指示,作为交易员的您预测瑞士法郎兑美元会贬值(即看涨美元)。当USD/CHF汇率达到1.3578时,在您的保证金账户上有1000美元,通过利用1:100的杠杆比率可以买进交易单位为10万的美元(因为在该货币对标价中美元为基础货币)。您买进了该交易单位,即建立了头寸。假设过一段时间后,美元兑瑞士法郎的汇价增值了一点,USD/CHF的汇率达到1.3579。您结清了头寸,即您要按照当前汇率,以1.3579卖出这些美元。假如市场上所有的结算都是以美元来进行的,当时USD/CHF的汇率为1.3579。请问您将获得多少利润?

第二章
外汇价格理论

学习目标

理论目标：掌握汇率的概念、分类和标价方法；掌握汇率的基本面分析和技术分析；掌握根据利率平价理论得到远期汇率，包括直接标价法下的远期汇率和间接标价法下的远期汇率。

实务目标：掌握外汇报价的规则和技巧。

情景小故事

东亚金融危机

这场危机是从泰铢贬值开始的。1997年7月2日，泰国被迫宣布泰铢与美元脱钩，实行浮动汇率制度。当日泰铢汇率狂跌20%。和泰国具有相同经济问题的菲律宾、印度尼西亚和马来西亚等国迅速受到泰铢贬值的巨大冲击。

1997年7月11日，菲律宾宣布允许比索在更大范围内与美元兑换，当日比索贬值11.5%。同一天，马来西亚则通过提高银行利率阻止林吉特进一步贬值。印度尼西亚被迫放弃本国货币与美元的比价，印尼盾7月2日至14日贬值了14%。

继泰国等东盟国家金融风暴之后，中国台湾的台币贬值，股市下跌，掀起金融危机第二波。1997年10月17日，台币贬值0.98元，达到1美元兑换29.5元台币，创下近十年来的新低。相应地，当天中国台湾股市下跌165.55点。10月20日，台币贬至30.45元兑1美元，中国台湾股市再跌301.67点。中国台湾货币贬值和股市大跌，不仅使东亚金融危机进一步加剧，还引发了包括美国股市在内的大幅下挫。

1997年10月27日，美国道琼斯指数暴跌554.26点，迫使纽约交易所9年来首次使用暂停交易制度。1997年10月28日，日本、新加坡、韩国、马来西亚和泰国股市分别跌4.4%、7.6%、6.6%、6.7%和6.3%。中国香港股市更是受到外部冲击，香港恒生指数10月21和27日分别跌765.33点和1200点，10月28日再跌1400点，累计跌幅超过25%。

1997年11月下旬，韩国汇市、股市轮番下跌，形成金融危机第三波。11月，韩元汇价持续下挫，其中11月20日开市半小时就狂跌10%，创下了1139韩元兑1美元的新低；至11月底，韩元兑美元的汇价下跌了30%，韩国股市跌幅也超过20%。

与此同时，日本金融危机也进一步加深。1997年11月，日本先后有数家银行和证券公司破产或倒闭，日元兑美元也跌破1美元兑换130日元大关，较年初贬值17.03%。

从1998年1月开始，东亚金融危机的重心又转到印度尼西亚，形成金融危机第四波。

1998年1月8日，印尼盾对美元的汇价暴跌26%。1998年1月12日，在印度尼西亚从事巨额投资业务的中国香港百富勤投资公司宣告清盘。同日，香港恒生指数暴跌773.58点，新加坡、中国台湾、日本股市分别跌102.88点、362点和330.66点。

直到1998年2月初，东亚金融危机恶化的势头才得到初步遏制。

【根据相关资料整理】

第一节 外汇价格（汇率）概述

汇率，简单地说，就是外汇的价格。

一、汇率的概念

汇率又称外汇汇率，是两种货币之间兑换的比率，或者以一种货币表示的另一种货币的价格。汇率是由外汇市场上外汇的供给和需要决定的。

基本点(base point，BP)，又称基点，是表示汇率的基本单位。在一般情况下，万分之一为一个基本点，也就是汇率小数点后第4个单位数(即0.0001)。比如，当欧元兑美元汇率由1.2800升至1.2900时，通常被称为欧元上涨100个基点或美元下跌100个基点。极少数货币因面额较大，其基本点有些不同。对日元来说，百分之一为一个基本点，也就是汇率小数点后第2个单位数(即0.01)。比如，当美元兑日元汇价由121.60升到122.60，市场则称美元兑日元汇价上升100个基点或日元兑美元下跌100个基点。

汇率作为各国经济贸易的纽带，反映了国家的经济实力。汇率会因为利率、通货膨胀、国家的政治和每个国家的经济等而变动。

作为经济活动中的重要变量，汇率不仅影响一国经常项目、资本项目和金融项目的收支平衡，还影响国家间的债务状况、国内物价水平和一国对外贸易活动等其他经济变量的变动。

汇率是国际贸易中最重要的调节杠杆，汇率下降，能起到促进出口、抑制进口的作用。因此，汇率又是各个国家达到其政治目的的金融手段。

二、汇率的种类

汇率的种类非常多，可以按照以下标准对汇率进行分类。

1. 按国际货币制度的演变划分

(1) 固定汇率，是指由政府制定和公布外汇平价，并只允许在一定幅度内波动的汇率。

(2) 浮动汇率，是指由市场供求关系决定的汇率。浮动汇率的涨跌基本上由市场供求决定。一国的中央银行原则上没有维持汇率水平稳定的义务，但必要时可进行干预。

2. 按制定汇率的方法划分

(1) 基本汇率。各国在制定汇率时必须选择某一国货币作为主要对比对象，这种货币称为关键货币。根据本国货币与关键货币实际价值的对比，制定出对它的汇率，这个汇率就是基本汇率。一般美元是国际支付中使用较多的货币，各国都把美元当作制定汇率的主要货币，常把本币兑美元的汇率作为基本汇率。

2006年8月以前，我国的基本汇率包括4种：人民币与美元之间的汇率、人民币与日元之间的汇率、人民币与欧元之间的汇率以及人民币与港币之间的汇率。2006年8月以后，我国的基准汇率又增加了人民币兑英镑的汇率。中国人民银行根据前一日银行间外汇市场上形成的美元兑人民币的加权平均价，公布当日主要交易货币(美元、日元和港币)兑人民币交易的基准汇率，即市场交易中间价。

(2) 套算汇率，是指各国按照本币兑美元的基本汇率套算出的直接反映其他货币之间价值比率的汇率。

3. 按银行买卖外汇的角度划分

(1) 买入汇率也称买入价，即银行向同业或客户买入外汇时所使用的汇率。采用直接标价法时，外币折合本币数较少的那个汇率是买入价；采用间接标价法时，则相反。

(2) 卖出汇率也称卖出价，即银行向同业或客户卖出外汇时所使用的汇率。采用直接标价法时，外币折合本币数较多的那个汇率是卖出价；采用间接标价法时，则相反。

买入卖出之间有个差价，这个差价是银行买卖外汇的收益，这个差价比率一般为1‰～5‰。银行同业之间买卖外汇时使用的买入汇率和卖出汇率，也称同业买卖汇率，实际上就是外汇市场买卖价。

(3) 中间汇率，是买入价与卖出价的平均数。西方报刊报道汇率消息时常用中间汇率。套算汇率有时也用有关货币的中间汇率套算得出。

(4) 现钞汇率。一般国家都规定，不允许外国货币在本国流通，只有将外币兑换成本国货币，才能够购买本国的商品和劳务，因此产生了买卖外汇现钞的兑换率，即现钞汇率。通常，现钞汇率与现汇汇率有差异：银行在买入外汇现钞时的汇率通常要低于现汇买入汇率，而银行卖出外汇现钞时使用的汇率则高于现汇卖出汇率。这是因为，把外币现钞运送到各发行国去，或者将其从货币发行国运送过来，都需要花费一定的运费和保险费。

4. 按外汇交易交割期限划分

(1) 即期汇率也称现汇汇率，是指买卖外汇双方成交当天或成交日后两个营业日内进行交割的汇率。

(2) 远期汇率，是指在未来一定时期进行交割，而事先由买卖双方签订合同、达成协议的汇率。到了交割日期，由协议双方按预定的汇率、金额进行钱汇两清。远期外汇买卖是一种预约性外汇交易，是由于外汇购买者对外汇资金需要的时间不同，以及为了避免外汇汇率变动风险而引起的。远期外汇的汇率与即期汇率相比是有差额的。这种差额叫远期差价，有升水、贴水、平价三种情况。升水表示远期汇率高于即期汇率的差价，贴水表示远期汇率低于即期汇率的差价，平价则表示远期汇率与即期汇率的差价为零。

5. 按对外汇管理的宽严划分

(1) 官方汇率，是指国家机构(财政部、中央银行或外汇管理局)公布的汇率。官方汇率又可分为单一汇率和多重汇率。多重汇率是一国政府对本国货币规定的一种以上的外汇汇率，是外汇管制的一种特殊形式。制定多重汇率的目的在于奖励出口限制进口，限制资本的流入或流出，以改善国际收支状况。

(2) 市场汇率，是指在自由外汇市场上买卖外汇的实际汇率。在外汇管理较宽松的国家，官方宣布的汇率往往只起中心汇率作用，实际外汇交易则按市场汇率进行。

6. 按银行营业时间划分

(1) 开盘汇率又称开盘价，是指外汇银行在一个营业日刚开始营业时进行外汇买卖使用的汇率。

(2) 收盘汇率又称收盘价，是指外汇银行在一个营业日的外汇交易终了时使用的汇率。

三、汇率标价方法

1. 直接标价法

直接标价法又称价格标价法，是以本国的货币来表示一定单位的外国货币的汇率表示方法。目前大部分国家采用的是直接标价法，我国也采用的是直接标价法。汇率一般表示为1个单位或者100个单位的外币能够折合的本国货币的数量，如1美元可以兑换6.9056元人民币。

在直接标价法下，若一定单位的外币折合的本币数额多于前期，则说明外币币值上升或本币币值下跌，叫做外汇汇率上升；反之，如果能用比原来少的本币兑换到同样数额的外币，则说明外币币值下跌或本币币值上升，叫做外汇汇率下跌。可见，在直接标价法下，外币的价值与汇率的涨跌成正比。

2. 间接标价法

间接标价法又称数量标价法，是以外国的货币来表示一定单位的本国货币的汇率表示方法，即1个单位或者100个单位的本币折合成多少外国货币的方法。目前只有少数国家使用间接标价法，主要是美国、英国、澳大利亚等。比如在伦敦外汇市场上英镑兑换人民币的汇率记为1英镑兑换8.4471元人民币。

在间接标价法下，本国货币的数额保持不变，外国货币的数额随着本国货币币值的对比变化而变动。如果一定数额的本币能兑换的外币数额比前期少，则表明外币币值上升，本币币值下降，即本币汇率下降；反之，如果一定数额的本币能兑换的外币数额比前期多，则说明外币币值下降，本币币值上升，也就是本币汇率上升。可见，在间接标价法下，外币的价值和汇率的升跌成反比。

3. 美元标价法

美元标价法又称纽约标价法。在美元标价法下，各国均以美元为基准来衡量各国货币的价值，即以一定单位的美元为标准来计算应该兑换为多少他国货币的表示方法。而非美元外汇买卖时，则是根据各自对美元的比率套算出买卖双方货币的汇价。这里需要注意，除英镑、欧元、澳元、新西兰元外，美元标价法基本已在国际外汇市场上通行。

美元标价法的特点是，所有外汇市场上交易的货币都对美元报价。除英镑等极少数货币外，对一般货币均采用以美元为外币的直接标价。

第二节 外汇价格（汇率）的理论分析

目前，已经有众多的汇率理论用于解释和预测汇率现象。这些汇率理论的基础就是外汇基本面和技术面。

一、外汇基本面分析

外汇基本面分析是一种典型的市场分析，是基于对宏观基本因素的状况、发生的变化及其对汇率走势造成的影响加以研究，然后得出货币间供求关系的结论，并以此判断汇率走势的分析方法。例如，美国的非农就业数据是外汇市场每月重点关注的经济数据之一，该数据的公布可能会成为外汇市场波动方向的转折，甚至会使外汇市场产生剧烈的波动。

投资者对外汇走势的基本面分析就是对各个国家一系列经济数据的分析。不同的国家与外汇汇率变化相联系的经济数据是不一样的，因而应该掌握各个国家基本面的数据名称和这些数据的变化对汇率的影响，而不能仅仅根据某一个国家或本国的经济数据来分析。

另外，投资者面对众多的数据，不必要对每一个数据都进行分析，而是要学会根据当前的世界政治经济局势，从零碎的消息和数据中找到市场的热点。在对基本面进行分析时，主要分析这些市场的热点。但投资者要注意，市场的热点并不是固定不变的，随着政治经济环境发生变化，热点也会发生变化。

1. 经济因素

从长期和根本上看，汇率的走势和变化是由本国和其他国家相对的经济发展水平和经济景气状况所决定的，这也是影响汇率最主要、最直接的因素。外汇市场直接受经济状况相对变动的影响，必然也会呈现一种周期性的波动。宏观经济状况主要考虑相对的经济增长水平、相对的利率水平、相对的通货膨胀水平等经济变量的变动。

（1）相对的经济增长水平。当本国经济增长率相对更高时，本国的投资收益率水平会更高，资金将流入本国，导致本币汇率上升、外汇汇率下降；反之，当本国经济增长率相对更低时，外汇汇率上升、本币汇率下降。

当然，当本国经济增长率相对更高时，收入水平也会上升更快，从而部分地抵消对本币汇率上升的影响。

(2) 相对的利率水平。在影响汇率走势的诸多因素中，利率是一个比较敏感的因素。假定其他国家利率不变，当本国利率水平上调时，信用紧缩，贷款减少，投资和消费减少，物价下降，在一定程度上会抑制进口，促进出口，减少外汇需求，增加外汇供给，促使外汇汇率下降，本币汇率上调。同时，当本国利率水平上升时，会吸引国际资本流入，从而增加对本币的需求和外汇的供给，使本币汇率上升、外汇汇率下降。

同理，假定其他国家利率不变，当本国利率下降时，信用扩张，货币供应量增加，会刺激投资和消费，促使物价上涨，不利于出口，但有利于进口。在这种情况下，会加大对外汇需求，促使外汇汇率上升，本币汇率下降。同时，当本国利率水平下调时，可能导致国际资本流出，增加对外汇的需求，减少国际收支顺差，促使外汇汇率上升、本币汇率下降。

(3) 相对的通货膨胀水平。通货膨胀率的高低是影响汇率变化的基础。如果本国的货币发行过多，流通中的货币量超过了商品流通过程中的实际需求，就会造成通货膨胀。通货膨胀会使本国的货币在国内购买力下降，导致货币对内贬值。

由于汇率是两国币值的对比，发行货币过多的国家，其单位货币所代表的价值量减少，在该国货币折算成外国货币时，就要付出比原来多的该国货币。通货膨胀率的相对变动，将改变人们对货币的交易需求量以及对债券收益、外币价值的预期。当本国的通货膨胀率相对更高时，会造成国内物价上涨，在汇率不变的情况下，会抑制出口，促进进口。在外汇市场上，外国货币需求增加，本国货币需求减少，从而引起外汇汇率上升，本国货币对外贬值；反之，本国的通货膨胀率相对更低，外汇汇率一般会下跌。

2. 政治因素

国际的政权更替、政变、重要的政治领导人的遇刺或意外死亡、政治丑闻和官员下台、罢工和恐怖袭击等政治因素，都会对一国货币的汇率产生巨大的、突发性的影响。

由于政治因素的出现多带有突发性，来得快、去得猛，难以预测，对外汇市场的破坏力极大，很可能短时间内造成本币汇率的大起大落。因此，政治因素也是基本面中应该考虑的一个重要方面。

3. 市场因素

首先，外汇交易者对某种货币的预期心理已经成为决定这种货币汇率变动的最主要因素。在外汇市场上，人们买进还是卖出某种货币，与交易者对今后情况的看法有很大关系。当交易者预期某种货币的汇率在今后可能下跌时，他们为了避免损失或获取额外的好处，便会大量地抛出这种货币；而当他们预料某种货币今后可能上涨时，则会大量地买进这种货币。在这种预期心理的支配下，转瞬之间就会诱发外汇资金的大规模移动，从而引起汇率的变动。

其次，外汇市场上的投机性因素也是影响外汇汇率走势的重要因素。根据国际清算银行的统计数据，全球外汇交易额中有90%的交易是投机性交易。

4. 政府政策因素

包括财政政策和货币政策在内的政府政策因素都会对汇率波动产生影响。扩张性的财政政策和货币政策通常会导致本币贬值，而紧缩性的财政政策和货币政策通常会导致本币升值。

另外，各国的中央银行为稳定外汇市场，维护经济的健康发展，经常会对外汇市场进行干预。干预的途径主要有4种：①在外汇市场上买进或卖出外汇；②调整国内货币政策和财政政策；③在国际范围内发表表态性言论以影响市场心理；④与其他国家联合，进行直接干预或通过政策协调进行间接干预等。这种干预有时规模和声势很大，往往几天内就有可能向市场投入数十亿美元的资金。当然这对于目前日交易规模超过6万亿美元的外汇市场来说，还仅仅是杯水车薪。但在某种程度上，政府干预尤其是国际联合干预可影响整个市场的心理预期，进而使汇率走势发生逆转。因此，它虽然不能从根本上改变汇率的长期趋势，但在不少情况下，它对汇率的短期波动有很大影响。

除了这几个主要的因素，影响汇率变动的因素还包括军事因素、突发事件等。

二、外汇技术面分析

外汇技术面分析是借助各种分析工具推断未来汇率走势并进行交易决策的重要手段。外汇技术分析工具主要包括5种类型：K线类、形态类、波浪理论、指标类和切线类。

1. K线类

K线又称蜡烛图，是一种条柱状线条，由影线和实体组成。影线表示当天交易的最低价和最高价，实体表示开盘价和收盘价。

K线又分为日K线、周K线、月K线和分钟K线。不同时间周期的K线在技术分析中具有不同的作用。短线交易的交易者可以通过分析5分钟、15分钟K线，决定买入点、卖出点，开展短线交易。而通过分析周K线、月K线，交易者可以进一步判断后市的发展。

K线分析法的优点是能够全面透彻地观察到市场的真正变化。我们从K线图中既可看到股价(或大市)的趋势，也可以了解到每日市况的波动情形。K线分析法的缺点有以下几个：①绘制方法十分繁复，是众多走势图中最难制作的一种；②阴线与阳线的变化繁多。

2. 形态类

外汇形态类分析方法是对K线的进一步运用，常见的形态包括反转形态、整理形态等。从一种趋势向另一种趋势转换，通常需要一段酝酿时间，在这段时间内，趋势如果转换成功，就是反转形态；如果转换不成功，还按原来的趋势运行，就是整理形态。

形态分析的作用主要是能预示方向的发展前景，可以提供较为明显的入场位置、目标位置、止损位置，这在其他分析方法中较为少见。

交易者在利用K线及其轨迹形态预测市场变化趋势时，要明确各个图形反映的市场意义，并在关注短期K线的同时关注长期K线，综合分析市场行情。

3. 波浪理论

艾略特的波浪理论认为，外汇市场中的价格波动形态都呈现波浪运动方式，一浪跟着一浪，周而复始，具有相当程度的规律性，最后加以提炼形成具有权威性的演绎法则来解释市场，并特别强调波动原理的预测价值。

这一分析方法的缺点是较为理论化，是一种比较主观的分析工具，在实战运用中模棱两可，无法判断一个"波浪"完成的标准是什么，因此在使用时最好运用其他分析方法作为辅助。

4. 指标类

外汇分析常用的指标有平均趋向指数ADX、停损点转向指标SAR、平滑异同平均线MACD、相对强弱指标RSI、布林带BOLL、趋向指标DMI、能量潮OBV、心理线、乖离率等。这些指标均通过数学模型计算得来，每个外汇指标都有其不同的作用。例如，ADX可以用来判断当前市场价格波动的强弱程度；SAR指标可以用来分析市场价格运动趋势的反转点；等等。

指标分析可以非常直接地反映市场特定方面的情况。但是外汇分析指标非常多，交易者要谨慎选择合适的分析指标并加以运用。同时，一些指标具有一定的滞后性，有时还会带来假讯号甚至相反的讯号。交易者要综合运用多个指标，通过几个互补的指标来决定价格的变化形式，并通过积累的经验来提高分析的准确性。

5. 切线类

切线分析主要是通过画辅助线的方法来分析外汇市场的发展方向，主要有趋势线、通道线等。切线的画法是最为重要的，画得好坏直接影响预测的结果。

趋势线分析的核心是支撑与压力。上升趋势线起支撑作用，下降趋势线起压力作用，一旦上升趋势线被突破，就应该止损；一旦下降趋势线被突破，就应该加仓。

通道线则是基于趋势线绘制的一个通道，可以反映价格的波动范围。

切线分析可以推测未来趋势，是提供止损点、加仓点等信息的有力工具。

第三节 外汇远期价格（远期汇率）理论

外汇远期价格(远期汇率)由利率平价理论得出。利率平价理论(theory of interest rate parity)可追溯到19世纪下半叶，但系统的论述由凯恩斯于1923年首先提出。利率平价理论认为，两国之间的即期汇率和远期汇率的关系与两国的利率有密切的联系。该理论的主要出发点就是投资者投资于国内所得到的短期利息收益应该与按即期汇率折成外国货币在国外投资并按远期汇率换回本国货币所得到的短期投资收益相等。一旦出现由于两国利率之差引起的投资收益的差异，投资者就会进行套利活动，其结果是使远期汇率固定在某一特定的均衡水平上。同即期汇率相比，利率低的国家的货币的远期汇率会上升，而利率高的国家的货币的远期汇率会下降。远期汇率同即期汇率的差价约等于两国间的利率差。利率平价理论包括直接标价法下的利率平价理论和间接标价法下的利率平价理论，各自又可分为抛补的利率平价理论(covered interest rate parity)和无抛补的利率平价理论(uncovered interest rate parity)。

一、直接标价法下的远期汇率理论

直接标价法下的利率平价可以分为直接标价法下的无抛补利率平价和直接标价法下的抛补利率平价两种。

1. 直接标价法下的无抛补利率平价

在资本具有充分国际流动性的条件下,投资者的套利行为使得国际金融市场上以不同货币计价的相似资产的收益率趋于一致。也就是说,套利资本的跨国流动保证了"一价定律"适用于国际金融市场。

利率的变化决定了有风险条件下投资者的投机决策,主要表现为以下几点。

(1) 在年终若持有单位本币的存款和收益额大于持有外币存款和收益额按预期汇率折算成的本币款,即 $(1+i) > \dfrac{S^e}{S}(1+i^*)$,则在本国存款。

(2) 在年终若持有单位本币的存款和收益额小于持有外币存款和收益额按预期汇率折算成的本币款,即 $(1+i) < \dfrac{S^e}{S}(1+i^*)$,则在外国存款。

(3) 在年终若持有单位本币的存款和收益额等于持有外币存款和收益额按预期汇率折算成的本币款,即 $(1+i) = \dfrac{S^e}{S}(1+i^*)$,则在任何一国存款均可。

式中,i 表示以本币计价的资产收益率(年利率),i^* 表示外币计价的相似资产的平均收益率,S 表示即期汇率(直接标价),S^e 表示预期将来某个时点(比如年末)的预期汇率,并且这里假设投资者是风险中性(risk neutral)。

本国居民持有一单位本国货币,既可以将其存放于国内银行按国内利率取得收益,也可以将其按即期汇率 S 兑换成外国货币存放到国外银行,按外国利率取得收益。在风险中性的前提下,投资者只需比较一下两种资产的收益:如果收益不等,投资者就会涌向一种资产,资本涌入国会因资本的供给增加而收益率递减,而流出国的收益率可能会抬高,最终两者的收益趋于相等,公式表示为

$$(1+i) = \frac{S^e}{S}(1+i^*)$$

上式可以变换为

$$\frac{S^e}{S} = \frac{1+i}{1+i^*}$$

两边同时减1,同时考虑到利率水平通常都低于10%,因而有

$$\frac{S^e}{S} - 1 = \frac{1+i}{1+i^*} - 1 = \frac{i-i^*}{1+i^*} \approx i - i^*$$

或者,

$$\frac{S^e - S}{S} \approx i - i^*$$

由此得出直接标价法下的无抛补利率平价的含义:一是本国利率高于(低于)外国利率的

差额等于本国货币的预期贬值(升值)幅度；二是高利率国的货币将预期贬值，低利率国的货币将预期升值。如果国内利率高于国际利率水平，资金将流入国内，以谋取利润。

2. 直接标价法下的抛补利率平价

与直接标价法下的无抛补利率平价相比，直接标价法下的抛补利率平价并未对投资者的风险偏好做出假定，即套利者在套利的时候，可以在远期外汇市场上签订与套利方向相反的远期外汇合约，确定在到期日交割时所使用的汇率水平。

通过签订远期外汇合约，按照合约中预先规定的远期汇率进行交易，以达到规避汇率风险的目的。由于套利者利用远期外汇合约固定了未来交易时的汇率，避免了汇率风险的影响，整个套利过程可以顺利实现。

当套利者无法通过套利交易获取利润时，这时无套利条件得到满足。直接标价法下的抛补利率平价的公式为

$$(1+i) = \frac{F}{S}(1+i^*)$$

式中，F (forward rate) 表示在即期（比如1月1日）公布的在1年后（比如12月31日）交割的远期汇率。

上式可以简略为

$$\frac{F-S}{S} = i - i^*$$

由此得出直接标价法下的抛补利率平价的含义：一是本国利率高于(低于)外国利率的差额等于本国货币的远期贴水(升水)；二是高利率国的货币在远期外汇市场上必定贴水，低利率国的货币在该远期外汇市场上必定升水。如果国内利率高于国际利率水平，资金将流入国内，以谋取利润。

二、间接标价法下的远期汇率理论

间接标价法下的利率平价可以分为间接标价法下的无抛补利率平价和间接标价法下的抛补利率平价两种。

1. 间接标价法下的无抛补利率平价

由于远期汇率不需要依据无抛补利率平价来计算，此处就不再分析间接标价法下的无抛补利率平价。

2. 间接标价法下的抛补利率平价

通过与上述相似的分析，可以得到间接标价法下的抛补利率平价，公式为

$$(1+i) = \frac{S}{F}(1+i^*)$$

式中，F (forward rate) 表示在即期（比如1月1日）公布的在1年后（比如12月31日）交割的远期汇率。

上式可以简略为

$$\frac{F-S}{S}=i^*-i$$

由此得出间接标价法下的抛补利率平价含义：一是外国利率高于(低于)本国利率的差额等于本国货币的远期升水(贴水)；二是高利率国的货币在远期外汇市场上必定贴水，低利率国的货币在该远期外汇市场上必定升水。如果国外利率高于国内利率水平，资金将流入国外，以谋取利润。

三、对利率平价理论的评价

利率平价理论从资金流动的角度指出了汇率与利率之间的密切关系，有助于正确认识现实外汇市场上汇率的形成机制，有特别的实践价值。它主要应用在短期汇率的决定。利率平价理论不是一个独立的汇率决定理论，它与其他汇率决定理论之间是相互补充而不是相互对立的。

利率平价理论的缺陷如下。
(1) 忽略了外汇交易成本。
(2) 假定不存在资本流动障碍。实际上，资本在国际流动会受到外汇管制和外汇市场不发达等因素的阻碍。
(3) 假定套利资本规模是无限的，现实世界中很难成立。
(4) 人为地假定了投资者追求在两国的短期投资收益相等，现实世界中有大批热钱追求汇率短期波动带来的巨大超额收益。

四、远期汇率的计算

远期汇率的计算包括直接标价法下远期汇率的计算和间接标价法下远期汇率的计算。

1. 直接标价法下远期汇率的计算

直接标价法下远期汇率的计算公式依据直接标价法下的抛补利率平价得到。

直接标价法下的抛补利率平价的简略公式可以进一步表达为

$$F = S + S \times (i-i^*)$$

即直接标价法下的远期汇率的计算公式为

远期汇率＝即期汇率＋即期汇率×(本国货币利率－外国货币利率)

2. 间接标价法下远期汇率的计算

间接标价法下远期汇率的计算公式依据间接标价法下的抛补利率平价得到。

间接标价法下的抛补利率平价的简略公式可以进一步表达为

$$F = S + S \times (i^*-i)$$

即间接标价法下远期汇率的计算公式为

远期汇率＝即期汇率＋即期汇率×(外国货币利率－本国货币利率)

第四节 外汇报价

一、外汇报价的规则

1. 使用统一的标价方法

为使交易能迅速顺利地进行，交易各方都使用统一的标价方法，即除英镑、欧元、澳大利亚元和新西兰元等采用间接标价法以外，其他交易货币一律采用直接标价法，并同时报出买入价(bid price)和卖出价(offer price)。

被报价货币和报价货币书写示例为：USD/JPY。

其中，USD为被报价货币，JPY为报价货币。被报价货币也称基础货币(base currency)或基准货币、单位货币。

而且，报价者和询价者处于不同的地位。对于报价者来说，买入被报价货币，卖出报价货币；对于询价者来说，则是卖出被报价货币，买入报价货币。

通常银行报出买入价和卖出价两个价格。这是因为银行在报价时并不知道客户要买卖哪种货币，只好用双向报价。

例如，USD/JPY报价为115.20/115.40，前面是报价银行买入价，后面是报价银行卖出价，表示报价银行愿用115.20日元买入美元，以115.40日元的价格卖出美元。又如，GBP/USD报价为1.3520/1.3540，表示报价银行愿以1.3520美元的价格买入英镑，以1.3540美元的价格卖出英镑。

若要看懂银行的外汇报价，则必须掌握各个国家、地区和组织的货币的货币代码。各个国家、地区和组织的货币代码及相关内容详见表2-1。

表2-1 各个国家、地区和组织的货币代码及相关内容

货币代码	数字代码	货币名称	国家/地区/组织
CNY	156	人民币 - Chinese Yuan	中国
USD	840	美元 - United States Dollar	美国
EUR	978	欧元 - Euro	欧盟
GBP	826	英镑 - British Pound	英国
AUD	036	澳元 - Australia Dollar	澳大利亚
CAD	124	加元 - Canadian Dollar	加拿大
JPY	392	日元 - Japanese Yen	日本
HKD	344	港币 - Hong Kong Dollar	中国香港
NZD	554	新西兰元 - New Zealand Dollar	新西兰
SGD	702	新加坡元 - Singapore Dollar	新加坡
CHF	756	瑞士法郎 - Swiss Franc	瑞士
DEM	280	德国马克 - Deutsche Mark	德国
FRF	250	法国法郎 - French Franc	法国

2. 采取以美元为中心的报价方法

由于美元的特殊地位，除非特别说明者外，各国外汇市场现已形成了一个规则，在外

汇市场上报出的货币汇率都是针对美元的，非美元的货币之间的汇率通过以美元为中介套算得出。在银行间外汇交易中，使用统一报价，有利于简化信息处理的工作量，也便于计算交易损益。

3. 使用小数报价

外汇交易员在报出汇率时，按交易惯例，一般省略大数(big figure)汇率，而仅仅报出小数(small figure)汇率。

例如，USD/CHF＝1.3430/50，其中1.34为大数汇率，30/50为小数汇率。

交易员未报大数汇率的原因是，交易员进行询价、报价以及成交的过程，可能只有几秒钟的时间，汇率的变动一般不可能在非常短的时间内影响大数汇率的变动。在报价中，对即期外汇交易，只报出最后两位数，即小数汇率。需要注意的是，对远期外汇交易要同时报出即期汇率和远期点数。

4. 交易单位为100万美元

外汇交易通常以100万美元的整数倍作为外汇交易额，如交易中的"one dollar"表示100万美元，或者直接用"1"表示100万美元。

需要注意的是，这种交易规则仅适用于银行间大批量的外汇交易，而一般的进出口商或投资者适用于小规模外汇交易的汇率。一般的进出口商或投资者需要在询价时预先说明，并报出具体的交易金额。在这种情况下，银行报出的价格与银行间的外汇交易价格是不同的。

5. 客户询价后，银行有义务报价

银行在接受客户询价时，应有义务报出某种货币的买入价和卖出价。

银行对客户报出某种货币的买入价和卖出价后，按照商业惯例，银行应承担按此汇率买进或卖出该货币的义务，但对此有一个交易时间和成交金额的限制，即交易一方不能要求另一方按照其在10分钟以前给出的报价成交，且交易金额一般应在100万美元至500万美元(或其等价的其他货币)之间。

6. 交易双方遵守"一言为定"的原则

外汇交易双方必须恪守信用，遵守"一言为定"的原则，买卖一经成交就不得反悔。

以电话达成的交易有电话交易录音；以电传达成的交易有电传机打印的交易记录；以交易系统达成的交易有该系统打印的文字记录。因此交易双方不得以种种借口抵赖、变更或要求注销。

7. 交易术语规范化

为了能在汇率频繁变动的环境下迅速无误地成交，在外汇交易的磋商过程中，交易员经常使用简洁语言和行话来节省交易的时间。例如，"five mine"即表示"我买入500万美元"。

在进行外汇交易时要注意其语言的规范化。外汇交易的报价常用术语详见表2-2。

表2-2 外汇交易的报价常用术语

英文	中文	英文	中文
bid (buy, take, pay)	买入	delivery date, value date, maturity date	交割日, 起息日, 结算日
mine	我方买入	offer (give, sell)	卖出
yours	我方卖出	over bought, long	多头
ask price/ask rate/selling rate	卖出价	over sold, short	空头
bid rate/buying rate	买入价	position	头寸
middle rate	中间价	call/put	买权/卖权
done (ok)	成交	currency future	外汇期货
forward rate	远期汇价	currency option	外汇期权
spot rate	即期汇价	square	平仓
market maker	报价行	premium/discount	升水/贴水

二、外汇的报价技巧

交易员在进行外汇报价时，首先要把握市场上各种交易货币的极短期的汇率走势以及该货币买卖价差的大小及其风险特性。目前在国际外汇市场上，对于交易比较频繁的货币(如英镑、日元、欧元和瑞士法郎)的价差较小，其他交易不频繁的货币买卖价差较大。其次，交易员必须了解目前市场的预期，根据市场预期来调整自己的持有头寸，使自己的外汇头寸处于有利的部位。因为交易货币的走势往往向市场预期的价位波动。最后，交易员要清楚知晓银行的交易政策、自己持有头寸的额度，在依据市场的竞争力和利润的基础上，报出合理的价格。这样交易员报出的汇价，既能融合银行与自己的买卖意图，为银行赚取利润，又能融合交易货币的走势，使交易对方满意成交。也就是说，要针对不同的情形进行报价。

1. 市场预期被报价币上涨

当市场预期被报价币上涨时，此时市场的参与者倾向买入被报价币，以获取利润。

此时，报价者应将被报价币的价格报高，以降低风险或取得有利的部位。因为报价者卖出被报价币的价格较市场价格高，则报价者有比较大的机会以较低的价格买入被报价货币来平仓，从而赚取利润。

【实例2.1】假设USD/CHF的市场价格为

1.3320   40

Bid Rate   Offer Rate

当市场预期被报价币上涨时，请问该银行如何报价？

> **解题**
> 当市场预期被报价币上涨时，银行应将被报价币的价格报高，其报价Quoting Price应该为
>
> 30　　　　　　　　50
> Bid Rate　　　　　Offer Rate

【实例2.2】假设GBP/USD的市场价格为

1.3850　　　　　　70
Bid Rate　　　　　Offer Rate

当市场预期被报价币上涨时，请问该银行如何报价？

> **解题**
> 当市场预期被报价币上涨时，银行应将被报价币的价格报高，其报价Quoting Price应该为
>
> 60　　　　　　　　80
> Bid Rate　　　　　Offer Rate

2. 市场预期被报价币下跌

当市场预期被报价币下跌时，此时市场的参与者倾向卖出被报价币，以获取利润。

此时，报价者报出的价格会比市场价格略低，以降低风险或获取有利的部位。由于报价者买入的价格较市场价格低，报价者有比较大的机会以较高的价格卖出被报价货币平仓，从而赚取利润。

【实例2.3】假设USD/CHF的市场价格为

1.3330　　　　　　50
Bid Rate　　　　　Offer Rate

当市场预期被报价币下跌时，请问该银行如何报价？

> **解题**
> 当市场预期被报价币下跌时，银行应将被报价币的价格报低，其报价Quoting Price应该为
>
> 20　　　　　　　　40
> Bid Rate　　　　　Offer Rate

3. 银行不愿意成交

当报价者的部位已经平仓，或者市场波动的幅度过大，报价者不愿意买入或卖出被报价币时，应拉大价差。

因为报价者的价差会比市场相对要宽，即询价者若想要与报价者成交时，不论买入价还是卖出价都比市场价格要差，询价者成交的意愿就降低了。

【实例2.4】假设市场价格为USD/CHF＝1.3320/40。

当银行不愿意成交时，请问该银行如何报价？

解题

当银行不愿意成交时，银行应拉大价差，其报价Quoting Price应该为

10　　　　　50
Bid Rate　　Offer Rate

4. 银行有强烈愿望成交

报价者以市场竞争力为主要考虑因素时，其报价与市场价格相比更窄，即报价者报价的价差会比市场价格小，不论买入或卖出价格均比市场价格好，因此询价者会有较高的意愿来进行交易。

【实例2.5】 假设市场价格为USD/CHF＝1.3310/30，当银行有强烈愿望成交时，请问该银行如何报价？

解题

当银行有强烈愿望成交时，银行应缩小价差，其报价Quoting Price应该为

15　　　　　25
Bid Rate　　Offer Rate

本 章 小 结

1. 汇率是两种货币之间兑换的比率，或者以一种货币表示的另一种货币的价格。

2. 汇率的种类按国际货币制度的演变划分，有固定汇率和浮动汇率；按制定汇率的方法划分，有基本汇率和套算汇率；按银行买卖外汇的角度划分，有买入汇率、卖出汇率、中间汇率和现钞汇率；按外汇交易交割期限划分，有即期汇率和远期汇率；按对外汇管理的宽严划分，有官方汇率和市场汇率；按银行营业时间划分，有开盘汇率和收盘汇率。

3. 汇率标价方法包括直接标价法、间接标价法和美元标价法。

4. 外汇基本面分析是一种典型的市场分析，是基于对宏观基本因素的状况、发生的变化及其对汇率走势造成的影响加以研究，然后得出货币间供求关系的结论，并以此判断汇率走势的分析方法。

5. 外汇技术面分析是借助各种分析工具推断未来汇率走势并进行交易决策的重要手段。

6. 远期汇率由利率平价理论得出，即本国利率高于(低于)外国利率的差额等于本国货币的远期贴水(升水)。

7. 外汇报价的规则包括以下几个：使用统一的标价方法；采取以美元为中心的报价方法；使用小数报价；交易单位为100万美元；客户询价后，银行有义务报价；交易双方遵守"一言为定"的原则；交易术语规范化。

8. 外汇的报价技巧：首先要把握市场上各种交易货币的极短期的汇率走势以及该货币买卖价差的大小及其风险特性；其次，交易员必须了解目前市场的预期，根据市场预期来调整自己的持有头寸，使自己的外汇头寸处于有利的部位；最后，交易员要清楚知晓银

行的交易政策、自己持有头寸的额度，在依据市场的竞争力和利润的基础上，报出合理的价格。

关 键 概 念

汇率　基本点　固定汇率　浮动汇率　基本汇率　套算汇率　买入汇率
卖出汇率　中间汇率　即期汇率　远期汇率　官方汇率　市场汇率　直接标价法
间接标价法　美元标价法　外汇基本面分析　外汇技术面分析　抛补利率平价
无抛补利率平价　小数报价

本 章 习 题

1. 简述利率水平与汇率之间的关系。
2. 试述通货膨胀率的变化如何引起汇率变化。
3. 试述政府因素如何引起汇率波动。
4. 抛补利率平价的简略公式如何表述？如何根据即期汇率和两国的利率水平得到远期汇率？
5. 简述银行间外汇交易时外汇报价的基本规则。
6. 试述外汇报价的基本技巧。
7. 假设USD/CHF的市场价格为

1.4360　　　　　1.4380

Bid Rate　　　Offer Rate

当市场预期被报价币上涨时，请问该银行如何报价？

8. 假设USD/CHF的市场价格为

1.4370　　　　　1.4390

Bid Rate　　　Offer Rate

当市场预期被报价币下跌时，请问该银行如何报价？

9. 假设市场价格为USD/CHF＝1.4360/80。当银行不愿意成交时，请问该银行如何报价？

10. 假设市场价格为USD/CHF＝1.4360/80。当银行有强烈愿望成交时，请问该银行如何报价？

11. 表2-3为甲、乙、丙三家银行的报价。就每一个汇率的报价而言，若询价者要购买美元，哪家银行的报价最好？哪家银行的报价最具有竞争性？

表2-3　甲、乙、丙三家银行的报价

货币	甲	乙	丙
USD/SGD	1.6150/57	1.6152/58	1.6151/56
USD/JPY	110.43/49	110.42/47	110.44/48

（续表）

货币	甲	乙	丙
GBP/USD	1.5472/79	1.5472/80	1.5473/78
EUR/USD	1.2153/60	1.2152/58	1.2154/59
USD/CHF	0.8490/97	0.8492/98	0.8493/99
AUD/USD	0.7120/25	0.7122/26	0.7119/25

12. 你希望卖出瑞士法郎买入日元，已知五家银行的汇率报价如表2-4所示。

表2-4　五家银行的汇率报价

货币	A银行	B银行	C银行	D银行	E银行
USD/CHF	1.4947/57	1.4946/58	1.4945/56	1.4948/59	1.4949/60
USD/JPY	141.75/05	141.75/95	141.70/90	141.73/93	141.75/85

请问：

(1) 你将从哪家银行卖出瑞士法郎买入美元？汇率为多少？

(2) 你将从哪家银行卖出美元买入日元？汇率为多少？

第三章
即期外汇交易

学习目标

理论目标：掌握即期外汇交易的概念；掌握外汇交割的概念和即期外汇交易的交割方式；掌握倒数汇率计算的理论依据；掌握套算汇率计算的理论依据。

实务目标：掌握即期外汇汇率的换算；掌握即期外汇交易报价在进出口业务中的应用；掌握倒数汇率的计算；掌握套算汇率的计算；掌握如何利用即期外汇交易进行保值和投机；掌握即期外汇交易的程序；了解人民币的即期外汇交易。

情景小故事

交易员努尔·阿塔的交易策略

1. 依靠突破交易来盈利，提前设置止损控制风险

交易前，努尔·阿塔会认真地寻找入场点和出场点，认真观察市场走势，看价格如何与他绘制的支撑位或阻力位进行互动。

2. 有足够的耐心和预测能力，学会静观其变

阿塔认为这是能增加盈利概率的重要一点。因为每一场交易都需要一定的时间和空间才能看出结果。阿塔更倾向于做波段交易，而非日内交易。阿塔一直告诉自己，一定要学会耐心等待，并注重风险管理。

3. 利用对冲基金的交易之道

阿塔表示自己宁愿一年只交易两次让资金翻倍，也不愿交易200次却只能盈利20%。因为要想等到大盈利的机会，你得先保证能够长期留在市场中。交易得多并不代表你盈利得也多。

尽管阿塔至今的交易结果相当好，但他认为以交易为生的生活方式并不适合所有人。他不认为每个人都能成为真正的交易员，或者说，很多人坚持不到成为交易员的那一刻。

【整理自外汇帮. https://www.waihuibang.com/fxschool/fxstory/158240.html】

第一节 即期外汇交易概述

一、即期外汇交易的概念

即期外汇交易(spot exchange transaction),又称现汇交易,是指买卖双方以固定汇价成交,并在成交后的两个营业日(working day)内办理交割的外汇交易,如图3-1所示。

图3-1 即期外汇交易

即期外汇交易的结算方式有信汇、票汇和电汇三种。信汇和票汇的应用较少,大部分交易采取电汇方式。

二、即期外汇交易的参与方

即期外汇交易基本的参与方为客户和外汇交易员。

外汇交易员是即期外汇交易最重要的参与方。外汇交易员是外汇市场上的经办人,其职责是每天将企业、公司或私人客户买卖外汇的命令集中起来,按各种外汇将这些用书面或电话陆续发给银行的命令进行登记,之后根据头寸和价格决定买进或卖出,使银行之间很快地找到对象而成交。外汇交易员之间往往使用神秘性的技术语言(行话),并且要在几秒钟之内当机立断,行业技术性极强。例如,客户向一家银行询价,银行交易员必须考虑对方的资信、买入或卖出的币别和数量、银行本身的外汇头寸情况以及市场汇率趋势等,立即决定报价。

除客户和外汇交易员外,即期外汇交易在汇款的时候还涉及以下参与方。

(1) 汇款人(remitter),通常为债务人或付款人。

(2) 收款人(payee),是指债权人或受益人。

(3) 汇出行(remitting bank),是受汇款人委托向收款人汇款的银行。

(4) 解付行(paying bank),是受汇出行委托,接收汇出行的汇款并向收款人解付款项的银行,也称汇入行。

汇出行与解付行是委托代理关系。银行收妥本币,卖出外汇后,按照客户的要求采用电汇、信汇和票汇方式通知债权人或收款人所在国的分支行或其代理行,按当天汇率将其外币存款账户上的一定金额的外汇支付给收款人。这样,该外汇银行在自己账户上增加了客户支付的本国货币,而在国外的外币账户存款却减少了相应的外币额。

第二节　即期外汇交割

外汇交割是外汇买卖成交后，交易双方按事先商定的条件和日期收付外汇的行为。现代化的电讯技术使外汇交易过程大为简化，交易双方谈妥一笔外汇交易只需数秒时间。事后双方就此交易的细节互发确认书电文，安排交割的具体事项。在外汇交易实务中，由于交割的货币种类、两地营业日等原因会涉及款项划拨的有效时间和地点等问题，需要用国际通行惯例予以解释。通常把货币资金划拨地点称为结算所在地，以某国某城市某金融机构的名称表示。

一、即期外汇交易的交割日

银行同业间外汇"批发"即期交易的交割日包括三种类型：①标准交割日(value spot，VAL SP)；②隔日交割(value tomorrow，VAL TOM)；③当日交割(value today，VAL TOD)。

交易日和交割日的关系，如图3-2所示(假设星期三为交易日)。

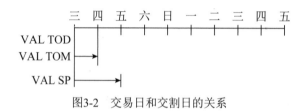

图3-2　交易日和交割日的关系

如果交易货币非交易双方营业所在地货币，则结算所在地可与交易所在地不一致。由于各国风俗习惯不同，节假日和营业日也可能不同，结算地点不同会引起结算时间的差异。如果双方资金划拨时差过大，不仅会带来信用风险，还会产生利息问题。交割日也称结算日或起息日(value date)。根据国际惯例，起息日必须是交易有关货币的国家的营业日(大多数国家的营业日为星期一至星期五，除非其中有节假日；伊斯兰教国家的星期五是非营业日，而星期六和星期日都是营业日)。

二、即期外汇交易的交割方式

根据交割方式的不同，可将即期外汇交易分为以下三种。

1. 电汇交割方式

电汇交割方式简称电汇(telegraphic transfer，T/T)，是指汇出行应汇款人的申请，采用SWIFT(Society for Worldwide Interbank Financial Telecommunications，环球银行间金融电讯网络)等电讯方式将电汇付款委托书给汇入行，指示解付一定金额给收款人的一种汇款方式。

常见的电讯方式有SWIFT、电传(telex)、电报(cable、telegram)等。

业务上T/T分为前T/T(预付货款)和后T/T(装船后或收货后付款)。在交易中，电汇较之信用证风险要高一些，但是向银行缴纳的费用要比信用证缴纳的费用低很多。

电汇以电报、电传作为结算工具,安全迅速、费用也较高,由于电报电传的传递方向与资金的流向是相同的,电汇属于顺汇。

电汇是目前使用较多的一种汇款方式,其业务流程如下所述:先由汇款人提交电汇申请书并交款付费给汇出行,再由汇出行拍加押电报或电传给汇入行,汇入行给收款人电汇通知书,收款人接到通知后去银行兑付,银行进行解付,解付完毕汇入行发出借记通知书给汇出行,同时汇出行给汇款人电汇回执。

2. 票汇交割方式

票汇交割方式简称票汇(demand draft,D/D),是指汇出行应汇款人的申请,代汇款人开立以其分行或代理行为解付行的银行即期汇票(banker's demand draft),支付一定金额给收款人的一种汇款方式。

银行在受理票汇业务时,需要签发一张汇票给汇款人,并向汇入行寄送汇票通知书;当收款人持汇票向汇入行提取款项时,汇入行在审验汇票和票报无误后,解付票款给收款人。除此之外,票汇的其他手续与电汇、信汇基本相同。

当票汇退汇时,汇款人应提交书面申请,并交回原汇票(应背书),经汇出行核对无误后,在汇票上加盖"注销"戳记,办理退汇手续。退交的汇票作为退汇传票附件,并通知汇入行注销寄回票据。

3. 信汇交割方式

信汇交割方式简称信汇(mail transfer,M/T),是指汇款人向当地银行交付本国货币,由银行开具付款委托书,用航空邮寄交国外分行或代理行,办理付出外汇业务的一种汇款方式。在信汇方式下,因为邮程需要的时间比电汇长,银行有机会利用这笔资金,所以信汇汇率低于电汇汇率,其差额相当于邮程利息。

在进出口贸易合同中,如果规定凭商业汇票"见票即付",则由预付行把商业汇票和各种单据用信函寄往国外收款,进口商银行见汇票后,用信汇(航邮)向议付行拨付外汇,这就是信汇方式在进出口结算中的应用。进口商有时为了推迟支付货款的时间,常在信用证中加注"单到国内,信汇付款"条款。这不仅可避免本身的资金积压,还可在国内验单后付款,保证进口商品的质量。

信汇凭证是信汇付款委托书,其内容与电报委托书内容相同,只是汇出行在信汇委托书上不加注密押,而以负责人签字代替。

在办理信汇时,汇出行出具由银行有权签字人员签发的银行"信汇委托书",然后用信函寄往解付行,解付行凭此办理有关款项的解付手续。

但在实际业务中,信汇极少使用。

三、即期外汇汇率的类型

根据汇款方式的不同,即期外汇汇率可分为以下三种。

1. **电汇汇率**(telegraphic transfer rate,T/T rate)

电汇汇率也称电汇价,是指经营外汇业务的银行以电讯方式买卖外汇时所使用的汇率。电汇汇率已成为外汇市场上的基准汇率,是计算其他各种汇率的基础。西方外汇市场上公布的汇率多为银行电汇的买卖价。由于电汇付款迅速,银行或客户无法占用对方的汇款资金,电汇价格(汇率)较高。

2. 信汇汇率(mail transfer rate,M/T rate)

信汇汇率也称信汇价,是指银行以信函方式买卖外汇时所使用的汇率,即用信函方式通知付款的外汇汇率。由于航邮需要的时间比电报或电传要长,银行或客户在一定时间内可以占用对方的资金,信汇汇率较电汇汇率低。

3. 票汇汇率(demand draft rate,D/D rate)

票汇汇率也称票汇价,是指银行买卖外汇汇票、支票和其他票据时所使用的汇率。票汇汇率又分为即期票汇汇率和远期票汇汇率。由于收付款时间较电汇慢,该汇率比电汇汇率低。而且汇票付款期限越长,汇率越低。

四、即期外汇汇率的换算

由于外汇交易通常使用的是电汇汇率,信汇汇率和票汇汇率要根据电汇汇率换算得到。

1. 汇率换算理论

由于信汇交割和票汇交割所需时间较长,存在着一方占用另一方资金的问题。

一是当客户将外汇卖给银行时,银行立即支付本币给客户,而客户要通过信汇(票汇)的方式将国外银行账户上的资金支付给银行,存在客户占用银行资金的情况,客户卖给银行的外汇汇率就要适当低一些,将被占用的这笔资金在一定邮程天数内产生的利息计算在内。信汇(票汇)买入汇率的计算公式为

信汇(票汇)买入汇率=电汇买入汇率×[1-占用货币资金的利率×(邮程天数-2)÷360]

二是当客户从银行买入外汇时,客户立即支付本币给银行,而银行要通过信汇(票汇)的方式将国外银行账户上的资金支付给客户,存在银行占用客户资金的情况,银行卖给客户的外汇汇率就要适当低一些,将被占用的这笔资金在一定邮程天数内产生的利息计算在内。信汇(票汇)卖出汇率的计算公式为

信汇(票汇)卖出汇率=电汇卖出汇率×[1-占用货币资金的利率×(邮程天数-2)÷360]

2. 汇率换算实务

【实例3.1】假设在苏黎世外汇市场上即期汇率为USD/CHF=1.3430/50,瑞士法郎利率为4%,美元利率为6%,瑞士到美国的邮程为8天。计算美元/瑞士法郎的信汇(票汇)买入汇率和卖出汇率。

> 解题
> 美元/瑞士法郎的信汇(票汇)买入汇率=1.3430×[1-4%×(8-2)÷360]=1.3421
> 美元/瑞士法郎的信汇(票汇)卖出汇率=1.3450×[1-4%×(8-2)÷360]=1.3441

第三节　即期外汇交易报价在进出口业务中的应用

在进出口业务中，经常遇到进口商或出口商要求更改报价货币的情形。这时，要将原货币的报价转换成新货币的报价，这就涉及汇率报价问题。解决汇率报价问题应遵循的基本原则是：无论如何改变报价，其收益或成本不应该发生变化。

一、本币报价改为外币报价

当本币报价改为外币报价时，应按买入价计算。因为出口商以外币从银行买进本币时，银行是用买入价买入外币的。只有用外汇买入价兑换成原报价货币，才能保证出口商改报的外币报价可兑换与原报价金额相同的本币。

【实例3.2】我国某出口商出口机器设备，原来以人民币报价，为每件5万元人民币，但进口商要求以美元报价。假设即期美元与人民币的汇率为100美元兑825.46/827.94元人民币。计算该商品的美元报价。

> **解题**
>
> 该出口商在报价时应遵循的原则为：经过美元报价之后获得的美元卖到银行换得的人民币应与原报价相同。很明显，出口商在获得美元后，要以825.46元人民币的价格把每100美元卖给银行，因此要获得5万元人民币应该报出的价格=50000÷825.46=6057.23美元。

二、外币报价改为本币报价

当外币报价改为本币报价时，应按卖出价计算。因为出口商以本币从银行买进外币时，银行是用卖出价卖出外币的。只有用外汇卖出价兑换成原报价货币，才能保证出口商改报的本币报价可兑换与原报价金额相同的外币。

【实例3.3】某瑞士出口商原来以美元报价，为每件100美元，现在进口商要求以瑞士法郎报价。假设即期汇率为USD/CHF=1.4313/18。计算该商品的瑞士法郎报价。

> **解题**
>
> 这种情况下应遵循的原则为：出口商把收回的瑞士法郎卖到银行可换得的美元应与原报价相同。出口商把1瑞士法郎卖到银行会获得1/1.4318美元，因此要获得100美元应报出的价格=100÷1/1.4318=143.18瑞士法郎。

三、一种外汇报价改为另一种外汇报价

当一种外汇报价改为另一种外汇报价时，应先依据外汇市场所在地确定本币和外币，然后按照前两项原则处理。

【实例3.4】我国某出口商原来以美元报价,为每件1万美元,现在应客户需要,改为以日元报价。假设纽约外汇市场当日的即期汇率为USD/JPY=115.57/62。计算该商品的日元报价。

解题

外汇市场所在地为美国,则可以把美元作为本币,那么应该以买入价折算。间接标价法下,买入价在后,所以该商品报价=10000÷1/115.62=1156200日元。

第四节 倒数汇率

倒数汇率(reciprocal rates),是指通过对报价货币的可变数值取倒数,将汇率报价中的基础货币(被报价货币)转变为报价货币后所得到的汇率。

【实例3.5】已知报价方报出 USD/CHF的即期汇率为1.4375/1.4385。
试问报价方如何报出CHF/USD的即期汇率?

解题

首先,推导出CHF/USD的即期买入汇率。
(1) USD/CHF的即期卖出汇率可以表示为

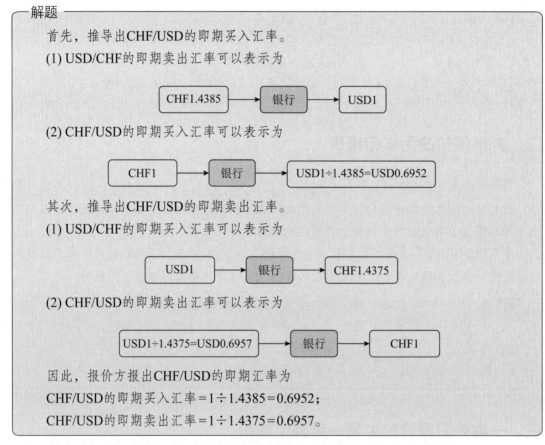

(2) CHF/USD的即期买入汇率可以表示为

其次,推导出CHF/USD的即期卖出汇率。
(1) USD/CHF的即期买入汇率可以表示为

(2) CHF/USD的即期卖出汇率可以表示为

因此,报价方报出CHF/USD的即期汇率为
CHF/USD的即期买入汇率=1÷1.4385=0.6952;
CHF/USD的即期卖出汇率=1÷1.4375=0.6957。

由【实例3.5】可知,报价方报出的CHF/USD的即期买入汇率小于即期卖出汇率。因此在计算倒数汇率时,直接以原卖出汇率的倒数作为倒数汇率的买入汇率,同时,以原买入汇率的倒数作为倒数汇率的卖出汇率。

【实例3.6】 已知报价方报出 USD/CAD 的即期汇率为1.6500/1.6520。试问报价方如何报出CAD/USD的即期汇率？

解题

CAD/USD的即期买入汇率＝1÷1.6520＝0.6053；

CAD/USD的即期卖出汇率＝1÷1.6500＝0.6061。

第五节　套算汇率

制定出基本汇率后，本币兑其他外国货币的汇率就可以通过基本汇率加以套算，这样得出的汇率就是套算汇率，套算汇率又称为交叉汇率或交叉盘。外汇交易中常常会涉及两种非美元货币的交易，而国际金融市场的报价多数是美元兑另一种货币的报价，此时需要进行汇率套算。

假设美元为中介货币，美元在两种货币的汇率中所处的位置有三种情况：①美元在两种货币的汇率中均为基础货币(被报价货币)；②美元在两种货币的汇率中均为报价货币；③美元在一种货币的汇率中是基础货币(被报价货币)，在另一种货币的汇率中是报价货币。根据美元在两种货币的汇率中所处的位置，可以将套算汇率的计算方法分为以下三种。

一、美元在两种货币的汇率中均为被报价货币

美元在两种货币的汇率中均为被报价货币，应通过交叉相除得出套算汇率。

【实例3.7】 已知Spot Rate：USD1＝HKD7.6260/7.6356；Spot Rate：USD1＝CHF1.3960/70。求CHF/HKD的即期汇率。

解题

首先，以美元为中介货币，推导出CHF/HKD的买入汇率。

(1) 美元兑港元的买入汇率可以表示为

(2) 美元兑瑞士法郎的卖出汇率可以表示为

(3) 将银行的这两笔交易连接起来，可以表示为

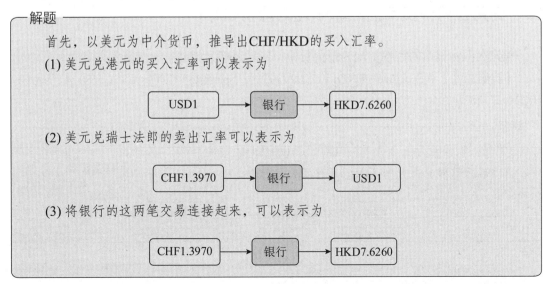

(4) 将瑞士法郎记为单位货币，得到瑞士法郎兑港元的买入汇率

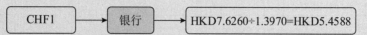

其次，以美元为中介货币，推导出CHF/HKD的卖出汇率。
(1) 美元兑港元的卖出汇率可以表示为

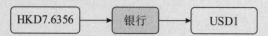

(2) 美元兑瑞士法郎的买入汇率可以表示为

(3) 将银行的这两笔交易连接起来，可以表示为

(4) 将瑞士法郎记为单位货币，得到瑞士法郎兑港元的卖出汇率

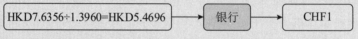

因此，汇总后得到瑞士法郎兑港元的双向汇率为
CHF/HKD＝(7.6260÷1.3970)/(7.6356÷1.3960)＝5.4588/5.4696

由【实例3.7】可知，美元在两种货币的汇率中均为被报价货币，应通过交叉相除得出套算汇率。套算出来的汇率必须保证买入汇率永远低于卖出汇率。得出套算汇率的简单计算方法，即双向汇率＝(小÷大)/(大÷小)。其中，"小"表示买入汇率，"大"表示卖出汇率。

二、美元在两种货币的汇率中均为报价货币

美元在两种货币的汇率中均为报价货币，应通过交叉相除得出套算汇率。

【实例3.8】已知Spot Rate：HKD1＝USD0.1293/94；Spot Rate：CHF1＝USD0.6680/84。求CHF/HKD的即期汇率。

解题

首先，以美元为中介货币，推导出CHF/HKD的买入汇率。
(1) 瑞士法郎兑美元的买入汇率可以表示为

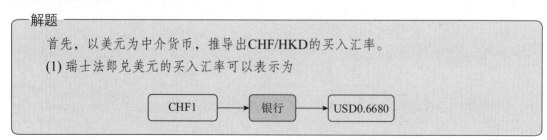

(2) 港元兑美元的卖出汇率可以表示为

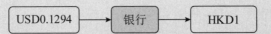

(3) 将银行的这两笔交易连接起来，可以表示为

(4) 将瑞士法郎记为单位货币，得到瑞士法郎兑港元的买入汇率

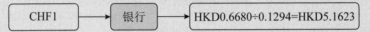

其次，以美元为中介货币，推导出CHF/HKD的卖出汇率。

(1) 瑞士法郎兑美元的卖出汇率可以表示为

(2) 港元兑美元的买入汇率可以表示为

(3) 将银行的这两笔交易连接起来，可以表示为

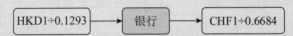

(4) 将瑞士法郎记为单位货币，得到瑞士法郎兑港元的卖出汇率

因此，汇总后得到瑞士法郎兑港元的双向汇率为

CHF/HKD＝(0.6680÷0.1294)/(0.6684÷0.1293)＝5.1623/5.1694

由【实例3.8】可知，美元在两种货币的汇率中均为报价货币，应通过交叉相除得出套算汇率。套算出来的汇率必须保证买入汇率永远低于卖出汇率。得出套算汇率的简单计算方法，即双向汇率＝(小÷大)/(大÷小)。其中，"小"表示买入汇率，"大"表示卖出汇率。

三、美元分别为被报价货币和报价货币

美元在一种货币的汇率中是被报价货币，在另一种货币的汇率中是报价货币，应通过两边相乘得出套算汇率。

【实例3.9】已知Spot Rate：GBP1＝USD 1.3010/20；Spot Rate：USD1＝CHF 1.3960/70。求

GBP/CHF的即期汇率。

> **解题**
>
> 首先，以美元为中介货币，推导出CHF/HKD的买入汇率。
> (1) 英镑兑美元的买入汇率可以表示为
>
>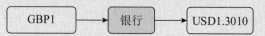
>
> (2) 美元兑瑞士法郎的买入汇率可以表示为
>
>
>
> (3) 将银行的这两笔交易连接起来，可以表示为
>
> GBP1÷1.3010 → 银行 → CHF1.3960
>
> (4) 将英镑记为单位货币，得到英镑兑瑞士法郎的买入汇率
>
>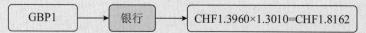
>
> 其次，以美元为中介货币，推导出CHF/HKD的卖出汇率。
> (1) 英镑兑美元的卖出汇率可以表示为
>
>
>
> (2) 美元兑瑞士法郎的卖出汇率可以表示为
>
> CHF1.3970 → 银行 → USD1
>
> (3) 将银行的这两笔交易连接起来，可以表示为
>
>
>
> (4) 将瑞士法郎记为单位货币，得到英镑兑瑞士法郎的卖出汇率
>
>
>
> 因此，汇总后得到英镑兑瑞士法郎的双向汇率为
> GBP/CHF = (1.3960×1.3010)/(1.3970×1.3020) = 1.8162/1.8189

由【实例3.9】可知，美元在一种货币的汇率中是被报价货币，在另一种货币的汇率中是报价货币，应通过两边相乘得出套算汇率。套算出来的汇率必须保证买入汇率永远低于卖出汇率。得出套算汇率的简单计算方法，即双向汇率=(小×小)/(大×大)。其中，"小"表示买入汇率，"大"表示卖出汇率。

四、小结

表3-1汇总了双向套算汇率计算的简单规则。根据此简单规则，可以很容易地计算出套算后的双向汇率。

表3-1　双向套算汇率计算的简单规则

美元均为被报价货币	(小÷大)/(大÷小)
美元均为报价货币	(小÷大)/(大÷小)
美元分别为被报价货币和报价货币	(小×小)/(大×大)

说明："小"表示买入汇率，"大"表示卖出汇率。

显然，交叉汇率的计算考虑了两次交易费用，无论用乘法还是用除法，每将中介货币相互抵消一次，交易费用就增加一次，买入价和卖出价之间的价差也就增大一次。

第六节　即期外汇交易的作用

一、即期外汇市场上的套期保值

即期外汇市场上的套期保值投资操作，是指以某种货币为中介货币，同时买卖另两种货币，由于买卖的损益互相对冲(hedge)，从而达到回避风险的投资操作行为。

【实例3.10】假设2023年9月2日外汇市场上即期汇率为USD/HKD＝7.7850/60，USD/CNY＝8.2735/45。投资者在9月8日进行平仓，当时即期汇率分别为USD/HKD＝7.7860/70和USD/CNY＝8.2765/75。计算投资者的损益。

解题

如果不考虑交易成本，则其操作过程与损益情况如下所述。

(1) 操作过程。

投资者在9月2日以7.7850卖出美元，买入港元；以8.2745买入美元，卖出人民币。

投资者在9月8日进行平仓，以7.7870买入美元，卖出港元；以8.2765卖出美元，买入人民币。

(2) 损益情况。

在人民币上获利：8.2765−8.2745＝0.0020元。

在港元上亏损：7.7870−7.7850＝0.0020港元。

二、即期抛补

即期抛补(spot covering)是指利用即期外汇市场买进所需要支出的外汇，或卖出自己的外汇资金,以规避汇率变动风险的行为。利用即期外汇市场进行抛补来避免汇率变动的风险能否成功,取决于抛补者资金的流动性或借入资金的难度以及对未来即期汇率预测的准确性。

例如,某进口商在4个月后有500万美元的进口支出,如果该进口商担心到支出时美元升值,则该进口商可以在目前的即期外汇市场上以目前的即期汇率买进500万美元,然后存入银行,到时便可用此存款支付进口所需。当然只有美元的升值幅度大于进口商所在国货币利率与美元利率之间的差额,或者美元利率不太低,才能获利;否则其成本就会很大,无法获利。

三、篮子货币保值

篮子货币保值是指交易双方在合同中明确规定的支付货币与多种货币组成的"一篮子"货币的综合价值挂钩的保值。其基本思路为,先计算签约时篮子货币与报价货币之间的汇率,即一个篮子货币可以兑换多少报价货币,并在此时将报价货币所报出的价格按照该汇率转换为篮子货币表示的价格;然后在付汇日,在新的汇率的基础上计算新的篮子货币的汇率,并按照该汇率将之前篮子货币表示的价格重新转换为报价货币表示的价格,从而保障相关利益方不受汇率波动的影响。

【实例3.11】如果某商品的原价为1000美元,为防止汇率波动,用"一篮子"货币进行保值,其中英镑和马克各占30%,法郎和日元各占20%。签约时汇率为GBP1=USD1.5,USD1=DEM2,USD1=FFR6,USD1=JPY130;付汇时汇率为GBP1=USD2,USD1=DEM1.5,USD1=FFR8,USD1=JPY120。问付汇时该商品的价格应该为多少美元?

— 解题 —

首先,签约时,计算篮子货币的汇率。
(1) 计算时将篮子中的货币统一表示为汇率报价中的被报价货币或单位货币,即
GBP1=USD1.5,DEM1=USD1/2,FFR1=USD1/6,JPY1=USD1/130
(2) 根据权重计算出篮子货币的加权汇率,即
$(30\% \times 1.5 + 30\% \times 1/2 + 20\% \times 1/6 + 20\% \times 1/130) = 0.63487$
(3) 将商品的美元价格转换为篮子货币的价格,1000美元的篮子货币的价格为
$1000 \div 0.63487 = 1575.13$个篮子货币

其次,付汇时,按照新的汇率将以篮子货币表示的价格转换为新的美元表示的价格。
(1) 将篮子中的货币统一表示为汇率报价中的被报价货币或单位货币,即
GBP1=USD2,DEM1=USD1/1.5,FFR1=USD1/8,JPY1=USD1/120
(2) 根据权重计算出篮子货币的加权汇率,即
$(30\% \times 2 + 30\% \times 1/1.5 + 20\% \times 1/8 + 20\% \times 1/120) = 0.82667$
因此,篮子货币保值后美元表示的价格=$1575.13 \times 0.82667 = 1302.11$美元。

四、即期外汇市场上的投机操作

所谓外汇投机，是指利用外汇市场汇率涨跌不一，纯粹以赚取利润为目的的外汇交易。汇率的频繁、剧烈波动，会给外汇投机者进行外汇投机创造有利的条件，尤其在浮动汇率制度下更是如此。

即期外汇市场上的投机操作有以下特点：①投机者主动置身于汇率的风险之中，从汇率变动中牟利；②投机活动并非基于对外汇的实际需求，而是想通过汇率涨跌赚取差额利润；③投资收益大小决定于本身预期的正确程度。

即期外汇市场上的外汇投机有两种形式。

第一种形式，投资人预期现汇价格将要上涨，先以提交保证金方式融资购买现汇，然后待价格上涨后卖出，以赚取差价。这种方式称为买空。例如，假设即期1美元兑115日元，投机者预期美元将要升值，融资115亿日元，并于即期外汇市场将其兑换为1亿美元。3个月后，美元果然升值，汇率为1美元兑120日元。这时，投机者将1亿美元卖出，得到120亿日元。不考虑融资成本和交易费用，投机者赚到的利润为5亿日元。

第二种形式，投资人预期现汇价格将要下跌，先以提交保证金方式融资卖出现汇，然后待价格下跌后买入，以赚取差价。这种方式称为卖空。投机者攻击泰铢就是很明显的一个例子。在现货市场上，投机者根据泰国经济基本面断定泰铢要贬值，先折入一定数量的泰铢，在现货市场上换成美元，按照当时现货市场上泰铢兑美元的汇率为1美元兑换25.34泰铢，当时泰铢的贷款利率为13.65%，美元的存款利率为8.27%。仅仅从利率上看，泰铢就有贴水倾向。加上其国内经济指标的缺陷，更加剧了投机者对其贬值的信心。投机者在泰国当地银行拆出25.34亿泰铢，在现货市场上换成1亿美元，存入美国金融市场。由于游资数量巨大，在现货市场上兑换美元造成了泰铢大量过剩，泰铢面临贬值压力。泰国政府动用外汇储备捍卫泰铢，由于长期贸易赤字，泰国政府的外汇储备只有不足200亿美元，面对数千亿美元的投机资本的冲击，政府的外汇储备显然不足以应对，因此引发了市场对泰铢的信任危机。6个月后，泰铢的汇率为31.36，这时投机资本需偿还本息总共27.0695亿泰铢，这些泰铢只需用0.8632亿美元来兑换。而利用美元存款赚到的本息和为1.0414亿美元，这样一来，在不考虑手续费的情况下就可以获得0.1782亿美元的净利润。

第七节　即期外汇交易程序

一、银行间即期外汇交易程序

在即期外汇业务中，外汇交易是按一定的固定程序进行的，一笔完整的交易往往包括以下几个步骤。

1. 询价

当一家外汇交易部门接到客户的委托，要求代为买卖外汇，或者银行自身要调整外汇头寸而买卖外汇时，交易员首先要通过电话、电传或交易系统向其他银行进行询价。询价时通常要自报家门，以便对方做出交易对策；询价时不要透露自己想买进或想卖出，否则对方就会抬高价格或压低价格；询价方在询价时需要报出所询价格的交易类型、交易币种和交易金额，并按惯例使用缩写。通常以缩写SP或SPOT来表示即期交易类型(有时可以省略)。交易金额通常以百万元为单位，用million表示，可缩写为MIO或M(有时可以省略)。在国际外汇市场上，正常的交易金额为500万～1000万美元，1000万美元以上称为大金额，而200万美元以下就是小金额，25万美元以下称为微小金额。所询汇率使用美元标价法。

2. 报价

接到询价的外汇银行的交易员应迅速、完整地报出所询问的有关货币的现汇买入价和卖出价。由于双方对汇价的大致水平都比较清楚，交易员通常只需报出汇率的小数即可。在特殊情况下需要同时报出汇率的大数，以免造成误会。报价时必须遵守"一言为定"的原则，只要询价方愿意按报价的原则交易，报价方就不得反悔或变更。

3. 成交或放弃

当报价方报出询价方需要的汇价后，询价方应迅速做出反应，或成交或放弃，而不应与报价方讨价还价。按照惯例，即期交易要求询价方在数秒内做出是否成交的决定，否则就会给报价方带来汇率风险。当报价方报出汇价后，询价方就必须给予答复，明确表示是否买进或卖出。若不满意报价，则询价方可回答"Thanks，nothing"表示谢绝，该报价便对双方无效；若询价方略有迟疑，则报价方通常会说"Our risk"表示刚才的报价已经取消；若询价方还想交易，则需要再次询价，可用"ANYCH(any change的缩写)"询问新的报价。一旦接受，该买卖便对交易双方都具有约束力。除非双方同意，否则任何一方都无权擅自对具体细节进行修改或否认。

4. 证实

在报价行做出交易承诺之后，通常回答"Ok，done"。成交后，交易双方就交易的内容进行一次完整的重复证实，包括汇率水平、交易金额、交易币种、起息日和收付账号等。交易结束后，如果发现原证实有错误或遗漏，交易员应尽快与交易对方重新证实，重新证实后的内容必须得到交易双方的同意方可生效。

5. 交割

双方交易员的文字记录交给后台交易员，后台交易员根据交易要求指示其代理行将卖出的货币划入对方指定的银行账户。这是外汇交易的最后一个程序，也是最有实质性的一个环节。银行间的收付款(即各种货币的结算)是利用SWIFT系统，通过交易双方的代理行或分行进行的。无论是即期交易还是远期交易的结算，最终都是以有关交易货币的银行存款的增减或划拨为标志。

二、银行与客户之间即期外汇交易程序

以中国银行对公司客户的交易为例，介绍银行与客户之间即期外汇交易的程序。

1. 开立账户

开立相应外汇账户或转账支票到银行(公司客户须持有贸易合同)，在银行开证并开立相应的外币账户，账户中有足够支付的金额，或者携带以银行为收款人的转账支票，直接将卖出的货币转入银行。外汇买卖有最低金额限制，如有的银行规定外汇买卖金额不得低于5万美元。

2. 填表

填制"保值外汇买卖申请书"(由企业法人代表或有权签字者并加盖公章)。客户在填制"保值外汇买卖申请书"时，须向银行预留买入货币的交割账号，成交后，银行在交割日当天将客户买入的货币划入上述指定的账户。

3. 询价

交易客户向银行询价交易时，外汇买卖价格由银行参照国际市场价格确定。客户一旦接受银行报价便成交，客户不得要求更改或取消该交易，否则由此产生的损失及费用由客户承担。

4. 交割

买卖双方按照约定的价格交付相应的货币。

三、范例三则

【范例1】

ABC：CHF 1

XYZ：CHF 1.3113/18

ABC：1 DONE MY CHF TO ABC ZURICH A/C

XYZ：AGREE CHF AT 1.3113

WE BUY USD 1 MIO AG CHF VAL MAY 20 USD TO XYZ N.Y.

TKS FOR CALLING N DEAL BIBI

ABC：TKS FOR PRICE BIBI

【范例1】反映了询价银行ABC和报价银行XYZ就询价银行ABC以100万美元兑换瑞士法郎的交易磋商过程。范例中，美元为被报价货币，报价银行XYZ报价1美元兑换1.3113/18瑞士法郎。最终，成交价格为1美元兑换1.3113瑞士法郎，询价银行ABC将100万美元卖给报价银行XYZ，得到瑞士法郎。

【范例2】

ABC：GBP 5 MIO

XYZ：1.4243/47

ABC：MY RISK

....

ABC：NOW PLS

XYZ：1.4244 CHOICE

ABC：SELL PLS MY USD TO ABC N.Y.

XYZ: OK DONE
AT 1.4244 WE BUY GBP 5 MIO AG USD VAL MAY 20,
GBP TO MY LONDON
TKS FOR DEAL, BIBI

【范例2】反映了询价银行ABC和报价银行XYZ就询价银行ABC以500万英镑兑换美元的交易磋商过程。范例中，美元为报价货币，起初报价银行XYZ报价1英镑兑换1.4243/47美元。询价银行ABC不满意报价银行XYZ所报出的价格，表示此价格之下不做交易，也就是此价格不再有效。询价银行ABC在数秒之内又再次向报价银行XYZ询价。报价银行XYZ再次报价，报价1英镑兑换1.4244美元，由询价银行ABC选择是否卖出。最终，询价银行ABC选择以1.4244美元的价格卖出500万英镑，得到美元。

【范例3】
ABC: EUR/YEN 3 EUR
XYZ: EUR YEN 125.70/76
XYZ: OUR RISK
OFF PRICE
ABC: NOW PLS 6 EUR PLS
XYZ: 125.71/75
ABC: SELL EUR 6
MY YEN TO ABC TOKYO
XYZ: DONE AT 125.71
WE BUY EUR 6 MIO AG YEN VAL MAY 20 EUR TO MY FRANKFURT

【范例3】反映了询价银行ABC和报价银行XYZ就询价银行ABC以300万欧元兑换日元的交易磋商过程。范例中，欧元和日元为交叉盘报价，起初报价银行XYZ报价1欧元兑换125.70/76日元。由于询价银行ABC下决定的时候略有迟疑，报价银行XYZ告诉询价银行ABC说等太久了，已经把价格取消了，请它再次询价。随后，询价银行ABC请求报价银行XYZ再次对600万欧元兑换日元的交易进行报价。报价银行XYZ的新报价为1欧元兑换125.71/75日元。最终，成交价为1欧元兑换125.71日元，询价银行ABC将600万欧元卖给报价银行XYZ，得到日元。

第八节 人民币即期外汇交易

一、银行间的人民币即期外汇交易

根据中国外汇交易中心，人民币即期外汇交易是指交易双方以约定的外汇币种、金额、汇率，在成交日后第二个营业日或第二个营业日以内交割的人民币外汇交易。

银行间的人民币即期外汇交易的有关规定如下。

(1) 交易模式：竞价交易、询价交易和撮合交易。

(2) 交易品种：USD/CNY、EUR/CNY、JPY/CNY、HKD/CNY、GBP/CNY、AUD/CNY、NZD/CNY、SGD/CNY、CHF/CNY、CAD/CNY、CNY/MYR、CNY/RUB、CNY/ZAR、CNY/KRW、CNY/AED、CNY/SAR、CNY/HUF、CNY/PLN、CNY/DKK、CNY/SEK、CNY/NOK、CNY/TRY、CNY/MXN、CNY/THB、CNY/KZT、CNY/MNT、CNY/KHR、CNY/IDR。

(3) 交易时间：北京时间9：30—次日3：00(哈萨克斯坦坚戈交易时间为10：30—19：00，蒙古图格里克、柬埔寨瑞尔和印尼卢比交易时间为9：30—16：30，周六、周日及法定节假日不开市)。

(4) 清算方式：竞价交易为集中清算；询价交易和撮合交易为双边清算或净额清算。

(5) 市场准入要求：符合条件的银行、非银行金融机构或非金融企业，可向交易中心申请人民币外汇即期会员资格(非金融企业经交易中心初审合格后还需提交国家外汇管理局备案)。

二、客户的人民币即期外汇交易

以中国工商银行为例，即期外汇交易是指客户在工行规定的交易时间内，通过中国工商银行外汇买卖交易系统，进行不同币种(不含人民币)之间的即期外汇交易。

该产品是最基础的外汇与外汇兑换工具，结构简单易于理解。通过该产品，客户可在风险自担的前提下实现外汇币种的转换、通过外汇买卖获取汇差收益，也可将一种利率较低的外汇转换成另外一种利率较高的外汇，获取利差收益。该产品适用于具有换汇需求的在中华人民共和国境内(不含港澳台)设立的企事业单位、国家机关、社会团体、部队、外商投资企业等法人客户。

该产品的特色优势如下所述。

(1) 多种交易方式：除即时外汇交易外，还接受客户挂单交易，挂单的种类又分为获利挂单和止损挂单。

(2) 交易币种多样：中国工商银行可供交易币种包括美元、日元、港币、英镑、欧元、加拿大元、瑞士法郎、澳大利亚元、新西兰元、新加坡元、科威特第纳尔、瑞典克朗、丹麦克朗、挪威克朗和韩元等，满足客户不同交易需求。

(3) 优惠的价格：中国工商银行是国际银行间外汇市场最具影响力的积极参与者之一，和多家国际一流银行保持着良好的业务关系，能以较优的市场价格达成交易，从而为客户提供较为优惠的价格。

该产品的开办条件有以下几个：①信用等级为A级(含)以上；②有真实的需求背景；③具备开展衍生品交易的资格或授权；④理解衍生产品交易风险并愿意承担潜在损失；⑤在银行无不良信用记录，无其他重大不良记录；⑥在中国工商银行已核定衍生产品交易专项授信额度；⑦在中国工商银行开立基本存款账户或一般存款账户。对于提供全额保证金或其他低风险担保方式的客户,可放宽上述信用等级与授信额度的限制。

该产品的开通流程为:客户应与中国工商银行一级分行签署《外汇买卖协议书》,提供《外汇买卖授权书》,并落实保证金或其他履约保证措施。同时,客户应接受中国工商银行对其资信及履约能力进行审查,并提供相应批件和有关资料。

该产品的对公即期外汇买卖服务渠道主要为营业网点,客户也可采取电话、传真的方式办理业务。服务时间一般为工作日的8:30—17:30。

本 章 小 结

1. 即期外汇交易是指买卖双方以固定汇价成交,并在成交后的两个营业日内办理交割的外汇交易。

2. 外汇交割是外汇买卖成交后,交易双方按事先商定的条件和日期收付外汇的行为。根据交割方式的不同,可将即期外汇交易分为电汇交割方式、票汇交割方式和信汇交割方式。

3. 在外汇交易中,通常使用的是电汇汇率,信汇汇率和票汇汇率要根据电汇汇率换算得到。

4. 在进出口业务中,经常遇到进口商或出口商要求更改报价货币的情形。更改报价货币应遵循的基本原则:无论如何改变报价,其收益或成本不应该发生变化。

5. 制定出基本汇率后,本币兑其他外国货币的汇率就可以通过基本汇率加以套算,这样得出的汇率就是套算汇率。当美元在两种货币的汇率中均为被报价货币时,计算非美元货币之间的即期汇率应通过交叉相除套算得出。当美元在两种货币的汇率中均为报价货币时,计算非美元货币之间的即期汇率应通过交叉相除套算得出。当美元在一种货币的汇率中是被报价货币,在另一种货币的汇率中是报价货币时,计算非美元货币之间的即期汇率应通过两边相乘套算得出。

6. 即期外汇交易的作用在于即期外汇市场上的保值避险和投机。

7. 在即期外汇业务中,一笔完整的外汇交易往往包括询价、报价、成交或放弃、证实和交割。

关 键 概 念

即期外汇交易　外汇交割　电汇　票汇　信汇　电汇汇率　信汇汇率　票汇汇率
倒数汇率　套算汇率　外汇市场上的套期保值　即期抛补　篮子货币保值
外汇投机　买空　卖空　人民币外汇即期交易

本 章 习 题

1. 根据交割方式的不同,即期外汇交易可以分为哪些种类?分别如何操作?

2. 假设在苏黎世外汇市场上即期汇率为USD/CHF=1.5430/50，瑞士法郎利率为6%，美元利率为8%，瑞士到美国的邮程为8天。计算美元/瑞士法郎的信汇(票汇)买入汇率和卖出汇率。

3. 已知报价方报出 USD/CNY的即期汇率为6.9000/20。试问报价方如何报出CNY/USD的即期汇率？

4. 我国某出口商出口机器设备，原来以人民币报价，为每件10万元人民币，但进口商要求以美元报价。假设即期美元兑人民币的汇率为100美元兑665.46/667.94元人民币。该如何报价？

5. 某瑞士出口商原来以美元报价，为每件1000美元，现在进口商要求以瑞士法郎报价。假设即期汇率为USD/CHF=1.4320/30。该如何报价？

6. 我国某出口商原来以美元报价，为每件10万美元，现在应客户需要，改为以日元报价。假设纽约外汇市场当日的即期汇率为USD/JPY=105.57/62。该如何报价？

7. 已知Spot Rate：USD1=HKD 7.6260/70；Spot Rate：USD1=CNY6.5960/70。求CNY/HKD的即期汇率。

8. 已知Spot Rate：HKD1=USD 0.1280/90；Spot Rate：CHF1=USD 0.5680/90。求CHF/HKD的即期汇率。

9. 已知Spot Rate：GBP1=USD 1.3010/20；Spot Rate：USD1=CNY6.5960/70。求GBP/CNY的即期汇率。

10. 假设2023年9月2日外汇市场上即期汇率为USD/HKD=7.6850/60，USD/CNY=6.2735/45。投资者在9月8日进行平仓，当时即期汇率分别为USD/HKD=7.6860/70和USD/CNY=6.2765/75。计算投资者的损益。

11. 如果某商品的原价为1000元人民币，为防止汇率波动，用"一篮子"货币进行保值，其中欧元和美元各占30%，英镑和日元各占20%。签约时汇率为EUR1=CNY7.5，USD1=CNY6.5，GBP1=CNY8.5，CNY1=JPY20，付汇时汇率为EUR1=CNY7.7，USD1=CNY7，GBP1=CNY9，CNY1=JPY18。问付汇时该商品的价格应该为多少元人民币？

12．我国某公司从瑞士进口一种小仪表，瑞士公司有两种报价：一种是100瑞士法郎，另一种是66美元。已知当天的汇率为CHF1=CNY2.9784/2.9933，USD1=CNY4.7103/4.7339。问该公司应接受哪种货币报价？

第四章
远期外汇交易

学习目标

理论目标：掌握远期外汇交易的概念、特点和类型；掌握远期双向汇率计算的理论推导；掌握点数报价法下远期汇率计算的理论推导；掌握择期外汇交易的概念。

实务目标：掌握远期单向汇率的计算；掌握远期双向汇率的计算；掌握点数报价法下远期双向汇率的计算；掌握远期套算汇率的计算；掌握择期汇率的计算；掌握如何利用远期外汇交易规避风险和投机；掌握远期外汇交易程序；了解人民币的远期外汇交易。

情景小故事

苹果公司的远期外汇交易策略

2014年，苹果公司决定将其在欧洲的现金存入爱尔兰的子公司，并以欧元的形式存储。这个决定是出于税收规划的目的，因为欧洲的税率比美国低。然而，苹果公司面临一个问题：如果美元贬值，其欧元现金将会贬值。

于是，苹果公司决定使用远期外汇交易来规避这种风险。公司与多家银行签订了远期合同，以特定价格购买欧元。这样，即使美元贬值，公司也可以以相同的价格购买欧元。这种方法可以保护其欧元现金不受外汇汇率波动的影响。

苹果公司的远期外汇交易策略非常成功。2015年，美元贬值了20%，但苹果公司的欧元现金仍然价值不变。这意味着苹果公司成功地规避了外汇汇率波动的风险，从而节省了大量的资金。

这个案例展示了远期外汇交易的重要性。对于那些在国际贸易中经常涉及货币兑换的企业来说，这种交易方式可以帮助企业规避外汇汇率波动的风险。虽然这种交易方式存在一定的成本，但它可以帮助企业在不确定的外汇市场中保持稳定和可预测的财务状况。

【整理自辣椒财经. https://www.ljlkq.com/waihui/93430.html】

第一节　远期外汇交易概述

一、远期外汇交易的概念

远期外汇交易(forward exchange deals)又称期汇交易，是指外汇交易合约成立时，双方并无外汇或本币的交付，而是双方约定于将来某一特定日期，以原约定的汇率进行外汇交割的交易。简言之，就是现在先约定未来外汇交易的汇率，到时候按约定的汇率、币种以及金额办理交割的外汇交易。从另一个角度来讲，远期外汇交易指的是比任何传统的即期市场交割日都晚的外汇交易。远期外汇交易的交割期限一般为1个月、3个月、6个月，个别可到1年。远期外汇交易的交割期限如图4-1所示。

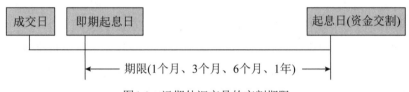

图4-1　远期外汇交易的交割期限

这种交易的目的在于避免或尽量减少汇率变动可能带来的损失。投机商也经常利用远期外汇交易谋取利益，因而许多国家对远期外汇交易有一定的限制性措施。

二、远期外汇交易的特点

相对于即期外汇交易，远期外汇交易有其自身的特点。

(1) 远期外汇合约中的条款，如汇率、交割方式、金额等由交易双方自行协商确定。

(2) 远期外汇交易一般在场外进行，它属于无形市场，没有固定的场所和交易时间，可以24小时进行交易。

(3) 远期外汇交易的交易规模较大。

(4) 远期外汇交易的信用风险较大，很难规避违约风险。银行和客户之间的远期外汇交易是否缴纳保证金，视客户的诚信而定。银行间的远期外汇交易通常是标准化的远期外汇交易，基本上没有信用风险。

三、远期外汇交易的类型

远期外汇交易可以分为固定交割日的远期外汇交易和择期外汇交易。

1. 固定交割日的远期外汇交易

固定交割日的远期外汇交易是指交割日期固定的远期外汇交易活动。这种外汇交易的特点在于，交割日一旦确定，双方的任何一方都不能随意变动。我们通常所说的远期外汇交易指的就是这种固定交割日的远期外汇交易。

2. 择期外汇交易

择期外汇交易(forward option，option forward)是指在做远期外汇交易时，不规定具体的交割日期，只规定交割的期限范围。在规定的交割期限范围内，客户可以按预定的汇率和金额自由选择日期进行交割。

四、远期外汇交易的起息日和交割日

远期外汇交易的起息日为成交后的第二个营业日，即即期日；而远期外汇交易的交割日则是远期交割月的最后一个营业日，可按照外汇交易的通用惯例来确定。这些惯例可以概括为"日对日""月对月""节假日顺延""不跨月"。

(1) "日对日"惯例是指远期交易的起息日与即期交易的交割日相对。也就是说，交割期限是从起息日开始计算的，而不是从成交日开始计算的。例如，在3月15日达成一笔3个月期的远期外汇交易，则其起息日为3月17日，交割日为6月17日。

(2) "月对月"惯例也称为"月底日对月底日规则"。月底日是指每个月的最后一个营业日，而不是指每个月的最后一天。按照外汇市场交易的惯例，如果即期日为月底日，那么远期交易的交割日也应该为月底日。例如，某月的月底日为28日，29日、30日为周末，31日为法定节假日，如果即期日为该月的28日，那么1个月期远期交易的交割日为下一月的30日或31日，而不是下一月的28日，因为下一月的月底日为30日或31日。

(3) "节假日顺延"惯例是指远期交易的交割日为周末或公共假日时，则交割日顺延到下一个营业日。例如，3月8日远期交易的起息日是3月10日，同一天的1个月期和3个月期远期交易的交割日是4月10日、6月10日。如果6月10日是假日，那么交割日将被推迟到6月11日。

(4) "不跨月"惯例是指当交割日向后顺延时，一定不能跨越其所在的月份。例如，对于3月28日成交的为期1个月的远期外汇交易，其起息日为4月30日，如果4月30日恰好是星期六，因为不能跨月交割，那么交割日将被推回到4月29日，即4月的最后1个工作日是交割日。

第二节　远期汇率的计算

一、远期单向汇率

远期单向汇率的计算公式为

远期汇率＝即期汇率＋即期汇率×(报价币利率－被报价币利率)×月数÷12

【实例4.1】假设市场情况如下：

(1) 即期汇率USD/CHF为1.5000。

(2) 6个月美元利率为4.5%。

(3) 6个月瑞士法郎利率为7.5%。

问6个月USD/CHF的远期汇率是多少？

解题

远期汇率＝1.5000＋1.5000×(7.5%-4.5%)×6÷12＝1.5225

二、远期双向汇率

远期双向汇率的计算公式为

远期买入汇率＝即期买入汇率＋即期买入汇率×(报价币低利率-被报价币高利率)×月数÷12

远期卖出汇率＝即期卖出汇率＋即期卖出汇率×(报价币高利率-被报价币低利率)×月数÷12

【**实例4.2**】假设市场情况如下：

(1) USD/CHF＝1.4410/20。

(2) 6个月美元的双向利率为3.25%/3.50%。

(3) 6个月瑞士法郎的双向利率为7.25%/7.50%。

问6个月USD/CHF的远期汇率是多少？

解题

第一步，计算远期买入汇率。

当银行买入6个月的美元时，根据买卖平衡原则，需要平衡头寸。采取的方法是：银行即期以借款利率3.50%从其他银行借入一笔相同金额的美元并在即期市场卖出，得到瑞士法郎。这个时候，银行作为询价行出现，银行只能以买入汇率(即1.4410)将其美元卖给其他银行，并得到瑞士法郎。同时，银行将得到的瑞士法郎，以存款利率7.25%存入其他银行6个月。6个月后，银行回收瑞士法郎存款，用这笔瑞士法郎从客户手中买入美元。最后，银行用买入的美元偿还其从其他银行借得的美元。银行平衡头寸的操作过程1如图4-2所示。

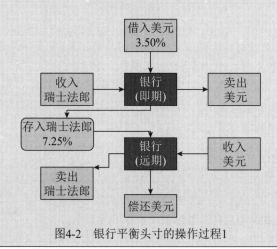

图4-2　银行平衡头寸的操作过程1

由于借入的USD利率低,存入CHF的利率高,银行会有一定的利差收益,利息上的收益=1.4410×(7.25%-3.50%)×6÷12。这部分收益需要转让给远期交易的卖方。

因此,该银行买入6个月美元的远期买入汇率为

远期买入汇率=即期买入汇率+即期买入汇率×(报价币低利率-被报价币高利率)×月数÷12=1.4410+1.4410×(7.25%-3.50%)×6÷12=1.4680

式中,1.4410就是即期买入汇率;7.25%为报价币存款利率,也就是报价币低利率;3.50%为被报价币贷款利率,也就是被报价币高利率。

第二步,计算远期卖出汇率。

当银行卖出6个月的美元时,根据买卖平衡原则,需要平衡头寸。采取的方法是:银行即期以借款利率7.50%从其他银行借入一笔相同金额的瑞士法郎并在即期市场卖出,得到美元。这个时候,银行作为询价行出现,银行只能以卖出汇率(即1.4420)用瑞士法郎从其他银行买入美元。同时,银行将得到的美元以存款利率3.25%存入其他银行6个月。6个月后,银行回收美元存款,将这笔美元卖给客户得到瑞士法郎。最后,银行用得到的瑞士法郎偿还其从其他银行借得的瑞士法郎。银行平衡头寸的操作过程2如图4-3所示。

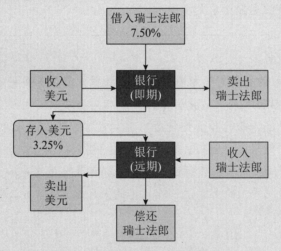

图4-3　银行平衡头寸的操作过程2

由于借入的CHF利率高,存入USD的利率低,银行会有一定的利息损失,利息上的损失=1.4420×(7.50%-3.25%)×6÷12。这部分损失需要由远期交易的买方承担。

因此,该银行卖出6个月美元的远期卖出汇率为

远期卖出汇率=即期卖出汇率+即期卖出汇率×(报价币高利率-被报价币低利率)×月数÷12=1.4420+1.4420×(7.50%-3.25%)×6÷12=1.4726

式中,1.4420就是即期卖出汇率;7.50%为报价币贷款利率,也就是报价币高利率;3.25%为被报价币存款利率,也就是被报价币低利率。

由此得出6个月USD/CHF的远期汇率为1.4680/1.4726。

第三节　远期外汇报价

一、直接报价法

直接报价法是指直接标出远期外汇的实际汇率的方法。该方法简单明了，与即期外汇的报价相似，只是表现的期限不同而已。例如，美元兑日元的3个月的远期汇率为USD/JPY=113.70/90。

二、点数报价法

点数报价法是指以即期汇率和升水、贴水的点数报出远期汇率的方法。

(一) 升水与贴水

远期升水(premium)，是指一种货币的远期汇率高于即期汇率，用公式表示为
升水=远期汇率-即期汇率，且(远期汇率-即期汇率)>0。
远期贴水(discount)，是指一种货币的远期汇率低于即期汇率，用公式表示为
贴水=远期汇率-即期汇率，且(远期汇率-即期汇率)<0。
在实际交易中，远期汇率不是直接报出，而是报出以"点数"来表示的远期升水与远期贴水。升贴水的最大意义也在于它代替远期汇率。如果远期汇率等于即期汇率，就是远期平价(par)。

升水与贴水是两个相对的概念，在一个标价中，如果被报价货币升水，报价货币就是贴水；反之，如果被报价货币贴水，报价货币就是升水。因为升水与贴水是两种货币价值的相对变动。

【实例4.3】市场汇率报价如下：
即期汇率USD1=DEM1.5600，DEM1=USD0.6410
远期汇率USD1=DEM1.5400，DEM1=USD0.6494
问上述报价中升贴水情况如何？

> 解题
> 在报价中，1美元贴水0.02马克，1马克升水0.0084美元。

在远期外汇市场中，相对于被报价货币或单位货币，报价货币在未来更贵，报价货币便是升水，或者说被报价货币相对于报价货币处于贴水。在上例的报价中，远期美元兑换的马克要比即期少200基点，故美元贴水、马克升水，升贴水为200个基点。

(二) 汇率的标价方法与汇水的关系

由于汇率的标价方法不同，计算远期汇率的方法也不相同。

1. 直接标价法

在直接标价法下，远期汇率与升水和贴水的基本关系为

远期汇率=即期汇率+升水点数 (本币数额增大，远期外汇升水)

远期汇率=即期汇率-贴水点数 (本币数额减少，远期外汇贴水)

在计算远期双向汇率时，还要分别考虑双向升水和贴水。

(1) 升水点数的计算。

升水点数可以分为买入升水点数 $P_{买}$ 和卖出升水点数 $P_{卖}$。

首先，根据买入汇率计算升水 $p_{买}$，公式为

$p_{买}$ =远期买入汇率-即期买入汇率

　　=即期买入汇率×(报价币低利率-被报价币高利率)×月数÷12

计算得到的 $p_{买}$ 为升水，而 $P_{买}$ 为升水点数。它们之间的关系为

$P_{买}=p_{买}\times 10000$

其次，根据卖出汇率计算升水 $p_{卖}$，公式为

$p_{卖}$ =远期卖出汇率-即期卖出汇率

　　=即期卖出汇率×(报价币高利率-被报价币低利率)×月数÷12

计算得到的 $p_{卖}$ 为升水，而 $P_{卖}$ 为升水点数。它们之间的关系为

$P_{卖}=p_{卖}\times 10000$

当外汇远期汇率为升水时，报价币利率高于被报价币利率，且根据公式可知，$P_{买}<P_{卖}$。因此，当远期汇率有升水时，远期汇率的计算公式为

远期买入汇率 = 即期买入汇率+$p_{买}$

　　　　　　= 即期买入汇率+$P_{买}\div 10000$

远期卖出汇率 = 即期卖出汇率+$p_{卖}$

　　　　　　= 即期卖出汇率+$P_{卖}\div 10000$

由于 $P_{买}<P_{卖}$，也就保证了远期买入汇率永远低于远期卖出汇率。

【实例4.4】德国法兰克福外汇市场(直接标价)行情如下：

USD/DEM 即期汇率　　　1.5848/1.5858

美元6个月升水　　　　　520/ 530

试计算 USD/DEM 6个月的远期汇率。

解题

远期买入汇率 = 即期买入汇率+$P_{买}\div 10000$

　　　　　　=1.5848+0.0520

　　　　　　=1.6368

远期卖出汇率 = 即期买入汇率+$P_{卖}\div 10000$

　　　　　　=1.5858+0.0530

　　　　　　=1.6388

故 USD/DEM 6个月的远期汇率为 1.6368/1.6388。

(2) 贴水点数的计算。

贴水点数可以分为买入贴水点数 $D_买$ 和卖出贴水点数 $D_卖$。

首先，根据买入汇率计算贴水 $d_买$，公式为

$d_买$ = 远期买入汇率 - 即期买入汇率
　　 = 即期买入汇率 × (报价币低利率 - 被报价币高利率) × 月数 ÷ 12

$D_买 = d_买 × (-1) × 10000$

其次，根据卖出汇率计算贴水 $d_卖$，公式为

$d_卖$ = 远期卖出汇率 - 即期卖出汇率
　　 = 即期卖出汇率 × (报价币高利率 - 被报价币低利率) × 月数 ÷ 12

$D_卖 = d_卖 × (-1) × 10000$

当外汇远期汇率为贴水时，被报价币利率高于报价币利率，且根据公式可知，$D_买 > D_卖$。因此，当远期汇率有贴水时，远期汇率的计算公式为

远期买入汇率 = 即期买入汇率 + $d_买$
　　　　　 = 即期买入汇率 + $D_买 × (-1) ÷ 10000$
　　　　　 = 即期买入汇率 - $D_买 ÷ 10000$

远期卖出汇率 = 即期卖出汇率 + $d_卖$
　　　　　 = 即期卖出汇率 + $D_卖 × (-1) ÷ 10000$
　　　　　 = 即期卖出汇率 - $D_卖 ÷ 10000$

由于 $D_买 > D_卖$，也就保证了远期买入汇率永远低于远期卖出汇率。

【实例4.5】德国法兰克福外汇市场(直接标价)行情如下：

USD/DEM 即期汇率　　1.5848/1.5858
美元6个月贴水　　　　248/238

试计算 USD/DEM 6个月的远期汇率。

解题

远期买入汇率 = 即期买入汇率 - $D_买 ÷ 10000$
　　　　　 = 1.5848 - 0.0248
　　　　　 = 1.5600

远期卖出汇率 = 即期卖出汇率 - $D_卖 ÷ 10000$
　　　　　 = 1.5858 - 0.0238
　　　　　 = 1.5620

故 USD/DEM 6个月的远期汇率为 1.5600/1.5620。

2. 间接标价法

在间接标价法下，远期汇率与升水和贴水的基本关系为

远期汇率 = 即期汇率 - 升水(远期外汇升水，外币数额减少)
远期汇率 = 即期汇率 + 贴水(远期外汇贴水，外币数额增加)

在间接标价法下，被报价币为本币，报价币为外币。远期汇率的计算公式为

远期买入汇率 = 即期买入汇率 + 即期买入汇率 × (报价币低利率 - 被报价币高利率) × 月数 ÷ 12

远期卖出汇率=即期卖出汇率+即期卖出汇率×(报价币高利率-被报价币低利率)×月数÷12

在计算远期双向汇率时,还要分别考虑双向升水和贴水。

(1) 升水点数的计算。

升水点数可以分为买入升水点数$P_{买}$和卖出升水点数$P_{卖}$。

首先,根据买入汇率计算升水$p_{买}$,公式为

$$p_{买}=远期买入汇率-即期买入汇率$$
$$=即期买入汇率×(报价币低利率-被报价币高利率)×月数÷12$$

计算得到的$p_{买}$为本币的贴水,$p_{买}×(-1)$为外币的升水,而$P_{买}$为外币的升水点数。它们之间的关系为

$$P_{买}=p_{买}×(-1)×10000$$

其次,根据卖出汇率计算升水$p_{卖}$,公式为

$$p_{卖}=远期卖出汇率-即期卖出汇率$$
$$=即期卖出汇率×(报价币低利率-被报价币高利率)×月数÷12$$

计算得到的$p_{卖}$为本币的贴水,$p_{卖}×(-1)$为外币的升水,而$P_{卖}$为外币的升水点数。它们之间的关系为

$$P_{卖}=p_{卖}×(-1)×10000$$

当外汇远期汇率为升水时,被报价币利率高于报价币利率,且根据公式可知,$p_{买}$和$p_{卖}$同时为负值,且$p_{买}$的绝对值大于$p_{卖}$的绝对值,因而$P_{买}>P_{卖}$。

因此,当远期外汇汇率有升水时,远期汇率的计算公式为

$$远期买入汇率 = 即期买入汇率+p_{买}$$
$$=即期买入汇率+P_{买}×(-1)÷10000$$
$$=即期买入汇率-P_{买}÷10000$$

$$远期卖出汇率 = 即期卖出汇率+p_{卖}$$
$$=即期卖出汇率+P_{卖}×(-1)÷10000$$
$$=即期卖出汇率-P_{卖}÷10000$$

由于$P_{买}>P_{卖}$,也就保证了远期买入汇率永远低于远期卖出汇率。

【实例4.6】伦敦外汇市场(间接标价法)行情如下:

GBP/USD即期汇率　　　1.3815/1.3825

美元3个月升水　　　　　216/206

计算GBP/USD 3个月的远期汇率。

> 解题
>
> 远期买入汇率=即期买入汇率-$P_{买}$÷10000
> 　　　　　　=1.3815-0.0216
> 　　　　　　=1.3599
> 远期卖出汇率=即期买入汇率-$P_{卖}$÷10000
> 　　　　　　=1.3825-0.206
> 　　　　　　=1.3619
> 故GBP/USD 3个月的远期汇率为1.3599/1.3619。

(2) 贴水点数的计算。

贴水点数可以分为买入贴水点数即$D_买$和卖出贴水点数即$D_卖$。

首先，根据买入汇率计算贴水$d_买$，公式为

$d_买$=远期买入汇率-即期买入汇率

＝即期买入汇率×(报价币低利率-被报价币高利率)×月数÷12

计算得到的$d_买$为本币的升水，$d_买×(-1)$为外币的贴水，而$D_买$为外币的贴水点数。$D_买$为外币的贴水点数，也必须为正值。因此，它们之间的关系为

$D_买=d_买×(-1)×10000×(-1)$

　　$=d_买×10000$

其次，根据卖出汇率计算贴水$d_卖$，公式为

$d_卖$=远期卖出汇率-即期卖出汇率

＝即期卖出汇率×(报价币高利率-被报价币低利率)×月数÷12

计算得到的$d_卖$为本币的升水，$d_卖×(-1)$为外币的贴水，而$D_卖$为外币的贴水点数。$D_卖$为外币的贴水点数，也必须为正值。因此，它们之间的关系为

$D_卖=d_卖×(-1)×10000×(-1)$

　　$=d_卖×10000$

当外汇远期汇率为贴水时，报价币利率高于被报价币利率，根据公式可知，$d_买$和$d_卖$同时为正值，且$d_买$小于$d_卖$，因而$D_买<D_卖$。

因此，当远期汇率有贴水时，远期汇率的计算公式为

远期买入汇率 ＝即期买入汇率＋$d_买$

　　　　　　＝即期买入汇率＋$D_卖$÷10000

远期卖出汇率 ＝即期卖出汇率＋$d_卖$

　　　　　　＝即期卖出汇率＋$D_卖$÷10000

由于$D_买<D_卖$，也就保证了远期买入汇率永远低于远期卖出汇率。

【实例4.7】伦敦外汇市场(间接标价法)行情如下：

GBP/USD即期汇率　　　1.3815/1.3825

美元6个月贴水　　　　　135/145

试计算GBP/USD 6个月的远期汇率。

解题

　远期买入汇率＝即期买入汇率＋$D_卖$÷10000

　　　　　　　＝1.3815＋0.0135

　　　　　　　＝1.3950

　远期卖出汇率＝即期卖出汇率＋$D_卖$÷10000

　　　　　　　＝1.3825＋0.0145

　　　　　　　＝1.3970

　故GBP/USD 6个月的远期汇率为1.3950/1.3970。

在实际的外汇交易中，有时银行会在报价的同时说明远期价格是升水还是贴水，有时则不作说明。当标价中即期汇率的买卖价格全部列出，并且远期汇水也有两个数值时，则具体的计算规则是将汇水点数分别对准即期汇率的买入与卖出价相应的点数部位，然后按照汇水点数"前小后大往上加"，如上述例子中的520/530和135/145的汇水点数及其计算过程；或"前大后小往下减"，如上述例子中的248/238和216/206的汇水点数及其计算过程。

即期汇率、远期汇水与远期汇率的关系如表4-1所示。

表4-1 即期汇率、远期汇水与远期汇率的关系

汇水形式	计算方法	被报价货币	报价货币
小/大	加	升水	贴水
大/小	减	贴水	升水

即期汇率、远期汇水与远期汇率之间的关系可以用公式表示为

即期汇率　　　远期汇水点数　　　远期汇率
小大　　　+　　小大　　　=　　小大
小大　　　-　　大小　　　=　　小大

不论是即期汇率还是远期汇率，斜线左边的数字总是小于斜线右边的数字，即被报价货币的买入价总是小于被报价货币的卖出价。并且与即期汇率相比，远期汇率的买入价与卖出价之间的价差总是更大。如果计算出的结果与此相反，则说明计算方法有误。

第四节　远期套算汇率

远期套算汇率的计算方法与即期套算汇率的计算方法基本相同，只需要根据银行报价先计算出远期汇率，然后按照即期交叉汇率的计算方法即可计算出远期套算汇率。

【实例4.8】当前外汇市场行情如下：

USD/CHF Spot Rate　　　0.8235/40
6M Swap Rate　　　　　　46/52
USD/HKD Spot Rate　　　7.6549/56
6M Swap Rate　　　　　　66/54

试计算CHF/HKD 6个月的远期汇率。

解题

第一步，分别计算USD/CHF和USD/HKD 6个月的远期汇率。
USD/CHF 6个月的远期汇率=(0.8235+0.0046)/(0.8240+0.0052)=0.8281/0.8292
USD/HKD 6个月的远期汇率=(7.6549-0.0066)/(7.6556-0.0054)=7.6483/7.6502
第二步，计算CHF/HKD 6个月的远期汇率。
CHF/HKD 买入汇率=7.6483÷0.8292=9.2237
CHF/HKD 卖出汇率=7.6502÷0.8281=9.2383

【实例4.9】当前外汇市场行情如下：

USD/CHF Spot Rate　　　0.8235/40
3M Swap Rate　　　　　58/64
GBP/USD Spot Rate　　　1.4487/90
3M Swap Rate　　　　　82/88

试计算GBP/CHF 3个月的远期汇率。

> **解题**
>
> 第一步，分别计算USD/CHF和GBP/USD 3个月的远期汇率。
> USD/CHF 3个月的远期汇率＝(0.8235＋0.0058)/(0.8240＋0.0064)＝0.8293/0.8304
> GBP/USD 3个月的远期汇率＝(1.4487＋0.0082)/(1.4490＋0.0088)＝1.4569/1.4578
> 第二步，计算GBP/CHF 3个月的远期汇率。
> GBP/CHF买入汇率＝0.8293×1.4569＝1.2082
> GBP/CHF卖出汇率＝0.8304×1.4578＝1.2106

第五节　择期外汇交易

一、择期外汇交易的概念

在择期外汇交易中，银行给予了客户在收支货币时间上一定的灵活性，客户可以在成交后的第二个营业日起的约定期限内的任何一天，按约定的汇率办理交割。

择期外汇交易主要为一部分无法掌握确定的远期交割日的进出口商提供远期的汇率锁定服务，可以帮助他们控制汇率风险。与远期外汇买卖相比，外汇择期交易为客户提供了较大的灵活度。例如，某进出口公司在签订购买商品合同后，不能确定将来收付款的确切日期，只能大致定在2022年1月份里的某一天。为了锁定成本，公司就可以同银行做一笔择期外汇交易，把交割日期定在1月1日至31日之间。一旦择期交易合约成交，买方就可按照约定的远期汇率在1月1日至31日之间的任何一天，根据进口付款的要求，随时通知银行在2个工作日后进行交割。

择期外汇交易损失的贴水要多一些。这是因为银行在计算升水和贴水时，升水通常按可交割的前一天计算，贴水则根据可交割的最后一天计算。假如上文中的客户要购买择期的美元，择期外汇交易时间在2022年1月1日至31日之间，银行计算贴水时一般要计算到30日，因为计算到30日的贴水比计算到该日之前的贴水要多。换句话说，客户若想取得择期的便利，就要以多损失一些贴水为代价。不过，贴水的损失跟未来汇率风险损失相比，要小得多。

二、择期外汇交易报价

择期外汇交易的报价原则为：报价者报出择期期间对于询价者最不利的价格，即最低的买入价和最高的卖出价。

择期外汇交易报价的一般规则是银行给予客户最差的汇率。

从银行角度报价，假设美元是本币，择期外汇交易的具体定价方法如下。

第一种情况，美元贴水(或外币升水)。

(1) 当银行卖外币、买美元时，收取最后一日的美元贴水(或外币升水)；

(2) 当银行买外币、卖美元时，择期若从即期开始，则不给美元贴水(或外币升水)。若择期在两个日期之间，则给予第一日的美元贴水(或升水)。

第二种情况，美元升水(或外币贴水)。

(1) 当银行卖外币、买美元时，择期若从即期开始，则不给美元升水(或外币贴水)。若择期在两个日期之间，则给予第一日的美元升水(或外币贴水)。

(2) 当银行买外币、卖美元时，收取最后一日的美元升水(或外币贴水)。

第三种情况，外币从升水到贴水(或美元从贴水到升水)。

(1) 当银行卖外币、买美元时，收取这期间最高的美元贴水(或外币升水)。

(2) 当银行买外币、卖美元时，收取这期间最高的美元升水(或外币贴水)。

三、实例

1. 美元升水的情况

【实例4.10】即期汇率USD/CHF=1.5010/30

1个月期掉期率：230/250

3个月期掉期率：300/320

问USD/CHF从1个月到3个月的择期汇率是多少？

解题

【解法一】

报价符合第二种情况。

从1个月到3个月择期汇率的银行买入汇率，给予第一日的美元升水，即

买入汇率=1.5010+0.0230=1.5240

从1个月到3个月择期汇率的银行卖出汇率，收取最后一日的美元升水，即

卖出汇率=1.5030+0.0320=1.5350

【解法二】

1个月远期汇率USD/CHF=1.5240/80

3个月远期汇率USD/CHF=1.5310/50

选择最低的买入汇率和最高的卖出汇率，故USD/CHF从1个月到3个月的择期汇率为1.5240/1.5350。

2. 美元贴水的情况

【实例4.11】 即期汇率USD/CHF=1.5040/60

　　　　　　1个月期掉期率：250/230

　　　　　　3个月期掉期率：320/300

问USD/CHF从1个月到3个月的择期汇率是多少？

解题

【解法一】

报价符合第一种情况。

从1个月到3个月择期汇率的银行买入汇率，收取最后一日的美元贴水，即

买入汇率=1.5040-0.0320=1.4720

从1个月到3个月择期汇率的银行卖出汇率，给予第一日的美元贴水，即

卖出汇率=1.5060-0.0230=1.4830

【解法二】

1个月远期汇率USD/CHF=1.4790/1.4830

3个月远期汇率USD/CHF=1.4720/1.4810

选择最低的买入汇率和最高的卖出汇率，故USD/CHF从1个月到3个月的择期汇率为1.4720/1.4830。

---

3. 美元从贴水到升水的情况

【实例4.12】 即期汇率USD/CHF=1.5040/60

　　　　　　1个月期掉期率：250/230

　　　　　　3个月期掉期率：300/320

问USD/CHF从1个月到3个月的择期汇率是多少？

解题

【解法一】

报价符合第三种情况。

从1个月到3个月择期汇率的银行买入汇率，收取这期间最高的美元贴水，即

买入汇率=1.5040-0.0250=1.4790

从1个月到3个月择期汇率的银行卖出汇率，收取这期间最高的美元升水，即

卖出汇率=1.5060+0.0320=1.5380

【解法二】

1个月远期汇率USD/CHF=1.4790/1.4830

3个月远期汇率USD/CHF=1.5340/80

选择最低的买入汇率和最高的卖出汇率，故USD/CHF从1个月到3个月的择期汇率为1.4790/1.5380。

第六节　远期外汇交易的作用

一、规避汇率风险

1. 进出口商预先买进或卖出期汇，以规避汇率风险

进出口商从签订买卖合同到交货、付款往往需要较长的时间(通常为30天~90天，有的甚至更长)，这期间汇率可能发生较大的变动，给进出口商带来风险。因此，进出口商就可以通过远期外汇交易来规避汇率风险。

【实例4.13】某日本出口商向美国进口商出口价值10万美元的商品，成本共1100万日元，约定3个月后付款。双方签订买卖合同时的汇率为USD/JPY=120。按此汇率，出口该批商品可换得1200万日元，扣除成本，出口商可获得100万日元。但3个月后，若美元汇价跌至USD/JPY=118，则出口商只可换得1180万日元，比按原汇率计算少赚20万日元；若美元汇价跌至USD/JPY=110以下，则出口商就会亏本。可见，美元下跌或日元升值都将对日本出口商造成压力。因此日本出口商在订立买卖合同时，就按USD/JPY=120的汇率，将10万美元的3个月期汇卖出，即把双方约定远期交割的10万美元外汇卖给日本的银行，到期后可收取1200万日元，从而避免了汇率变动的风险。

【实例4.14】中国香港某进口商向美国买进价值10万美元的商品，约定3个月后付款，如果购货时的汇率为USD/HKD=7.71，则该批货物买价为77.1万港元。但3个月后，若美元升值，港元兑美元的汇率为USD/HKD=7.78，那么这批商品价款就上升为77.8万港元，进口商得多付出0.7万港元。如果美元再猛涨，涨至USD/HKD=8.00以上，那么进口商的进口成本也会猛增，甚至导致经营亏损。所以，中国香港进口商为避免遭受美元汇率变动带来的损失，在订立买卖合约时就向美国的银行买进这3个月的美元期汇，届时只要付出77.1万港元就可以了。

2. 外汇银行为了平衡其远期外汇头寸而进行远期外汇交易

进出口商为避免汇率风险而进行远期交易，实际上就是把汇率变动的风险转嫁给了外汇银行。外汇银行之所以有风险，是因为它在与客户进行了多种交易以后，会产生一天的外汇"综合持有额"或总头寸(overall position)，也就是会出现期汇和现汇的超买或超卖现象。为此，外汇银行就可以通过对不同期限不同货币头寸的余缺进行抛售或补进，以平衡远期外汇头寸。

【实例4.15】中国香港某外汇银行发生超卖现象，表现为美元期汇头寸"缺"10万美元，为此银行设法补进。假定即期汇率为USD/HKD=7.60，3个月远期汇率为USD/HKD=7.78，即3个月美元期汇汇率升水港币0.18元。3个月后，该外汇银行要付给客户10万美元，收入港币7.78万元。该银行为了平衡这笔超卖的美元期汇，必须到外汇市场上立即补进同期限(3个月)、相等金额(10万)的美元期汇。如果该外汇银行没有马上补进，而是延至当日收盘时才成交，这样就可能因汇率已发生变化而造成损失。假定当日收盘时美元即期汇率已升至USD/HKD=7.70，3个月期汇(即美元3个月期汇)仍为升水港币0.18元，这样，该外汇银行补进的美元期汇就按USD/HKD=7.88(7.70+0.18)的汇率成交。10万美元合78.8万港元，银行就会因补进时间不及时而损失1万港元(78.8万-77.8万)。

所以，银行在发现超卖情况时，就应立即买入相同金额的某种即期外汇。例如，本例中，即期汇率USD/HKD=7.60，10万美元合76万港币。若当天收盘时外汇银行就已补进了3个月期的美元外汇，这样，即期港元外汇已为多余，又可把这笔即期港元外汇按USD/HKD=7.70的汇率卖出，可收入77万港元，最后该外汇银行可获利1万港元(即77万-76万)。

由此可见，在出现期汇头寸不平衡时，外汇银行应首先买入或卖出同类相同金额的现汇，再抛补这笔期汇。也就是说，用买卖同类相同金额的现汇来掩护这笔期汇头寸平衡前的外汇风险；其次，银行在平衡期汇头寸时，还必须着眼于即期汇率的变动和即期汇率与远期汇率差额的大小。

3. **短期投资者买卖远期外汇，以规避汇率风险**

通常情况下，如果一国的利率低于他国，该国的资金就会流向他国以谋求较高的利息。这时，投资者为了固定其收益，通常会买卖远期外汇来规避汇率风险。

【实例4.16】 假设在汇率不变的情况下，纽约投资市场利率比伦敦高，两者分别为8.8%和6.2%，则英国的投资者为追求高息，就会用英镑现款购买美元现汇，然后将其投资于3个月期的美国国库券，待该国库券到期后将美元本利兑换成英镑汇回国内。这样，投资者可多获得2.6%的利息。但如果3个月后美元汇率下跌，那么投资者就得花更多的美元去兑换英镑，因此就有可能换不回投资的英镑数量而遭受损失。为此，英国投资者可以在买进美元现汇的同时，卖出3个月的美元期汇，这样，只要美元远期汇率贴水不超过两地的利差(2.6%)，投资者的汇率风险就可以消除。

4. **定期债务持有者买卖远期外汇，以规避汇率风险**

当投资者有外汇债务时，为了锁定其债务成本，通常会买卖远期外汇来规避汇率风险。

【实例4.17】 我国一投资者对美国有外汇债务1亿美元，为防止美元汇率波动造成损失，就购买了3个月期汇。当时远期汇率为USD/CHY=7.1521，现汇率变动为USD/CHY=7.2521。如果未买期汇，则该投资者付出7.2521亿人民币才能兑换1亿美元。但现已购买期汇，则只需花费7.1521亿人民币即可，从而规避了汇率风险。

二、远期外汇投机

当投机者预期某种外汇汇率将剧烈变动时，就会通过买卖现汇与买卖远期外汇来获取投机利润。买卖即期外汇的投机者必须持有外汇资金，交易规模大小视资金多寡而定。但大部分投机者选择通过买卖远期外汇来谋取利润：一是因为远期外汇投机只需缴纳少量保证金，无须付现汇，到期轧抵，计算盈亏，不必持有巨额资金就可进行交易；二是因为远期外汇买卖仅凭一份合同就可办理，投机比较容易。但远期外汇投机成交额较大，风险也较高。远期外汇投机可以分为先卖后买和先买后卖两种形式。

1. 先卖后买

先卖后买又称卖空(sell short)。当投机者预期某种外汇将贬值或汇率将大幅度下跌，就会趁该外汇价格相对较高时在外汇市场上以签订远期合约的形式卖出该种外汇的远期外汇。到期时，如果该外汇汇率真的下跌了，则投机者就可在外汇市场上按照下跌后的汇率买进该外汇现汇来对该外汇的远期合约进行交割，从而赚取差价利润。该投机方式的特点就是以签订远期合约的形式进行交易，卖出时自己手边实际并无外汇，因此称为卖空。

【实例4.18】某德国外汇投机商预计英镑有可能贬值。当时，英镑3个月期汇汇率为GBP/DEM＝3.3348，他就在法兰克福外汇市场上卖出10万英镑的3个月期汇，即到交割日他应交付10万英镑现汇，收入33.348万德国马克。若3个月后法兰克福外汇市场的英镑现汇价格果然跌至GBP/DEM＝3.2308，这时他就以原先约定汇率所得的33.348万德国马克中的32.308万德国马克在市场上买进10万英镑现汇，来履行期汇合同。这样，该投机商通过卖空就赚取了1.04万(33.348万－32.308万)马克。当然，如果汇率变动与投机者预期正好相反，则该投机商就可能遭受损失。

2. 先买后卖

先买后卖又称买空(buy long)。当投机者预期某种外汇将升值，就会趁该外汇价格相对较低时在外汇市场上以签订远期合约的形式买入该种外汇的远期外汇。到期时，如果该外汇汇率真的上升了，则投机者就可在外汇市场上按照上开后的市场汇率卖出该外汇现汇，从而赚取投机利润。这种投机商仅仅是在到期日收付外汇价格涨落的差额，一般不具有实足的交割资金，故这种投机方式称为买空。

【实例4.19】某美国外汇投机商预计德国马克可能会大幅度上升。当时，马克3个月期汇汇率为USD/DEM＝1.92，投机商就在纽约外汇市场上买入19.2万马克的3个月期汇，即到交割日他需要付出10万美元，收入19.2万德国马克。若3个月后纽约外汇市场的马克汇率果然升至USD/DEM＝1.82，投机商就把按原先约定的汇率所得到的19.2万德国马克，拿出18.2万马克到纽约外汇市场上去卖，换回10万美元的现汇去履行合约。这样，该投机商通过买空就赚取了1万马克。

第七节　远期外汇交易程序

一、客户的远期外汇交易程序

以中国建设银行为例，简述远期外汇交易程序。中国建设银行外汇远期交易的办理流程如下所述。

(1) 中国建设银行与客户签订《中国建设银行汇率交易总协议》。

(2) 中国建设银行业务办理人员落实客户相关交易担保或担保减免手续。

(3) 客户向中国建设银行提交《中国建设银行汇率交易申请书》及附件，中国建设银行向客户进行充分的风险揭示后执行交易；开通网银远期外汇买卖功能的客户可以通过建设银行企业网上银行提交申请书，对审核通过的申请，客户在网银上发起交易。

(4) 产品存续期间，中国建设银行通过建行系统对交易进行市值重估，并根据重估结果向客户追加交易担保或担保减免等，客户也可以在产品存续期间委托银行进行提前履约、提前违约、提前展期等，银行也可以根据具体情况进行强制平盘。

(5) 到期日，银行同客户行资金交割，如客户无资金进行交割，需委托银行进行违约、展期等，银行也可以根据具体情况进行强制平盘。

二、银行间的远期外汇交易范例

【范例1】

A：JPY 5 USD 3 Months

B：JPY110.26/63

　　SPD25/30

A：Yours，My JPY to My Tokyo

B：OK，Done at 110.51

　　We buy USD 6 Mio against JPY

　　Val MAR-28

　　USD to My N.Y.

　　TKS and BI

A：OK. agreed，

　　TKS，BI

【范例1】反映了询价银行A和报价银行B就询价银行A以500万3个月远期美元兑换日元的远期外汇交易磋商过程。范例中，美元为被报价货币，美元远期有升水。报价银行B报价即期1美元兑换110.26/63日元，3个月的掉期率为25/30。最终，3个月远期美元兑换日元的成交价格为1美元兑换110.51日元，询价银行A卖出500万美元，得到日元。

【范例2】

A：JPY 5 USD 3 months

B：JPY110.26/63 SPD 30/25

A：26 yours，my JPY to my tokyo

B：Ok，done at 109.96

　　We buy USD 6 MIO against JPY

　　Val MAR 28

　　USD to my N.Y.

　　TKS and BI

A：Ok. agreed，TKS，BI

【范例2】反映了询价银行A和报价银行B就询价银行A以500万3个月远期美元兑换日

元的远期外汇交易磋商过程。范例中，美元为被报价货币，美元远期有贴水。报价银行B报价即期1美元兑换110.26/63日元，3个月的掉期率为30/25。最终，3个月远期美元兑换日元的成交价格为1美元兑换109.96日元，询价银行A卖出500万美元，得到日元。

第八节　人民币远期外汇交易

一、银行间的人民币远期外汇交易

根据中国外汇交易中心，人民币远期外汇交易是指交易双方以约定的外汇币种、金额、汇率，在约定的未来某一日期(成交日后两个营业日以上)交割的人民币外汇交易。

银行间的人民币远期外汇交易的相关规定如下。

(1) 人民币远期外汇交易的交易模式包括双边询价交易和撮合交易(C-Forward)。

(2) 人民币外汇远期交易的交易品种包括USD/CNY、EUR/CNY、JPY/CNY、HKD/CNY、GBP/CNY、AUD/CNY、NZD/CNY、SGD/CNY、CHF/CNY、CAD/CNY、CNY/MYR、CNY/RUB、CNY/ZAR、CNY/KRW、CNY/AED、CNY/SAR、CNY/HUF、CNY/PLN、CNY/DKK、CNY/SEK、CNY/NOK、CNY/TRY、CNY/MXN、CNY/THB、CNY/IDR。

(3) 人民币远期外汇交易的交易时间为北京时间9：30—次日3：00(印尼卢比交易时间为9：30—16：30，周六、周日及法定节假日不开市)。

(4) 人民币远期外汇交易的清算方式为双边清算或净额清算。

(5) 人民币远期外汇交易的市场准入要求如下：具备银行间外汇市场即期会员资格且取得相关金融监管部门批准的衍生品业务资格的金融机构可根据业务需要单独或一并申请各类银行间人民币外汇衍生品会员。

二、客户的人民币远期外汇交易

以中国建设银行远期外汇交易操作业务为例，中国建设银行远期外汇交易的产品优势有以下几个。

(1) 产品结构简单易懂，不存在期权费、手续费等交易费用。

(2) 可帮助客户提前确定未来某日的外汇买卖汇率、锁定汇率风险，规避未来现金流可能存在的汇率风险，或对冲基础资产或负债的未来风险。

【实例4.20】某企业未来1个月内将有一笔美元支出，为规避汇率变动风险，该客户与中国建设银行叙做2000万欧元的远期外汇交易，约定1个月后卖出欧元买入美元，远期汇率为1.40。产品到期时，客户与中国建设银行正常交割，此时欧元兑美元即期汇率为1.36。客户按照与中国建设银行事先约定的欧元兑美元1.4比率进行交割，可以比按即期汇率交割多获得2000×1.4-2000×1.36=80万美元。通过该笔交易，客户提前锁定了收益，规避了汇率变动风险。

三、实例

1. 远期结汇

【实例4.21】 某机电产品制造出口企业预计3个月后将收到100万美元销售收入。为做好汇率风险管理，该企业与银行签订3个月远期结汇合约，远期结汇价格为6.8800。3个月后，企业按照6.8800的汇率在银行结汇，向银行支付100万美元，兑换得到688万元人民币。若企业未签订远期合约，则3个月后按照市场价格结汇，如果人民币升值到6.7800，则企业100万美元销售收入结汇得到678万元人民币，与签订远期合约相比，收入减少10万元人民币。企业通过在银行办理远期结汇，提前锁定了收益，规避了人民币汇率升值风险。

2. 远期购汇

【实例4.22】 某高科技产品进口企业预计3个月后将对外支付100万美元采购货款。为做好汇率风险管理，该企业与银行签订3个月远期购汇合约，远期购汇价格为6.7800。3个月后，企业按照6.7800的汇率在银行购汇，向银行支付678万元人民币，兑换得到100万美元。若企业未签订远期合约，则3个月后按照市场价格购汇，如果人民币贬值到6.8800，则企业100万美元货款需支付688万元人民币，与签订远期合约相比，采购成本增加10万元人民币。企业通过在银行办理远期购汇，提前锁定了成本，规避了人民币汇率贬值风险。

3. 远期购汇差额交割

【实例4.23】 某进出口企业于4月10日向银行借入6个月国内外汇贷款100万美元，还款日为10月10日，预计贷款到期前有外汇收入可用于还款，但存在不确定性。为规避汇率风险，企业与银行签订交割日为10月10日的100万美元远期购汇合约，约定远期购汇汇率为6.9000，交割方式为差额交割。10月10日当天的参考汇率为7.1000，高于远期购汇合约约定汇率，企业可获得差额交割收益(7.1000-6.9000)×100=20万元人民币。若企业到期时未收到美元收入，则在10月10日需以7.1000的价格购汇还款，即支付710万元人民币，考虑到差额交割收入，企业实际购汇成本为(710-20)÷100=6.9000。通过远期购汇差额交割，该外贸企业实现了将外汇贷款的还款成本汇率锁定在6.9000的目标。

本章小结

1. 远期外汇交易是指外汇交易合约成立时，双方并无外汇或本币的交付，而是双方约定于将来某一特定日期，以原约定的汇率进行外汇交割的交易。

2. 远期外汇交易可以分为固定交割日的远期外汇交易和择期外汇交易。

3. 远期单向汇率的计算公式为：远期汇率＝即期汇率＋即期汇率×(报价币利率-被报价币利率)×月数÷12

4. 远期双向汇率的计算公式为：远期买入汇率＝即期买入汇率＋即期买入汇率×(报价币低利率-被报价币高利率)×月数÷12； 远期卖出汇率＝即期卖出汇率＋即期卖出汇率×(报价币高利率-被报价币低利率)×月数÷12。

5. 远期升水是指一种货币的远期汇率高于即期汇率，而远期贴水是指一种货币的远期汇率低于即期汇率。

6. 在点数报价时，远期汇率的计算按照汇水点数"前小后大往上加"，或"前大后小往下减"。

7. 远期套算汇率的计算方法：根据银行报价先计算出远期汇率，然后按照即期交叉汇率的计算方法即可计算出远期套算汇率。

8. 在择期外汇交易中，银行给予了客户在收支货币时间上一定的灵活性，客户可以在成交后的第二个营业日起的约定期限内的任何一天，按约定的汇率办理交割。择期外汇交易报价原则：报价者报出择期期间对于询价者最不利的价格，即最低的买入价和最高的卖出价。

9. 远期外汇交易的应用在于规避汇率风险和远期外汇投机。

10. 人民币外汇远期交易指交易双方以约定的外汇币种、金额、汇率，在约定的未来某一日期(成交日后两个营业日以上)交割的人民币外汇交易。

关键概念

远期外汇交易　固定交割日的远期外汇交易　择期外汇交易　日对日　月对月
节假日顺延　不跨月　远期单向汇率　远期双向汇率　远期买入汇率
远期卖出汇率　直接报价法　点数报价法　升水　贴水　远期套算汇率
远期外汇头寸　远期外汇投机　人民币外汇远期交易

本章习题

1. 简述远期外汇交易交割日的通用惯例。

2. 假设市场情况如下：

(1) 即期汇率USD/CHF为1.4320。

(2) 6个月美元利率为3.5%。

(3) 6个月瑞郎利率为6.5%。

问6个月USD/CHF的远期汇率是多少？

3. 假设市场情况如下：

(1) USD/CNY＝6.5410/20。

(2) 6个月美元的双向利率为5.25%/5.50%。

(3) 6个月人民币的双向利率为4.25%/4.50%。

问6个月USD/CNY的远期汇率是多少？

4. 德国法兰克福外汇市场行情如下：

   USD/EUR 即期汇率　　　　　0.9848/0.9858

   美元6个月升水　　　　　　　520/530

   试计算6个月的远期汇率。

5. 伦敦外汇市场行情如下：

   GBP/USD 即期汇率　　　　　1.4815/1.4825

   美元3个月升水　　　　　　　216/206

   试计算6个月的远期汇率。

6. 当前外汇市场行情如下：

   USD/CHF Spot Rate　　　　　1.4235/40

   6M Swap Rate　　　　　　　46/52

   USD/CNY Spot Rate　　　　　6.6549/56

   6M Swap Rate　　　　　　　66/54

   试计算CHF/CNY 6个月的远期汇率。

7. 即期汇率USD/CNY=6.5010/30

   1个月期掉期率：230/250

   3个月期掉期率：300/320

   问从1个月到3个月 USD/CNY的择期汇率是多少？

8. 即期汇率USD/CNY=6.5040/60

   1个月期掉期率：250/230

   3个月期掉期率：320/300

   问从1个月到3个月 USD/CNY的择期汇率是多少？

9. 即期汇率USD/CNY=6.5040/60

   1个月期掉期率：250/230

   3个月期掉期率：300/320

   问从1个月到3个月 USD/CNY的择期汇率是多少？

10. 甲银行择期交易报价如表4-2所示。如果有人要做即期对3个月的择期交易，在美元升水和贴水时的汇率分别是多少？

表4-2　甲银行择期交易报价

美元/港币	美元升水(买入/卖出)	美元贴水(买入/卖出)
即期汇率	7.7000/7.7030	7.7000/7.7030
一个月远期汇率	7.7070/7.7115	7.6915/7.6960
两个月远期汇率	7.7140/7.7200	7.6830/7.6890
三个月远期汇率	7.7215/7.7275	7.6755/7.6815
择期1～3月	7.7000/7.7275	7.6755/7.6030
择期2～3月	7.7070/7.7275	7.6755/7.6960
择期3月内	7.7140/7.7275	7.6755/7.6890

11. 假设某中国港商向英国出口商品，6个月后收入1000万英镑。签订进出口合同时，伦敦外汇市场的即期汇率为 GBP1/HKD=11.0000/10，6个月期掉期率100/120。如果付款日的即期汇率为10.5000/60，那么该出口商若采用远期外汇交易进行保值，他可以减少多少损失？

12. 2018年4月中旬外汇市场行情如下：即期汇率GBP/USD=1.3158/61，3个月期掉期率105/100。某美国出口商签订向英国出口价值为100万英镑仪器的协议，预计3个月后才会收到英镑，到时需将英镑兑换美元核算盈亏。若美国出口商预测两个月后英镑会贬值，即期汇率水平会变为GBP/USD=1.3000/10，如不考虑交易费用，美国出口商现在不采取规避汇率变动风险的保值措施，则3个月后将收到的英镑折算为美元时，相对于4月中旬进行远期保值换成美元将会损失多少？

第五章
套汇与套利

学习目标

理论目标：掌握套汇的概念；掌握套利的概念。

实务目标：掌握如何计算两角套汇和三角套汇的套汇利润；掌握现汇市场上的套利方法；了解保证金套利交易；了解期货市场上的套利交易。

情景小故事

日元套利交易

货币的套利交易属于利差交易(carry trade)中的一种，它是指借入利率较低的货币，投资于利率较高或预期收益率较高的金融资产。其中，既包括对冲基金等投机性资金进行的以短期买卖为中心的投机活动，也包括个人投资者投资外汇计价的投资信托商品从而获取长期收益的交易行为。在金融市场中，瑞士法郎和日元都曾被作为套利交易的主要货币。2008年国际金融危机爆发以后，美元也曾一度在套利交易中使用。不过，纵观货币套利交易的历史，持续时间最长、交易规模最大的是日元套利交易。

日元套利交易始于1996年，但到了1998年9月，从事日元套利交易的一些大型对冲基金发生清算，日元套利交易暂告一段落。

日元套利交易的高峰始于2004年。为刺激经济复苏，日本央行于2001年3月至2006年7月一直实行"零利率"政策。相反，在这一时期，欧美各国却频繁加息，利率水平不断升高。由于日元与美元、欧元、英镑等货币间存在较大利差，投资者纷纷借入日元，并在外汇市场购买美元、欧元等高息货币用于投资股票、房地产等市场，或者直接购买以这些高息币种计价的高收益资产，从中获利。

2008年国际金融危机爆发以后，欧美陆续出台了量化宽松政策，利率水平不断下降。投资者也改变了套利交易的方式，不再选择美元、欧元等主要国际货币进行操作，转而选择与日元利差较大的新兴市场货币，如巴西的雷亚尔、南非的兰特等进行套利交易。

在经过两个"失去的十年"后，日本经济增长仍找不到新的动力。一些研究机构预计，日本2011年至2020年的平均增长率仅为0.9%。为了避免这一局面，日本政府采取了包括扩大财政支出和宽松货币政策在内的一揽子刺激政策，以摆脱通货紧缩，实现经济复苏。2013年1月11日，日本政府决定推出总额为20.2万亿日元的大规模经济刺激计划。与此同时，日本央行在2013年的金融政策会议上宣布调高"物价稳定目标"，继续将无担保隔夜拆借利率维持在0至0.1%左右的水平。随着日本继续采取"零利率"，金融市场中利用"廉价"日元进行套利交易的活动又开始活跃起来，引起各方关注。因此，短期内日元与其他货币之间的利差不会缩小，甚至还有扩大的可能。这意味着，日元在货币套利交易中仍将扮演重要的角色。

据统计，当前日元套利交易总规模约为2000亿美元至3000亿美元。庞大的日元套利资金广泛散布于全球股市、汇市以及商品市场。

由于中国资本项目尚未完全开放，日元套利交易活动在中国并不活跃。不过，由于中国经济保持了较快增长速度，各类资产的投资回报率较高，为防范资金流入境内从事日元套利交易，需要采取以下措施：一是要严格审批日元贷款，明确资金用途，防范利用日元贷款进入外汇、股票和房地产市场进行套利和投机交易；二是金融机构在外汇交易中应减少日元头寸，防止可能发生的外汇资金损失。

【整编自：李建军《国际金融热词解读：日元套利交易》，载《人民日报》2013-05-13】

第一节　套汇交易

套汇是指利用不同外汇市场的外汇差价，在某一外汇市场上买进某种货币，同时在另一外汇市场上卖出该种货币，以赚取利润的活动。在套汇中，由于涉及的外汇市场多少不同，分为两角套汇和三角套汇。

一般来说，要进行套汇必须具备以下3个条件：①存在不同的外汇市场和汇率差价；②套汇者必须拥有一定数量的资金，且在主要外汇市场拥有分支机构或代理行；③套汇者必须具备一定的技术和经验，能够判断各外汇市场汇率变动及其趋势，并根据预测迅速采取行动。否则，进行较为复杂的套汇将事倍功半。

一、两角套汇

两角套汇是指利用两地间的汇率差价，在一个外汇市场上以低价买入一种货币，同时在另一个外汇市场以高价卖出该种货币，以赚取利润的活动。两角套汇是在两个市场之间进行的，套汇者可直接参加交易，所以又称为直接套汇。

【实例5.1】假设纽约市场和法兰克福市场上欧元兑美元的汇率如下所述。

纽约外汇市场：EUR1=USD1.3395/10

法兰克福外汇市场：EUR1=USD1.3350/70

请问是否存在套汇机会？获利情况如何？

> **解题**
>
> 两个市场上欧元兑美元的汇率不一样，存在套汇机会。
>
> 套汇操作如下。
>
> 在法兰克福外汇市场上，用133.7万美元买进100万欧元，同时在纽约外汇市场上，卖出100万欧元，得到133.95万美元。获利133.95-133.7=0.25万美元。

【**实例5.2**】假如某老挝人只有1老挝币，而且中国和老挝边境是开放的，人民币兑老挝币的汇率和红牛的价格如图5-1所示。

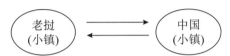

红牛：0.1老挝币/瓶　　　红牛：0.1元人民币/瓶
汇率：0.9老挝币=1元人民币　汇率：0.9元人民币=1老挝币

图5-1　人民币兑老挝币的汇率和红牛的价格

请问将会发生什么现象？出现这种现象的原因是什么？

> **解题**
>
> (1) 该老挝人可以在老挝小镇花0.1老挝币买1瓶红牛，用剩余的0.9老挝币兑换1元人民币；然后到边境的中国小镇花0.1元人民币买1瓶红牛，再用剩余的0.9元人民币兑换1老挝币。如此反复，该老挝人可以买无数瓶红牛，而手中老挝币的数目并不会减少。
>
> (2) 由题意可看出，老挝和中国的汇率是不一致的。在老挝的人民币汇率较低，而在中国的人民币汇率较高。根据直接套汇的交易准则：在汇率较低的市场买进，同时在汇率较高的市场卖出。因此，可以在老挝买入人民币而在中国卖出人民币，获得汇率差额。

二、三角套汇

三角套汇是指利用三个外汇市场上外汇的差价，在三个外汇市场同时进行贱买贵卖，以赚取利润的活动。三角套汇又称为间接套汇。

可利用以下方法发现套汇机会并赚取利润。

1. 采用交叉汇率与直接套汇结合的方法

【**实例5.3**】某日香港、伦敦和纽约外汇市场上的即期汇率如下所述。

香港外汇市场：GBP1=HKD10.0000/10

伦敦外汇市场：GBP1=USD1.3500/10

纽约外汇市场：USD1=HKD7.7000/10

请问是否存在套汇机会？如果存在套汇机会，不考虑其他费用，某中国港商用10万港元套汇，可获得多少利润？

解题

由GBP1＝HKD10.0000/10和GBP1＝USD1.3500/10交叉相除，套算出USD/HKD＝7.4019/7.4081。与香港市场相比，纽约市场美元汇价更高，因此选择在纽约市场卖出美元，买入港元；相应地，在香港市场卖出港元，买入英镑，而在伦敦市场卖出英镑，买入美元。

如果有10万港元，先在香港市场换为英镑，再在伦敦市场换为美元，最后在纽约市场换成港元，可以换得10万÷10.0010×1.3500×7.7000≈10.394万港元。比最初投入的10万港元多0.394万港元，因此获利0.394万港元。

2. 汇率连乘法

判断三个市场上的汇率是否存在差异的方法如下：①将三地的汇率换算成同一标价法(都换成直接标价法或间接标价法)下的汇率；②将3个汇率连乘起来，若乘积等于1，则不存在汇率差异，不能进行套汇；若乘积不等于1，则存在汇率差异，可以进行套汇。

汇率连乘是指3个买入汇率相乘和3个卖出汇率相乘。汇率连乘可以看作在存在3个汇率的情况下计算套算汇率。由于3个汇率都换算成了同一标价法下的汇率，3种货币各自都在不同的汇率中分别处于报价币地位和被报价币地位，应该相乘得到套算汇率。当然，由于每种货币单位两两相除，最后得到的所谓套算汇率是一个无量纲的值。

【实例5.4】某日，中国香港、伦敦和纽约外汇市场上的即期汇率如下所述。

香港外汇市场：GBP1＝HKD11.0000/10

伦敦外汇市场：GBP1＝USD1.2500/10

纽约外汇市场：USD1＝HKD7.8000/10

请问是否存在套汇机会？如果存在套汇机会，不考虑其他费用，某中国港商用10万港元套汇，可获得多少利润？

解题

由于伦敦和纽约外汇市场的汇率采用的是间接标价法，可将香港外汇市场的汇率也调整为间接标价法，即HKD/GBP＝1/9.0010及1/9.0000。

已知伦敦外汇市场：GBP1＝USD1.2500/10

纽约外汇市场：USD1＝HKD7.8000/10

将3个汇率同边相乘得到

1/9.0010×1.2500×7.8000≈1.0832

1/9.0000×1.2510×7.8010≈1.0843

三个汇率相乘得到的前一个数字1.0832，可以理解为：在香港市场卖出1港元可以得到1/9.0010英镑，然后在伦敦外汇市场上出售1/9.0010英镑可获得1/9.0010×1.25美元，最后在纽约市场上出售1/9.0010×1.25美元可获得1/9.0010×1.25×7.8港元。显然，用1港元按照以上顺序进行套汇可以获得0.0832(1.0832-1)港元的套汇收入，所以存在套汇机会。

因为在例题中，3个汇率同边相乘都大于1，所以中国港商可以采用如下顺序进行套汇("→"表示"兑换成")。

港元 → 英镑 → 美元 → 港元

该中国港商可获得的套汇收入为

10万×1/9.0010×1.25×7.8-10万≈8320港元

进一步来看，如果按逆时针"港元 → 美元 → 英镑 → 港元"的顺序套汇，则

HKD1→USD1/7.8010→GBP 1/7.8010×1/1.2510→HKD 1/7.8010×1/1.2510×9.0000

即1/7.8010×1/1.2510×9.0000≈0.9222港元

若用10万港元按这一顺序套汇，则亏损为

10万×0.9222-10万=-7780港元

所以套汇的买卖方向也是很重要的。

3. 中间汇率连乘法

第一步，判断三个市场是否存在套汇的机会。在其中某一个市场投入1单位货币，经过中介市场，收入的货币不等于1个单位，说明三个市场汇率存在差异。具体可按以下3个步骤进行：①求出各市场的中间汇率；②将汇率的不同标价方法变成同一标价法，且基准货币的单位为1；③将各汇率相乘，只要乘积不等于1，就有套汇机会。

第二步，寻找套汇的路线。在其中某一个市场投入1单位货币，经过中介市场，收入的货币大于1个单位，则可以按照这个路线进行套汇；反之，如果收入的货币小于1个单位，则需要按照相反的路线进行套汇。

【**实例5.5**】在某日的同一时间，法兰克福、伦敦、纽约三地外汇市场的现汇行情如下。

法兰克福外汇市场：GBP1=EUR1.3500/10

伦敦外汇市场：GBP1=USD1.3300/10

纽约外汇市场：USD1=EUR1.0000/10

请问是否存在套汇机会？如果存在套汇机会，不考虑其他费用，假设套汇者动用100万英镑套汇，可获得多少利润？

解题

(1) 分析是否存在套汇机会。

第一步，判断三个市场是否存在套汇的机会。

为了方便起见，先求出三个市场的中间汇率。

法兰克福外汇市场：GBP1=EUR1.3505

伦敦外汇市场：GBP1=USD1.3305

纽约外汇市场：USD1=EUR1.0005

> 将上述三个标价改成同一标价法且基准货币的单位为1，然后相乘，得到
> 1.3505×(1/1.3305)×(1/1.0005)≈1.0145>1
>
> 上式说明套汇者在欧洲投入1英镑，经过纽约市场，在伦敦市场可以换回1.0145英镑，所以有套汇机会。
>
> 第二步，寻找套汇的路线。如果套汇者要套取英镑可选择在法兰克福或伦敦投入，以纽约作为中介市场。如果套汇者在法兰克福投入英镑，因为1.3505×(1/1.3305)×(1/1.0005)≈1.0145>1，则表明套汇的路线为：法兰克福→纽约→伦敦。
>
> 需要注意的是，如果投入1英镑经过套汇后得到的英镑数小于1英镑，则说明套汇获利的方向是相反的。
>
> (2) 假设套汇者动用100万英镑。在法兰克福按汇率GBP1＝EUR1.3500换成135万欧元，在中介市场纽约将135万欧元按汇率USD1＝EUR1.0010换成134.87万美元，在伦敦按汇率GBP1＝USD1.3310换成英镑。最后得到101.33万英镑，套汇利润为1.33万英镑。

第二节　套利交易

套利交易又称套期图利，是指利用不同国家或地区短期利率的差异，将资金由利率较低的国家或地区转移到利率较高的国家或地区进行投资，从中获得利息差额收益的一种外汇交易。

套利交易目前已经成为国际金融市场中的一种主要交易手段，由于其收益稳定，风险相对较小，国际上绝大多数大型基金均采用套利或部分套利的方式参与期货或期权市场的交易。随着我国期货市场的规范发展以及上市品种的多元化，市场蕴含着大量的套利机会，套利交易已经成为一些大机构参与期货市场的有效手段。

一、现汇市场的抛补套利交易

在进行套利交易时，投资者关心的是合约之间的相互价格关系，而不是绝对价格水平。投资者买进自认为价格被市场低估的合约，同时卖出自认为价格被市场高估的合约。如果价格的变动方向与当初的预测相一致，即买进的合约价格走高，卖出的合约价格走低，那么投资者可从两合约价格间的关系变动中获利；反之，投资者就有损失。

套利活动的前提条件是套利成本或高利率货币的贴水率必须低于两国货币的利率差，否则无利可图。

在实际外汇业务中，所依据的利率是欧洲货币市场各种货币的利率，其中主要以LIBOR(London inter-bank offer rate，伦敦银行同业拆放利率)为基础。这是因为，尽管各种

外汇业务和投资活动牵涉各个国家，但大都是集中在欧洲货币市场上叙做的。欧洲货币市场是各国进行投资的有效途径或场所。

【实例5.6】 假设伦敦外汇市场上行情如下。

	GBP/USD
Spot	1.8400/20
Spot/3 Month	10/20

伦敦货币市场上英镑3个月年利率为8%，而纽约货币市场上美元3个月年利率为12%。如果某套利者以100万英镑做抛补套利交易，能净获利多少？

> **解题**
>
> 套利者作抛补套利的过程如下所述。
> (1) 在伦敦货币市场借入100万英镑，借款期为3个月，到期应还本息为
> $$100万 \times (1+8\% \times 3 \div 12) = 102万英镑$$
> (2) 将100万英镑兑换成美元，同时投资到纽约货币市场，得到的本息和为
> $$100万 \times 1.84 \times (1+12\% \times 3 \div 12) = 189.52万美元$$
> (3) 计算远期汇率为
> $$1英镑 = (1.8420+0.0020) = 1.8440美元$$
> 3个月以后，按照此汇率将美元卖出得到英镑，套利者的获利为
> $$189.52万 \div 1.8440 - 102 = 0.7766万英镑$$
> 可以看出，套利者作抛补套利之后，就不必担心汇率的波动对利差的影响，确保套利者获得两种货币市场之利率差。

【实例5.7】 已知某日东京外汇市场美元兑日元的即期汇率为1美元＝127.90/128.00日元，6个月的远期汇率为 1美元＝127.30/50日元。美元的年利率为7.2%，日元的年利率为4.0%。如果某套利者以1500万日元做抛补套利交易，能净获利多少？

> **解题**
>
> 套利者作抛补套利的过程如下所述。
> (1) 按照4.0%的利率借入1500万日元，借款期为6个月，到期应还本息为
> $$1500万 \times (1+4\% \div 2) = 1530万日元$$
> (2) 将1500万日元兑换成美元，按7.2%的年利率存入美国的银行，得到的本息和为
> $$1500万 \div 128 \times (1+7.2\% \div 2) = 12.1406万美元$$
> (3) 6个月以后，按照远期汇率将美元卖出得到日元，套利者的获利为
> $$12.1406万 \times 127.30 - 1530 = 15.50万日元$$

【实例5.8】 某美国商人有一笔100万美元的资金，这笔资金可进行3个月的投资，德国马克3个月短期利率为9%，纽约市场上美元3个月短期利率为6%，纽约外汇市场的即期汇率为1美元＝1.3745/82德国马克，远期汇水为36/46。如果该商人用这100万美元套利，结果会如何？

> **解题**
>
> 套利者作抛补套利的过程如下所述。
>
> (1) 按照6%的利率借入100万美元，借款期为3个月，到期应还本息为
>
> $$100万×(1+6\%÷4)=101.5万美元$$
>
> (2) 将100万美元兑换成德国马克，按照9%的年利率存入美国的银行，得到的本息和为
>
> $$100万×1.3745×(1+9\%÷4)=140.5426万马克$$
>
> (3) 计算远期汇率为
>
> $$1.3782+0.0046=1.3828$$
>
> 3个月以后，按照远期汇率将德国马克卖出得到美元，套利者的获利为
>
> $$140.5426万÷1.3828-101.5万=0.13625万美元=1362.5美元$$

二、现汇市场的无抛补套利交易

无抛补套利又称非抛补套利(uncovered interest arbitrage)，是指没有采取保值措施的套利交易。这种套利由于没有将兑换价格锁定，投资期满后，套利资金收回时，外汇市场的汇率变化有两种情况。第一种情况是汇率向套利者有利的方向发展。在【实例5.6】中，3个月后，套利者在美国市场应收回本息和为189.52万美元，如果此时即期市场美元的汇率比3个月前上涨了，则套利者不仅可获得两种货币之利率差，还可得到汇率上的好处。第二种情况是3个月后，当套利者收回投资本息189.52万美元，此时即期市场的美元汇率下跌，且低于1英镑=1.8440美元，则套利者的利润比作抵补套利要少，如果即期汇率跌至1英镑=1.8580美元以下，则套利利润不仅被美元汇率下跌抵消，还会出现套利亏损。因此，非抵补套利具有极强的投机性。

三、保证金方式的套利交易

套利交易在外汇现货市场的特殊性在于利息按天支付。从技术上讲，投资者的所有仓位在一天交易结束的时候都是会被关闭的，只不过这一步作为交易者是看不到的。经纪商实际上会在每天晚上先关上投资者的仓位，再重启开一个同样的仓位，同时根据投资者所持货币的种类决定到底是支付还是收取隔夜利息。

套利交易在外汇现货市场受欢迎的原因还在于经纪商提供的高杠杆。外汇交易都是基于保证金的，投资者只需要支付很小的一部分资金，其他部分由投资者的经纪商垫付。常见的杠杆比例有50倍、100倍和200倍等。

【实例5.9】交易者乔伊使用10000美元参与外汇交易。他选择了一种利息差在5%的货币对，购买了1手，按100倍杠杆，乔伊花费10000美元控制了1000000美元的仓位。接下来的1年会发生什么呢？

> **解题**
>
> 接下来有三种可能性。
> (1) 仓位亏损。乔伊选择做多的货币对一路大跌,最差的情况就是经纪商强制平仓,最终赔掉了10000美元保证金。
> (2) 仓位价值基本不变。这种情况下,乔伊并没有因为仓位盈利或亏损,但是获得了5%的利息收益,1000000美元的5%是50000美元,相对于乔伊的10000美元,收益率为400%。
> (3) 仓位盈利。乔伊做多的货币对大涨,不仅获得了50000美元的利息收入,还大赚了一笔。

可见,杠杆是获利的关键,它是套利交易在外汇交易市场颇受欢迎的根本原因。

四、外汇期货市场上的套利交易

套利交易在期货市场主要表现为两个作用:一是为投资者提供了对冲机会;二是有助于将扭曲的市场价格重新拉回来至正常水平。

外汇期货市场上的套利交易有以下几种。

(1) 跨期套利是指买卖同一市场同种货币不同到期月份的期货合约,利用不同到期月份合约的价差变动来获利的套利模式。

(2) 跨品种套利也称外汇交叉套期保值,是指利用两种不同的但相互关联的货币之间的价格变动进行套期图利,即买入某种货币某一月份期货合约的同时卖出另一相互关联货币相近交割月份期货合约。

(3) 跨市场套利是指在某一期货市场买入(卖出)某一月份货币期货合约的同时在另一市场卖出(买入)同种合约以期在有利时机对冲获利了结的交易方式。

外汇期货市场上的套利交易的相关内容参见本书第七章。

本 章 小 结

1. 套汇是指利用不同外汇市场的外汇差价,在某一外汇市场上买进某种货币,同时在另一外汇市场上卖出该种货币,以赚取利润的活动。

2. 两角套汇是指利用两地间的汇率差价,在一个外汇市场上以低价买入一种货币,同时在另一个外汇市场以高价卖出该种货币,以赚取利润的活动。

3. 三角套汇是指利用三个外汇市场上外汇的差价,在三个外汇市场同时进行贱买贵卖,以赚取利润的活动。

4. 套利交易是指利用不同国家或地区短期利率的差异,将资金由利率较低的国家或地区转移到利率较高的国家或地区进行投资,以从中获得利息差额收益的一种外汇交易。套利活动的前提条件是套利成本或高利率货币的贴水率必须低于两国货币的利率差;否则无利可图。

5. 非抛补套利是指没有采取保值措施的套利交易。

6. 外汇交易都是基于保证金的，投资者只需要支付很小的一部分资金，其他部分由投资者的经纪商垫付。

7. 套利交易在期货市场主要表现为两个作用：一是为投资者提供了对冲机会；二是有助于将扭曲的市场价格重新拉回至正常水平。

关键概念

套汇　两角套汇　三角套汇　套利交易　LIBOR　无抛补套利
保证金方式的套利交易　跨期套利　跨品种套利　跨市场套利

本章习题

1. 什么是套汇？进行套汇需要具备哪些条件？

2. 某日，纽约外汇市场和法兰克福外汇市场上欧元兑美元的汇率分别为

纽约外汇市场：EUR1＝USD1.0395/10

法兰克福外汇市场：EUR1＝USD1.0350/70。

请问是否存在套汇机会？获利情况如何？

3. 某日，中国香港、伦敦和纽约外汇市场上的即期汇率为

香港外汇市场：GBP1＝HKD10.4000/10

伦敦外汇市场：GBP1＝USD1.3500/10

纽约外汇市场：USD1＝HKD7.7500/10

请问是否存在套汇机会？如果存在套汇机会，不考虑其他费用，某中国港商用10万港元套汇，可获得多少利润？

4. 已知某日东京外汇市场美元兑日元的即期汇率为1美元＝121.10/20日元，6个月的远期汇率为 1美元＝120.30/50日元。美元的年利率为6.0%，日元的年利率为2.0%。如果某套利者以1000万日元做抛补套利交易，能净获利多少？

第六章
外汇掉期交易

学习目标

理论目标：掌握外汇掉期交易的概念、特点和种类。

实务目标：掌握即期对远期掉期率、远期对远期掉期率的计算方法；掌握Cash和Tom汇率的计算；掌握如何根据掉期率计算远期汇率；掌握外汇掉期交易的作用；了解外汇掉期交易的程序；了解人民币外汇掉期交易。

情景小故事

情景一：美国贸易公司掉期交易的故事

1月份，一家美国贸易公司预计在4月1日将收到一笔欧元货款，为防范汇率风险，公司按远期汇率水平同银行叙做了一笔3个月远期外汇买卖，买入美元卖出欧元，起息日为4月1日。

但到了3月底，公司得知对方将推迟付款，在5月1日才能收到这笔货款。于是公司通过一笔1个月的掉期外汇买卖，将4月1日的头寸转换至5月1日。

可见，若客户持有甲货币而需使用乙货币，但在经过一段时间后又收回乙货币并将其换回甲货币，也可通过叙做掉期外汇买卖来固定换汇成本，以防范风险。

【整编自中亿财经网．https://www.zhongyi9999.com/wh/hq/1269312.html】

情景二：日本贸易公司掉期交易的故事

一家日本贸易公司向美国出口产品，收到货款500万美元。该公司需将货款兑换为日元用于国内支出。同时公司需从美国进口原材料，并将于3个月后支付500万美元的货款。

此时，公司可以叙做一笔3个月美元兑日元掉期外汇买卖。具体操作为：即期卖出500万美元，买入相应的日元，3个月远期买入500万美元，卖出相应的日元。

通过上述交易，公司可以轧平其中的资金缺口，达到规避风险的目的。

可见，掉期交易只做一笔交易，不必做两笔，交易成本较低。

【整编自中亿财经网．https://www.zhongyi9999.com/wh/hq/1269312.html】

第一节 外汇掉期交易概述

外汇掉期交易(swap transaction)，是指外汇交易者在买进或卖出即期或近期(相对远期而言)外汇的同时，卖出或买进数额基本相同的远期外汇。例如，某银行在5月6日买进即期英镑100万，同时卖出3个月远期英镑100万。

一、外汇掉期交易的特点

外汇掉期交易主要有三个特点。

(1) 买卖同时进行，即一笔掉期交易必须包括买进一笔外汇以及卖出一笔外汇，并且买卖活动几乎同时进行。

(2) 买卖外汇的数额相同、币种相同。

(3) 交割的期限不同，即买卖外汇的两个交割日期是错开的。例如，买英镑的一笔交易交割是在5月8日(是标准交割日，且是双方的营业日)，远期卖出1个月英镑交割日应该在6月8日。

二、外汇掉期交易的种类

外汇掉期交易的种类较多，主要包括三大类(见图6-1)。

1. 即期对即期的掉期交易(spot against spot)

这种掉期交易中包含的两笔外汇交易都是即期交易，即由当天交割或明天交割与标准即期外汇买卖构成。它主要用于银行调整短期头寸和即期交割日之前的资金缺口。该种交易又分为以下两种情况。

一是隔夜交割(over-night，O/N)，是指掉期交易包含的两笔即期外汇交易中，一笔即期交易的交割日是交易日当天，即成交日，后一笔即期交易的交割日是成交日后的第一个工作日。例如，5月10日，A银行与B银行做了一笔隔夜交割的掉期交易，买入即期美元100万，当日交割即5月10日交割，卖出即期美元100万，则需在5月11日交割。

二是隔日交割(tom-next，T/N)，是指前一个即期外汇交易的交割日是成交日后的第一个营业日，后一个外汇交易的交割日是成交日后的第二个营业日，即标准交割日。例如，5月10日，A银行与B银行做了一笔隔日交割的掉期交易，则两笔交易的交割日分别为5月11日和5月12日。

2. 即期对远期的掉期交易(spot forward swaps)

即期对远期的掉期交易是指买进或卖出一笔现汇的同时，卖出或买进一笔期汇的掉期交易。它是较常见的掉期交易。这种掉期交易又可分为以下几种。

(1) 即期对次日(spot/next，S/N)的掉期交易。此种掉期交易包括两笔交易，其中一笔交易是即期外汇交易，另一笔交易是远期外汇交易，但是该笔远期外汇交易的交割日是即期交割日的下一个营业日。

(2) 即期对1周(spot/week，S/W)的掉期交易。此种掉期交易包括两笔交易，其中一笔交易是即期外汇交易，另一笔交易是即期交割日1周之后的营业日。

(3) 即期对整月(spot against months，S/M)的掉期交易。此种掉期交易包括两笔交易，其中一笔交易是即期外汇交易，另一笔交易是从即期交割日算起为期1个月、2个月等整月后的交割日。

3. 远期对远期的掉期交易(forward against forward)

远期对远期的掉期交易是指掉期交易中包含的两笔交易都是远期外汇交易。这样操作的好处是尽可能利用有利的汇率机会。例如，A银行买入3个月期远期日元100万，同时卖出6个月期远期日元100万，即为远期对远期的掉期交易。

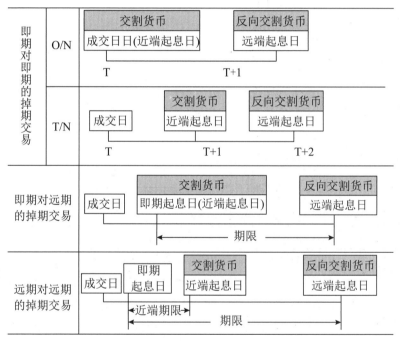

图6-1 外汇掉期交易的种类

【**实例6.1**】某跨国公司因业务上的关系，需要筹措一笔使用期限为6个月的欧元现汇资金，金额为100万欧元，并将其兑换成美元来使用。为了避免汇率风险，该公司应如何操作？

---解题---

该公司可先在货币市场上借入6个月期限的100万欧元，然后立即在外汇市场做一笔掉期交易，卖出这笔100万欧元现汇(兑换成美元)，同时买进6个月的远期100万欧元，确保交易到期时可以归还欧元借款。

第二节　外汇掉期率

一、外汇掉期交易报价

在外汇掉期交易中，掉期率就是掉期交易的价格，通常报价行只报出掉期率而不报出即期汇率，在报出掉期率时以货币的基点来表示买入价和卖出价。

报价行在报出掉期率时，并不指明是升水还是贴水。对于升贴水可根据掉期率的正负来判断。掉期率为正的，则掉期率按前小后大的顺序排列，表示被报价货币有远期升水，采用相加计算得出远期汇率；掉期率为负的，掉期率按前大后小的顺序排列，表示被报价货币有远期贴水，采用相减计算得出远期汇率。

1. 即期对远期外汇掉期交易报价

买入价表示报价行愿意卖出即期被报价货币和买入远期被报价货币(sell spot date/ buy far date，S/B)的掉期率，也是询价行愿意买入即期被报价货币和卖出远期被报价货币(buy spot date/ sell far date，B/S)的掉期率。

卖出价表示报价行愿意买入即期被报价货币和卖出远期被报价货币(buy spot date/ sell far date，B/S)的掉期率，也是询价行愿意卖出即期被报价货币和买入远期被报价货币(sell spot date/ buy far date，S/B)的掉期率。

例如，USD/CHF 1个月期掉期率报价为20/30，其含义如表6-1所示。

表6-1　USD/CHF1个月期掉期率报价为20/30的含义

20	报价行	S/B USD的价格，即报价行卖即期同时买1个月远期美元的价格
		B/S CHF的价格，即报价行买即期同时卖1个月远期瑞士法郎的价格
	询价行	B/S USD的价格，即询价行买即期同时卖1个月远期美元的价格
		S/B CHF的价格，即询价行卖即期同时买1个月远期瑞士法郎的价格
30	报价行	B/S USD的价格，即报价行买即期同时卖1个月远期美元的价格
		S/B CHF的价格，即报价行卖即期同时买1个月远期瑞士法郎的价格
	询价行	S/B USD的价格，即询价行卖即期同时买1个月远期美元的价格
		B/S CHF的价格，即询价行买即期同时卖1个月远期瑞士法郎的价格

2. 远期对远期外汇掉期交易报价

买入价表示报价行愿意卖出较近交割日的被报价货币和买入较远交割日的被报价货币(sell spot date/ buy far date，S/B)的掉期率，也是询价行愿意买入较近交割日的被报价货币和卖出较远交割日的被报价货币(buy spot date/ sell far date，B/S)的掉期率。

卖出价表示报价行愿意买入较近交割日的被报价货币和卖出较远交割日的被报价货币(buy spot date/ sell far date，B/S)的掉期率，也是询价行愿意卖出较近交割日的被报价货币和买入较远交割日的被报价货币(sell spot date/ buy far date，S/B)的掉期率。

二、外汇掉期率的计算

1. 即期对远期掉期率的计算方法

掉期率的基本计算公式为

买入价＝即期汇率×(报价币存款利率-被报价币贷款利率)×月数÷12

卖出价＝即期汇率×(报价币贷款利率-被报价币存款利率)×月数÷12

【实例6.2】即期汇率GBP/USD＝1.9570，美元的双向利率为3.25%/3.50%，英镑的双向利率为10%/10.25%。求询价者做Spot/3 Month GBP/USD的掉期率。

解题

询价者做Spot/3 Month GBP/USD的B/S价

＝即期汇率×(报价币存款利率-被报价币贷款利率)×月数÷12

＝1.9570×(3.25%-10.25%)×3÷12

＝-0.03425

询价者做Spot/3 Month GBP/USD的S/B价

＝即期汇率×(报价币贷款利率-被报价币存款利率)×月数÷12

＝1.9570×(3.50%-10%)×3÷12

＝-0.03180

故询价者做Spot/3Month GBP/USD 掉期率为342.5/318

2. 远期对远期掉期率的计算方法

即期交割后的远期对远期掉期率的计算规则如下。

(1) 掉期率左边汇价=远期掉期左边汇价-近期掉期右边汇价

(2) 掉期率右边汇价=远期掉期右边汇价-近期掉期左边汇价

分情形对计算规则的理论分析如下。

(1) 当近期和远期的掉期率都是"小/大"排列时，说明从即期到近期和从即期到远期外汇都有升水，那么从近期到远期外汇也应该是升水，也就是近期到远期的掉期率也是"小/大"排列。为了保证近期到远期的掉期率也是"小/大"排列，必须是(小-大)/(大-小)，即(远期掉期左边汇价-近期掉期右边汇价)/(远期掉期右边汇价-近期掉期左边汇价)。

(2) 当近期和远期的掉期率都是"大/小"排列时，说明从即期到近期和从即期到远期外汇都有贴水，那么从近期到远期外汇也应该是贴水，也就是近期到远期的掉期率也是"大/小"排列。为了保证近期到远期的掉期率也是"大/小"排列，必须是(大-小)/(小-大)，即(远期掉期左边汇价-近期掉期右边汇价)/(远期掉期右边汇价-近期掉期左边汇价)。

(3) 当近期和远期的掉期率排列不一样时，如近期是"小/大"排列，远期是"大/小"排列，这时候要将"-"添加上计算，即[(-远期掉期左边汇价)-近期掉期右边汇价]/[(-远期掉期右边汇价)-近期掉期左边汇价]。

【实例6.3】即期汇率：USD/CHF＝1.4320/30

　　　　　　Spot/3 Month的掉期率：80/70

　　　　　　Spot/6 Month的掉期率：170/160

求询价者做3 Month/6 Month USD/CHF的掉期率。

解题

(1) 询价者做3 Month/6 Month USD/CHF的B/S 掉期率为

$$170-70=100$$

(2) 询价者做3 Month/6 Month USD/CHF的S/B掉期率为

$$160-80=80$$

故询价者做3 Month/6 Month USD/CHF的掉期率为

$$100/80$$

【实例6.4】USD/CAD，Spot/3 Month的掉期率为110/120；Spot/6 Month的掉期率为180/200。求询价者做3 Month/6 Month USD/CAD的掉期率。

解题

(1) 询价者做3 Month/6 Month USD/CAD的B/S掉期率为

$$180-120=60$$

(2) 询价者做3 Month/6 Month USD/CAD的S/B掉期率为

$$200-110=90$$

故询价者做3 Month/6 Month USD/CAD掉期率为

$$60/90$$

【实例6.5】即期汇率：EUR/GBP=0.6335/45

　　　　　　Spot/3 month的掉期率：18/12

　　　　　　Spot/6 month的掉期率：26/30

求询价者做3 Month/6 Month EUR/GBP的掉期率。

解题

(1) 询价者做3 Month/6 Month EUR/GBP的B/S 掉期率为

$$26-(-12)=38$$

(2) 询价者做3 Month/6 Month EUR/GBP的S/B掉期率为

$$30-(-18)=48$$

故询价者做3 Month/6 Month EUR/GBP的掉期率为

$$38/48$$

第三节 外汇掉期交易汇率的计算

一、Cash 和 Tom 汇率的计算

在外汇市场上，所谓的Cash (today)就是交割日与交易日为相同的一天，而所谓的Tom (tomorrow)就是交易后的第一个营业日为交割日。因为Cash和Tom的交割日不同于一般的即期交割日，所以汇率必须用掉期率进行适当的调整。若在即期交割日之后的掉期汇率为升水，则在即期交割日之前的掉期汇率为贴水；反之亦然。时间节点和升贴水的关系如图6-2所示。

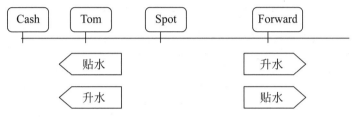

图6-2 时间节点和升贴水的关系

1. Tom的汇率计算

【实例6.6】已知：Spot USD/CHF 1.4730/40
　　　　　　　　Swap Point T/N 2.5/3.5

求USD/CHF Value Tom的汇率。

──解题──
Swap Point 为左小右大(升水)，但由于提前至Tom，变为贴水。
→Spot　　　　1.4730/1.4740
Discount　　 −0.00035/0.00025
Tom　　　　　1.47265/1.47375
故USD/CHF Value Tom的汇率为1.47265/1.47375。

【实例6.7】已知：Spot GBP/USD 1.5350/60
　　　　　　　　Swap Point T/N 3.2/2.6

求GBP/USD Value Tom 的汇率。

──解题──
Swap Point为左小右大(贴水)，但由于提前至Tom，变为升水。
→Spot　　　　1.5350/1.5360
Premium　　 +0.00026/0.00032
Tom　　　　　1.53526/1.53632
故GBP/USD Value Tom 的汇率为1.53526/1.53632。

2. Cash的汇率计算

【实例6.8】已知：Spot USD/JPY 117.30/40

　　　　　　　Swap Point O/N 0.3/0.6

　　　　　　　T/N 0.2/0.5

求USD/JPY Value Cash的汇率。

─解题────────────────────────────────────

Swap Point 为左小右大(升水)，但由于提前至Tom和Cash，变为贴水。

→Spot　　　　　117.30/117.40

Discount　　　　−0.005/0.002

Tom　　　　　　117.295/117.398

Discount　　　　−0.006/0.003

Cash　　　　　　117.289/117.395

故USD/JPY Value Cash的汇率为117.289/117.395。

──

二、远期汇率的计算

【实例6.9】即期汇率：USD/CHF=1.4103/13

　　　　　　O/N：0.25/0.5

　　　　　　T/N：0.25/0.5

　　　　　　S/N：1/2

　　　　　　S/W：5/7

　　　　　　S/1M：20/30

计算O/N、T/N、S/N、S/W、S/1M的远期汇率。

─解题────────────────────────────────────

今天交割(O/N)的远期汇率为

　　　　1.4103−(0.00005+0.00005)=1.4102

　　　　1.4113−(0.000025+0.000025)=1.41125

明天交割(T/N)的远期汇率为

　　　　1.4103−0.00005=1.41025

　　　　1.4113−0.000025=1.411275

S/N交割的远期汇率为

　　　　1.4103+0.0001=1.4104

　　　　1.4113+0.0002=1.4115

S/W交割的远期汇率为

　　　　1.4103+0.0005=1.4108

　　　　1.4113+0.0007=1.4120

S/1M交割的远期汇率为
$$1.4103 + 0.0020 = 1.4123$$
$$1.4113 + 0.0030 = 1.4143$$

第四节 外汇掉期交易的作用

一、保值避险

外汇掉期交易可用于规避汇率风险。

【实例6.10】2021年某公司向外国借入一笔日元资金1000万，期限为6个月，该公司想把这笔日元转换成美元来使用，但是意识到6个月到期还款的时候可能会遇到汇率风险。请问该公司如何规避汇率风险？

解题

该公司可以做S/B Spot/6 Months 1000万日元的掉期交易，即卖出一笔即期日元1000万，买入6个月远期日元1000万。这样该公司既可以实现即期把日元转换为美元的需要，也可以为远期还款保值。

二、轧平货币的现金流量

轧平货币的现金流量实际上就是弥补资金缺口以平衡资金流量。资金缺口(cash flow gap)是指因时间差距(time lag)而导致的所谓的资金流量不平衡。

【实例6.11】某银行承做以下4笔外汇交易：

(1) 卖出即期英镑500万。
(2) 买入6个月的远期英镑400万。
(3) 买入即期英镑350万。
(4) 卖出6个月的远期英镑250万。

请分析该银行的头寸情况，并分析其面临什么风险？如何解决？

解题

即期现金流：-500万英镑+350万英镑=-150英镑。
6个月远期的现金流：+400万英镑- 250万英镑=150英镑。
可见，即期和6个月远期的英镑现金流都不平衡，存在汇率风险。
解决办法：做B/S Spot/6 Months 150万英镑掉期交易。

三、进行两种货币之间的资金互换

由于客户买进外汇的金额和卖出外汇的金额不能完全一致,银行在承做外汇交易时就难免有超买或超卖的情况发生,即出现"多头"(long position)或"空头"(short position)。为避免汇率风险,银行可运用掉期交易在发生超买时将超买部位(买入的金额大于卖出金额)卖出,同时在较远期买入;或在超卖时将超卖部位(卖出的金额大于买入金额)补进,同时在较远期卖出这一头寸,以达到外汇头寸平衡的目的。

【实例6.12】某银行在一天营业临近结束时,外汇头寸出现了以下情况:即期美元多头600万,3个月期美元空头600万。同时,即期日元空头20820万,3个月远期日元多头20840万,即期加拿大元空头656万,3个月远期加拿大元多头657.2万。当时的市场汇率见表6-2。请问该银行应该如何进行两种货币之间的资金互换?

表6-2 市场汇率

货币	即期汇率	3个月远期掉期率
USD/JPY	104.10/104.20	30/20
USD/CAD	1.6400/10	10/20

---解题---

该银行应该进行两笔即期对远期掉期交易,将外汇头寸予以平衡,交易过程如下。

(1) S/B USD AG JPY Spot/3 Month 200万美元,即期卖出同时3个月远期买入200万美元(买入/卖出日元)。

卖出即期美元(买入日元)的汇率为104.10;买入远期美元(卖出日元)的汇率为104.20 − 0.20 = 104.00。

(2) S/B USD AG CAD Spot/3 Month 400万美元,即期卖出同时3个月远期买入400万美元(买入/卖出加元)。

卖出即期美元(买入加元)的汇率为1.6400;买入远期美元(卖出加元)的汇率为1.6410 + 0.002 = 1.6430。

四、用于调整外汇交易的交割日

银行在承做外汇交易的时候,时常有客户要求把交易的交割日提前或推迟。为应对这种情况,银行可以运用掉期交易对交割日进行调整,并重新确定汇率水平。或者,有些公司想改变自己进行外汇交易的交割时间,也可以直接做一笔掉期交易。

例如,某公司预计6个月后需要100万美元,于是买入6个月远期美元200万,但是由于情况的变化,变更了使用美元的时间,要9个月后使用这笔美元。那么,该公司现在就可以做一笔掉期交易,卖出6个月远期美元200万,买入9个月远期美元200万。

第五节　外汇掉期交易程序

一、客户外汇掉期交易程序

以中国工商银行为例，外汇掉期交易的程序如下。

(1) 客户评估。客户须先接受中国工商银行的风险评估，填写客户评估表，中国工商银行根据客户经营性质、金融衍生交易经验等对客户进行综合评估。

(2) 签署总协议。客户须与中国工商银行签订《中国工商银行结售汇业务总协议书》。

(3) 交易申请。客户通过中国工商银行交易审查并确认中国工商银行报价后，提交业务申请书。中国工商银行完成交易后向客户出具交易确认书。

(4) 到期日前反向平仓。客户因故导致需提前反向平仓的，需提供变更证明材料及承诺书，在确认中国工商银行报价后，向中国工商银行提交业务申请书。

(5) 利息、本金交换。中国工商银行在每个本金、利息交换日前一工作日，向客户出具《利息交换通知书》，利息交换均不设宽限期。在交换日，客户须向经办行提交《人民币外汇货币掉期交割申请》及所需贸易背景资料进行交割，中国工商银行进行业务处理后，向客户出具交易确认书。

(6) 特殊处理流程。

① 交易展期：客户因故无法按时交割的，可在交割日或宽限期到期日之前申请业务展期，并交纳足额保证金或落实其他担保措施。中国工商银行将原有交易平仓后与客户叙做展期交易。

② 其他特殊交割：客户因故需调整交割时间或方式的，可在交纳足额保证金或落实其他担保措施，申请提前交割、到期前展期、到期部分交割和分批交割等特殊交割处理。

二、银行间外汇掉期交易程序

银行间外汇掉期交易的程序如范例所述。

【范例1】

ABC：CHF Swap
　　　USD 5 MIO AG CHF
　　　Spot/ 3 Month
XYZ：CHF Spot/3 Month 85/86
ABC：85 PLS
　　　My USD To ABC N.Y.
　　　My CHF To ABC ZURICH

　　　　XYZ：OK. Done.
　　　　　　　We Sell/Buy USD 5 MIO AG CHF
　　　　　　　May 20/August 22，1998，
　　　　　　　At 1.6120 AG 1.6205
　　　　　　　USD To My XYZ N.Y.
　　　　　　　CHF To My XYZ ZURICH
　　　　　　　Tks Fop Deal，BI
　　　　ABC：OK，All Agreed，BI

【范例1】反映了询价银行ABC和报价银行XYZ就询价银行ABC做B/S USD AG CHF Spot/3 Month 500万美元的掉期交易进行磋商的过程。【范例1】中，被报价货币是美元，报价银行XYZ报价Spot/3 Month 3个月的掉期率为85/86。询价银行ABC选择85做交易，即询价银行ABC即期买入美元且3个月远期卖出美元。最终，成交汇率的即期汇率为1美元兑1.6120瑞士法郎，远期汇率为1美元兑1.6205瑞士法郎。

【范例2】
　　　　ABC：GBP O/N Swap
　　　　　　　GBP 6 MIO PLS
　　　　XYZ：GBP O/N 4/3
　　　　ABC：4 Pls.
　　　　　　　My USD To A N.Y.
　　　　　　　My GBP To A LONDON
　　　　XYZ：OK Done.
　　　　　　　We S/B GBP 6 MIO
　　　　　　　AG USD MAY 18/MAY 19
　　　　　　　Rate At 1.5234 AG 1.5230
　　　　　　　USD To My B N.Y.
　　　　　　　GBP To My B LONDON
　　　　　　　Tks For Deal，BI
　　　　ABC：OK，All Agreed

【范例2】反映了询价银行ABC和报价银行XYZ就询价银行ABC做B/S 英镑兑美元、期限为当日对次日、金额为600万英镑的掉期交易进行磋商的过程。【范例2】中，被报价货币是英镑，报价银行XYZ报价隔夜掉期率为4/3。询价银行ABC选择4做交易，即询价银行ABC当日买入英镑且次日卖出英镑。最终，成交汇率的当日汇率为1英镑兑1.5234美元，次日汇率为1英镑兑1.5230美元。

第六节 人民币外汇掉期交易

一、人民币外汇掉期交易的相关规定

根据中国外汇交易中心，人民币外汇掉期交易指交易双方约定在一前一后两个不同的起息日进行方向相反的两次本外币交换。在第一次货币交换中，一方按照约定的汇率用人民币交换外汇；在第二次货币交换中，该方再按照另一约定的汇率用相同币种的外汇交换人民币。

人民币外汇掉期交易的相关规定如下所述。

(1) 交易模式为双边询价交易和撮合交易(C-Swap)。

(2) 交易品种包括USD/CNY、EUR/CNY、JPY/CNY、HKD/CNY、GBP/CNY、AUD/CNY、NZD/CNY、SGD/CNY、CHF/CNY、CAD/CNY、CNY/MYR、CNY/RUB、CNY/ZAR、CNY/KRW、CNY/AED、CNY/SAR、CNY/HUF、CNY/PLN、CNY/DKK、CNY/SEK、CNY/NOK、CNY/TRY、CNY/MXN、CNY/THB、CNY/IDR。

(3) 交易时间为北京时间9:30—次日3:00(印尼卢比交易时间为9:30—16:30，周六、周日及法定节假日不开市)。

(4) 清算方式为双边清算或净额清算。

(5) 市场准入要求：具备银行间外汇市场即期会员资格且取得相关金融监管部门批准的衍生品业务资格的金融机构可根据业务需要单独或一并申请各类银行间人民币外汇衍生品会员。

二、实例

1. 近端结汇、远端购汇

例如，某服装出口企业近期收到一笔出口业务收入100万美元，计划用于国内采购原材料。该企业与银行签订近端结汇、6个月后购汇的掉期结售汇合约，近端结汇价格为7.2000，6个月后购汇价格为7.1500。掉期结售汇有效满足了企业本外币资金错配的管理需求。

2. 近端购汇、远端结汇

例如，某原油进口企业近期需对外支付一笔进口采购款100万美元，同时预计3个月后可收到出口销售收入100万美元。该企业与银行签订近端购汇、3个月后结汇的掉期结售汇合约，近端购汇价格为7.1500，3个月后结汇价格为7.1000。掉期结售汇有效满足了企业本外币资金错配的管理需求，同时锁定了购汇成本和结汇收入。

本章小结

1. 外汇掉期交易是指外汇交易者在买进或卖出即期或近期(相对远期而言)外汇的同时,卖出或买进数额基本相同的远期外汇。它有3个特点:买卖同时进行;买卖外汇的数额相同、币种相同;交割的期限不同。

2. 外汇掉期交易主要包括即期对即期的掉期交易、即期对远期的掉期交易和远期对远期的掉期交易。

3. 在外汇掉期交易中,掉期率就是掉期交易的价格。在报出掉期率时以货币的基点来表示买入价和卖出价。

4. 掉期率的基本计算公式为:买入价=即期汇率×(报价币存款利率-被报价币贷款利率)×月数÷12;卖出价=即期汇率×(报价币贷款利率-被报价币存款利率)×月数÷12。

5. 即期交割后的远期对远期掉期率的计算规则为:掉期率左边汇价=远期掉期左边汇价-近期掉期右边汇价;掉期率右边汇价=远期掉期右边汇价-近期掉期左边汇价。

6. 所谓的Cash (today)就是交割日与交易日为相同的一天,而所谓的Tom (tomorrow)就是交易后的次一个营业日为交割日。若在即期交割日之后的掉期汇率为升水,则在即期交割日之前的掉期汇率为贴水;反之亦然。

7. 外汇掉期交易可用于规避汇率风险、轧平货币的现金流量、进行两种货币之间的资金互换以及用于调整外汇交易的交割日。

8. 人民币外汇掉期交易指交易双方约定在一前一后两个不同的起息日进行方向相反的两次本外币交换。在第一次货币交换中,一方按照约定的汇率用人民币交换外汇;在第二次货币交换中,该方再按照另一约定的汇率用相同币种的外汇交换人民币。

关键概念

外汇掉期交易　即期对即期的掉期交易　隔夜交割　隔日交割　即期对远期的掉期交易　即期对次日的掉期交易　即期对1周的掉期交易　即期对整月的掉期交易　远期对远期的掉期交易　掉期率　Tom的汇率　Cash的汇率　轧平货币的现金流量　两种货币之间的资金互换　调整外汇交易的交割日　人民币外汇掉期交易

本章习题

1. 什么是外汇掉期交易?它有什么特点?
2. 简述外汇掉期交易的种类。
3. 某跨国公司因业务上的关系,需要筹措一笔使用期限为3个月的美元现汇资金,金额为200万美元,并将其兑换成英镑来使用。为了避免汇率风险,该公司应如何操作?
4. 即期汇率GBP/USD=1.3570,美元的双向利率为4.25%/4.50%,英镑的双向利率为

7.25%/7.50%。求询价者做Spot/3 Month GBP/USD的掉期率。

5. USD/CNY，Spot/1 Month的掉期率为50/60；Spot/3 Month的掉期率为100/120。求询价者做1 Month/3 Month USD/CNY的掉期率。

6. 即期汇率：USD/CNY＝6.6320/30

　　Spot/1 Month的掉期率：50/40

　　Spot/3 Month的掉期率：110/100

求询价者做1 Month/3 Month USD/CNY的掉期率。

7. 已知：Spot GBP/USD 1.3350/60

　　Swap Point T/N 3.0/2.8

求GBP/USD Value Tom 的汇率。

8. 已知：Spot USD/CNY 6.6630/40

　　Swap Point O/N 0.3/0.5

　　　　　　　T/N 0.2/0.4

求USD/CNY Value Cash的汇率。

9. 即期汇率：USD/CNY＝6.6137/48

　　O/N：0.25/0.5

　　T/N：0.25/0.5

　　S/N：1/2

　　S/W：7/5

　　S/1M：20/30

计算O/N、T/N、S/N、S/W、S/1M的远期汇率。

10. 某银行承做以下4笔外汇交易：

(1) 卖出即期美元400万。

(2) 买入3个月的远期美元300万。

(3) 买入即期美元250万。

(4) 卖出3个月的远期美元150万。

请分析该银行的头寸情况，并分析其面临什么风险？如何解决？

11. 假设即期汇率USD/CNY＝6.6720/30，6个月期掉期率为110/120。中国银行上海分行承做以下两笔外汇交易：买入6个月期远期美元300万，兑换成人民币；卖出即期美元300万，兑换成人民币。请分析中国银行上海分行的美元和人民币的头寸情况，并分析其面临什么风险？如何解决？

12. 某出口商卖出货物取得欧元200万，同时从国外进口生产设备，必须在3个月后及6个月后分别支付欧元70万及130万。为规避欧元汇率波动风险，出口商应如何利用掉期外汇交易进行操作，解决其资金流量不平衡的问题？

第七章
外汇期货交易

学习目标

理论目标：掌握外汇期货交易的概念、特点，重点掌握外汇期货交易的保证金制度；掌握外汇期货合约与外汇远期合约的区别；掌握外汇期货报价的影响因素；了解外汇期货交易风险的种类。

实务目标：了解外汇期货合约的报价方法；掌握如何运用外汇期货交易进行保值避险和投机；了解规避外汇期货交易风险的方法；了解人民币外汇期货的情况。

情景小故事

一家A股上市的美妆品牌企业，因在短短不到8个月的时间内靠套期保值盈利3000多万元，引发市场关注。

1. 巨额盈利

水羊股份2023年2月6日晚发布公告称，为进一步提高公司抵御外汇波动风险的能力，防范汇率大幅波动对公司造成不良影响，提高外汇资金使用效率，合理降低财务费用，增强财务稳健性，该公司于2022年5月9日及2022年5月20日分别召开了第二届董事会2022年第一次临时会议及2021年年度股东大会。

公告表示，会上审议通过了《关于增加2022年度开展外汇套期保值业务额度的议案》，同意公司(含下属子公司)在有效期内任何时点的余额不超过20亿元人民币或等值外币的额度内开展外汇套期保值业务，额度自公司股东大会审议通过之日起12个月内可循环滚动使用。

从2021年年度股东大会审议通过开展外汇套期保值业务议案之日至该公告披露日，人民币兑美元汇率持续波动，据其公司财务部门初步统计，水羊股份开展外汇套期保值业务产生的公允价值变动损益合计浮动盈利3271万元，占公司2021年度经审计归属于上市公司股东净利润的13.84%。

另外，值得注意的是，水羊股份尚未完成交割的外汇套期保值业务产生的公允价值变动损益为80万元。因交割日即期价格与锁定价格存在差异，尚未完成交割的外汇套期保值交易预计损益金额会随外汇市场情况变化而波动。

水羊股份称，公司开展外汇套期保值业务是以锁定利润、防范汇率风险为目的，在批准额度内开展，不进行投机和套利交易，不会影响正常经营活动所需现金流。

2023年1月17日，水羊股份发布的2022年度业绩预告显示，2022年，公司实现归属于上市公司股东的净利润为1.2亿～1.5亿元，比上年同期下降37%～49%；实现扣除非经常性损益的净利润0.95亿～1.25亿元，比上年同期下降42%～56%。也就是说，如今外汇套期保值的收益，几乎是公司2022年扣非净利润的26%～34%。

截至2023年2月7日收盘，水羊股份收涨2.03%，报收13.54元/股，最新市值52.66亿元。

2. 警惕风险

近年来，随着金融衍生品投资的意义和价值越来越被认可，A股上市公司利用衍生品套期保值的现象屡见不鲜。但在参与金融衍生品投资的过程中，惨遭亏损的实体企业也不在少数。比如，永茂泰、秦安股份、百隆东方、豪悦护理等多家A股上市公司都曾因做期货套期保值失手而导致巨亏。

那么，面对亏损可能，为何仍有大量公司利用金融衍生品进行套期保值？

方正中期研究院套保中心研究员陈臻在接受《国际金融报》记者采访时表示："首先，我们要明白套期保值的基本含义。套期保值是利用衍生品市场与现货市场的价格走势趋同性，采用反向建仓的方式，用衍生品市场的盈亏来对冲现货市场的亏盈，平抑价格波动风险。"

"评判套期保值是否成功，决不能仅仅关注衍生品账户的盈亏情况，而是需要结合衍生品与现货两大市场的合计盈亏进行评判。这些公司正是充分认识到套期保值的本质，不计较某次套保的衍生品账户盈亏，依然严格遵守套保基本准则进行下一次套保，目标就是为了对冲价格波动的风险。"陈臻说道。

虽然衍生品市场具有套期保值的基本属性，但依然也具有各种不确定性和风险性。那么实体企业该如何合理开展套期保值业务呢？

"上市公司必须严格遵守套期保值的基本准则和步骤，熟知衍生品市场中的风险，结合自身市场特点，合理进行投资。"方正中期期货研究院院长王骏表示。他建议，上市公司在做套期保值业务时，需注意以下几方面：一是充分把控资金成本和市场风险。衍生品交易一般采取保证金制度，倘若建仓量较大，需要投入一定规模的资金作为保证金，这就需要占用公司的现金流。如果衍生品价格出现反向波动，还需要企业及时补充保证金，否则公司持仓有被强平强减风险，这就要求公司预留充足的交易资金以应对突发风险。二是提前设置仓位止损点。一旦衍生品市场亏损超过企业承受范围，需要及时止损。三是涨跌幅限制风险。衍生品交易一般设有涨跌幅度，而现货市场中并没有。一旦现货市场价格朝不利方向大幅波动且波幅超过衍生品涨跌停幅度时，衍生品的套期保值效果将大打折扣。四是确定好套保比例，避免出现投机头寸。企业首先需要根据实际情况，决定采取完全套保还是部分套保，采取部分套保需要承担一部分敞口风险。同时，需要防止实际建仓数量超过现货数量，超出的头寸就成了投机头寸，会面临较大的风险。五是基差风险。同一商品现货价格与衍生品市场价格之差称为基差，由于在一定时期内，衍生品市场价格波动与现货市场价格波动幅度不完全一致，导致企业在参与套期保值建仓与平仓时的基差不完全一致,这就产生了基差风险。企业需要正确认识和防范。

【整理自国际金融报,作者陆怡雯】

第一节 外汇期货交易概述

外汇期货(foreign exchange futures),也称货币期货,是金融期货中最早出现的品种。它是指以汇率为标的物的期货合约,是在期货交易所内,交易双方通过公开竞价达成在将来规定的日期、地点、价格买进或卖出规定数量外汇期货合约的一种期货交易。

一、外汇期货交易简史

1972年5月,芝加哥商业交易所正式成立国际货币市场分部,推出了7种外汇期货合约,从而揭开了期货市场创新发展的序幕。自1976年以来,外汇期货市场迅速发展,交易量激增了数十倍。1978年,纽约商品交易所也增加了外汇期货业务。1979年,纽约证券交易所宣布设立一个新的交易所来专门从事外币和金融期货。1981年2月,芝加哥商业交易所首次开设了欧洲美元期货交易。随后,澳大利亚、加拿大、荷兰、新加坡等国家和地区也开设了外汇期货交易市场。自此,外汇期货市场便蓬勃发展起来。

二、外汇期货交易的特点

相比于外汇远期交易,外汇期货交易有其自身的特点。

1. 外汇期货交易是一种标准化的期货合约

标准化表现在交易币种、交易金额、交割时间等方面。一是交易币种的标准化。例如,在芝加哥的国际货币市场期货交易所开业时只有美元、英镑、加拿大元、德国马克、日元、瑞士法郎、荷兰盾、墨西哥比索这8种货币。二是合同交易金额的标准化。不同外汇期货合约的交易金额有特殊规定(见表7-1),如一份期货合同英镑为62500、日元为12500000、瑞士法郎为125000、加拿大元为100000、欧元为125000。三是交割期限和交割日期标准化。交割期一般与日历月份相同,多为每年的3月份、6月份、9月份和12月份。一年中其他月份可以购买外汇期货,但不交割,交割日一般是到期月份的第三个星期的星期三。此外,外汇期货合约买卖的最长期限为15个月,如某交易者2022年5月1日进行一笔外汇期货交易,那么他最远可以买进或者卖出2023年6月份第三个星期三到期的期货合约。

表7-1 IMM标准化的期货交易合约

合约种类	交易单位	基本点数	最小价格变动	一张合约的最小价格变动	合约时间
GBP	62500	0.0002	$0.0002	$12.5	3月份、6月份、9月份和12月份
CHF	125000	0.0001	$0.0001	$12.5	3月份、6月份、9月份和12月份
JPY	12500000	0.000001	$0.0001	$12.5	3月份、6月份、9月份和12月份
CAD	100000	0.0001	$0.000001	$10	3月份、6月份、9月份和12月份
AUD	100000	0.0001	$0.0001	$10	3月份、6月份、9月份和12月份
EUR	125000	0.0001	$0.0001	$12.5	3月份、6月份、9月份和12月份

2. 外汇期货价格与现货价格相关

期货价格与现货价格变动的方向相同，变动幅度也大体一致，而且随着期货交割日的临近，期货合同所代表的汇率与现汇市场上的该种货币汇率日益缩小，在交割日两种汇率重合。

3. 外汇期货交易实行保证金制度

在期货市场上，买卖双方在开立账户进行交易时，都必须缴纳一定数量的保证金。缴纳保证金的目的是确保买卖双方能履行义务。清算所为保证其会员有能力应付交易需要，要求会员开立保证金账户，储存一定数量的货币，同时会员也向他的客户收取一定数量的保证金。

保证金分为两种：一种是初始保证金；另一种是维持保证金。

(1) 初始保证金(initial margin)。在外汇期货交易成交签订每一份新期货合约时，买卖双方都必须向交易所相关结算部门缴纳相当合约价值一定比率的保证金，促使双方履约。这种为合约价值5%～10%的保证金即为初始保证金。这样期货交易就给其交易提供了一个以很高的杠杆比例拥有头寸的机会。

保证金的运行采用逐日清算制。逐日清算是对每一份持仓合约从其成交当天开始，按照当日的结算汇率对比原成交汇率每日进行账面盈亏结算，并据此调整保证金账户以反映当天汇价变动给交易者带来的损益。总之，在交易发生的当天就要清算，以后每天都进行同样的过程，一直到合约被平仓或到期执行为止。

(2) 维持保证金(maintenance margin)。维持保证金通常为初始保证金的75%，是维护合约有效性所必需的最低保证金，是保证金能下降到的最低水平。

如果价格发生有利变动，投资者可以随时提走保证金账户中超过初始保证金的部分；相反，若价格发生不利变动，交易所和经纪人自然会采取行动，不会听任投资者的保证金无限制地下降。

保证金有一个下限，即维持保证金水平，当保证金下降到这一水平时，投资者会接到催交保证金通知，要求客户在极短的时间内将保证金补足到初始保证金的水平；若不照办，则他的经纪人会强行"斩仓"，即将他的合约在目前的市场价格下强行平仓，价值损失部分将在客户的保证金中扣除。

表7-2以投资者在国际货币市场(International Money Market，IMM)购买1份澳元期货合约为例来说明保证金制度的运作机制。

表7-2 保证金制度的运作机制

日期	期货价格	当日损益	累计损益	保证金金额	补交保证金
8月31日	0.6545			1200	
8月31日	0.6525	-200	-200	1000	
9月1日	0.6510	-150	-350	850	350
9月2日	0.6548	30	-320	1230	
9月3日	0.6540	-50	-370	1180	
9月4日	0.6555	100	-270	1280	

4. 外汇期货交易实行逐日清算制度

当每个营业日结束时，清算所要对每笔交易进行清算，即清算所根据清算价对每笔交易结清，盈利的一方可提取利润，亏损的一方则需补足头寸。由于实行每日清算，客户的账面余额每天都会发生变化，每个交易者都十分清楚自己在市场中所处的地位。如果想退出市场，则可做相反方向的交易来对冲。

三、外汇期货交易的主要程序

外汇期货交易主要涉及开户、委托、成交、清算和交割等几个程序。

(1) 开户。开户是期货交易的第一步。参加外汇期货交易的客户首先要选择经纪商，开立保证金账户，并签订代理买卖协议。经纪商可以是交易所会员，也可以不是交易所会员。不过非交易所会员的经纪商最终还是要通过会员经纪商在交易所内进行交易。保证金账户的开立分两种情况：客户如果是交易所会员，可以直接在交易所开立保证金账户；如果不是交易所会员，则必须在具有会员资格的经纪商账户中为客户另开设一个专门的保证金账户。

(2) 委托。保证金账户开立后，客户即可委托经纪商进行交易。客户的委托是通过向经纪商下达指令的形式进行的。客户的委托分为限价委托(limit order)和市价委托(market order)两种。限价委托是指客户指定一个特定的价格，要求经纪商按此价格或比该价格更好的价格进行交易。市价委托是指经纪商接到委托指令后可按当前市场上最有利的价格进行交易。

(3) 成交。经纪商在接到买卖指令后，如果经纪商是交易所会员，则可直接进行交易；如果不是交易所会员，则要委托会员进行交易。外汇期货交易的价格是通过公开叫价的拍卖方式产生的。具体的叫价方式主要有两种：一种是电脑自动撮合成交方式；另一种是会员在交易所大厅公开喊价方式。叫价遵循"价格优先、时间优先"的原则。成交结束后还需要进行交易确认,确认交易完成并经清算机构审查登记后,交易合约成立。

(4) 清算与交割。买卖成交后,所有交易都要通过清算会员与清算机构进行清算。期货合约到期后必须进行交割,交割是期货交易的最后一个程序,它标志着一个期货合约的结束。外汇期货合约的交割日期比较固定。例如,IMM规定外汇期货合约一年交割4次,分别在每年的3月、6月、9月、12月的第三个星期三进行。如果当日恰逢节假日,则顺延一天。实际交割的外汇期货合约只占外汇期货交易的极小一部分,通常不足2%。大部分期货合约都在到期日前,通过一笔反向的合同数量与到期日相同的期货交易对冲了。尽管如此,一个有效而可靠的交割系统,对于外汇期货合约的价格形成仍然具有重要的作用。

四、外汇期货合约与外汇远期合约的区别

外汇期货合约与外汇远期合约的主要差异如下所述。

1. 市场性质不同

外汇期货合约是在集中市场(交易所)交易;外汇远期合约的交易则是在店头市场(银行柜台)进行。

2. 交易对象不同

外汇期货交易的对象是交易所统一制定的标准化的外汇期货合约。外汇期货是一种外汇合约,是一种可以反复交易的标准化合约。它在期货交易中心(除实物交割之外)进行交易,通常不涉及具体的实物货币的买卖,因此适合期货交易的货币币种是有限的。

外汇远期交易的对象是交易双方私下协商达成的非标准化合约,对涉及的货币币种没有限制。远期外汇交易代表两个交易主体的意愿,交易双方通过一对一的谈判,就交易条件达成一致意见即可签订远期外汇合约。

3. 价格决定的方式不同

外汇期货合约的价格是通过在交易所公开喊价或者电子交易系统自动撮合达成的;外汇远期合约的买价与卖价则是由批发市场的自营商考量即期汇率与利率差异后决定的。

4. 功能作用不同

外汇期货交易的主要功能是规避风险和发现价格。外汇期货交易是众多的买主和卖主根据期货市场的规则,通过公开、公平、公正、集中竞价的方式进行的期货合约的买卖,易于形成一种真实而权威的外汇期货价格,为套期保值者提供了回避、转移价格波动风险的机会。

外汇远期交易尽管在一定程度上也能起到调节外汇供求关系、减少价格波动的作用,但因为外汇远期合约的流动性不足,所以其价格的权威性和转移风险的作用受到了限制。

5. 交割日期不同

外汇期货合约有标准化的到期月、日。外汇期货合同中规定合同的到期日为交割月份的第三个星期的星期三,外汇期货的交割月份一般为每年的3月、6月、9月、12月。

外汇远期交易则没有交割日期的固定规定,可由客户根据需要自由选择,通常是在一

年以内。

6. 履约方式不同

外汇期货交易有外汇实物交割与对冲平仓两种履约方式,其中绝大多数外汇期货合约都是通过对冲平仓的方式了结的。

外汇远期交易主要是采用外汇实物交割的履约方式,虽然也可采用背书转让的方式,但最终的履约方式是实物交割。

7. 信用风险不同

在期货交易中,以保证金制度为基础,实行当日无负债结算制度,每日进行结算,信用风险较小。

远期交易从交易达成到最终完成外汇实物交割有相当长的一段时间,这段时间内市场会发生各种变化,各种不利于履约的行为都有可能出现。例如,买方资金不足,不能如期付款;市场价格趋涨,卖方不愿意按原价格交货;市场价格趋跌,买方不愿意按原价格付款等,这些都会使外汇远期交易不能最终完成。加之外汇远期合约不易转让,所以,外汇远期交易具有较高的信用风险。

8. 预防违约的方式不同

外汇期货合约对客户的信用风险的管制,是依靠保证金要求与逐日清算制度来预防违约事件的发生。外汇期货交易有特定的保证金制度,按照成交合约价值的一定比例向买卖双方收取保证金,通常是合约价值的5%～15%。

外汇远期合约是否收取或收取多少保证金由交易双方商定,但银行会对客户进行信用调查,或是只对有良好长期关系的客户提供远期合约。

9. 对合约的转让不同

外汇期货合约是可以转让的;外汇远期合约则是不可转让的,所以流动性较弱。

第二节 外汇期货交易报价

外汇期货报价是指外汇期货交易中的买卖价格,它是由外汇期货市场的供求关系决定的,是外汇期货交易的基础。外汇期货报价由两部分组成,即买入价和卖出价。买入价是指投资者以多少价格买入外汇期货,卖出价是指投资者以多少价格卖出外汇期货。

一、外汇期货报价的影响因素

根据利率平价理论,外汇期货报价的基本影响因素是即期汇率和货币发行国的利率水平。

具体来说,影响外汇期货报价的因素可以概括为两个方面:一是基本面因素,包括政治因素、经济因素、市场供求关系等(参见第二章的分析)。二是技术面的因素，即长期、短期或超短期汇率波动趋势等(参见第二章的分析)。

二、外汇期货合约的报价实例

外汇期货合约一般都以美元报价，即以每单位货币值多少美元报出，其行情通过大众媒体广为传播，一般公众随时可以得到。表7-3以《亚洲华尔街日报》刊登的美国IMM前一天外汇期货行情表中的瑞士法郎行情为例，说明外汇期货合约的报价。

表7-3 外汇期货合约的报价实例

Currency Futures

	Open	High	Low	Settle	Change	Lifetime High	Lifetime Low	Open Interest
		Swiss FRANC (IMM)		- 125000	Francs	$ per	Franc	
June	.7287	.7289	.7265	.7269	-0.0041	.8040	.6580	25824
Sept.	.7385	.7387	.7358	.7366	-0.044	.8120	.6950	983
Dec.	.7428	.7485	.7470	.7470	-00046	.8210	.7350	153
	Est	Vol 15660		Vol Thur 11260;		Open int 26963+263		

表7-3中，第1行为行情表标题"货币期货"。第3行中，Open指当天开盘价；High指当天最高价；Low指当天最低价；Settle指当天清算价，即清算所用以确定合约价值和进行清算的价格，一般以收盘前30~60秒的价格为准；Change指当天清算价与前一天清算价的差额，正号表示上升，负号表示下降；Lifetime High指该合约自交易以来曾经达到的最高价；Lifetime Low指该合约自交易以来曾经达到的最低价；Open Interest指尚未对冲的合约数目。第4行表示IMM交易的瑞士法郎合约标准金额为12.5万瑞士法郎，以每一瑞士法郎多少美元报出。第5行至第7行左边的标题表示合约在6月、9月和12月到期，标题后面的数字是具体行情。最后一行的Est Vol指当日成交的合约数目；Vol Thur指前一日成交的合约数目；Open int指前一日未对冲合约总数；最后一个数字指前一日与再前一日未对冲合约数的差额。

从表7-3可知，IMM交易的6月到期的瑞士法郎期货当天开盘价为CHF/USD=0.7287；当天最高价为CHF/USD=0.7289；当天最低价为CHF/USD=0.7265；当天清算价为CHF/USD=0.7269，比前一天清算价下跌USD0.0041；6月到期的瑞士法郎期货曾经达到的最高价为CHF/USD=0.8040，最低价为CHF/USD=0.6580；未对冲的合约数目为25824份；当天成交的瑞士法郎期货合约总数为15660份，前一天成交总数为11260份；前一天未对冲合约总数为26963份，比再前一天增加了263份。

第三节　外汇期货交易的作用

一、套期保值

外汇期货的套期保值分为卖出套期保值和买入套期保值两种。它的主要原理就是利用期货市场和现货市场价格走势一致的规律,在期货市场和现汇市场上做币种相同、数量相等、方向相反的交易。不管汇率如何变动,利用期货市场上盈与亏和现货市场上的亏与盈相互补偿,使其价值保持不变,从而实现保值。

1. 买入(多头)套期保值

买入套期保值又称多头套期保值,即先在期货市场上买入而后卖出。进口商或需要付汇的人因担心付汇时本国货币汇率下跌,往往采用买入套期保值。

【实例7.1】美国某进口商于5月10日同法国出口商签订了一笔价值为100万欧元的货物合同,约定1个月后支付货款。为防止欧元升值而导致进口成本增加,该进口商买入8张9月份欧元期货合约。签约时即期汇率为EUR/USD=1.2340,买入欧元期货价格为EUR/USD=1.2350,1个月后即期汇率为EUR/USD=1.2420,欧元期货价格为EUR/USD=1.2440,欧元果然升值。试分析该进口商套期保值情况。

解题

在现货市场上:

5月10日,按汇率EUR/USD=1.2340购入欧元所需美元为1.2340×100万=123.4万;

6月10日,按汇率EUR/USD=1.2420购入欧元所需美元为1.2420×100万=124.2万;

其损失为123.4万-124.2万=-0.8万美元。

在期货市场上:

5月10日,按期货价格EUR/USD=1.2350购入8张9月份欧元期货合约,总价值为1.2350×100万=123.5万美元;

6月10日,按期货价格EUR/USD=1.2440卖出(平仓)8张9月份欧元期货合约,总价值为1.2440×100万=124.4万美元。

其盈利为124.4万-123.5万=0.9万美元。

净盈利为0.9万-0.8万=0.1万美元。

因此,该进口商通过买入套期保值,既锁定了1个月后用于支付100万欧元的货款成本,也额外获得了1000美元收益。

反之,如果1个月后欧元汇率下跌,则期货市场上的损失要由现货市场上的盈利来弥补。

2. 卖出(空头)套期保值

如果出口商和从事国际业务的银行预计未来某一时间会得到一笔外汇,为了避免外汇汇率下跌造成的损失,一般采用卖出套期保值。卖出套期保值又称空头套期保值,即先在期货市场上卖出后再买进。

【**实例7.2**】某美国投资者8月将拥有5000万日元头寸,担心未来日元会贬值,于是在期货市场上建立日元空头头寸。5月,当时的即期汇率为JPY1=USD0.008293。5月,9月份日元期货报价为JPY1=USD0.008264。8月,当时日元的即期汇率是JPY1=USD0.008163。8月,9月份期货报价为JPY1=USD0.008110。试分析该投资者套期保值情况。

> **解题**
>
> 在现货市场上:
>
> 5月,该投资者用日元买入美元,日元即期汇率为JPY1=USD0.008293;
>
> 8月,用日元买入美元,日元即期汇率为JPY1=USD0.008163;
>
> 则其损失为5000万×(0.008293−0.008163)=6500美元。
>
> 在期货市场上:
>
> 5月,该投资者卖出4手9月份日元期货,9月份日元期货报价为JPY1=USD0.008264;
>
> 8月,买进4手9月份日元期货,9月份期货报价是JPY1=USD0.008110;
>
> 则其收益为4×1250万×(0.008264−0.008110)=7700美元。
>
> 净收益为−6500+7700=1200美元。
>
> 这样,现货市场的损失不仅在期货市场得到了弥补,还盈利了1200美元。

二、外汇期货投机

投机者往往无具体的外汇需求,而是借汇率涨跌波动之机,进行冒险性的期货交易从而获利。由于外汇期货交易实行保证金交易制度,投机者能用较小资本做较大金额的外汇交易,体现了以小博大的投机特点。国际外汇市场正是由于投机者的参与,套期保值者的愿望才便于实现,才使外汇期货市场有了更大的流动性。外汇期货市场的投机活动分为多头投机和空头投机两种。

1. 多头投机

多头投机是指投机者预测某种货币汇率上升,先买后卖,将先前设立的多头地位了结,从中谋取盈利。进行多头投机的前提是预测某种货币汇率上升,先进行买入,如果汇率果然朝其预测方向变动,在交割日到来之前进行卖出,投机者就会盈利;反之,如果汇率朝其预测的相反方向变动,不管他是做对冲了结还是进行实际交割,都会亏损。

【**实例7.3**】3月10日,某投机者预测瑞士法郎期货将进入牛市,于是在1瑞士法郎=0.7487美元的价位买入1份3月期瑞士法郎期货合约。3月20日,瑞士法郎期货价格果然上升。该投机者在1瑞士法郎=0.7387美元的价位卖出1份3月期瑞士法郎期货合约平仓。问其盈亏如何?

> **解题**
>
> (0.7487−0.7387)×125000=1250美元
>
> 在不计算手续费的情况下,该投机者从瑞士法郎期货的多头投机交易中获利1250美元。

【实例7.4】 假设2023年3月1日市场行情如下所述。

即期汇率：USD/JPY=110

期货价格：JPY/USD=0.00944

某投机者预测9月份交割的日元期货价格呈上升趋势，所以他买入10张6月份日元期货合约。假设2023年8月1日日元期货价格为JPY/USD=0.01044，于是该投机者立即平仓其日元期货合约。计算其投机损益。

> **解题**
>
> $$(0.01044-0.00944) \times 1250\text{万} \times 10 = 1.25\text{万美元}$$
>
> 如果不考虑交易成本，该投机者从日元期货的多头投机交易中获利1.25万美元。

2. 空头投机

空头投机与多头投机相反。空头投机是预测某种货币汇率下跌，先卖后买，了结先前的空头地位，从中谋取盈利。进行空头投机的前提是汇率下跌。在预测汇率下跌的前提下，投机者先卖出期货，如果汇率果然朝其预测方向变动，那么在交割日到来之前进行买入，就会盈利；反之，如果汇率朝其预测的相反方向变动，那么不管他是做对冲了结合约还是进行实际交割，都会亏损。

【实例7.5】 3月10日，某投机者预测英镑期货将进入熊市，于是在1英镑=1.8930美元的价位卖出2份3月期英镑期货合约。3月15日，英镑期货价格果然下跌。该投机者在1英镑=1.8900美元的价位买入1份3月期英镑期货合约平仓。此后，英镑期货进入牛市，该投机者只得在1英镑=1.8960美元的价位买入另外1份3月期英镑期货合约平仓。问其盈亏如何？

> **解题**
>
> $$(1.8930-1.8860) \times 62500 = 437.5 \text{ 美元}$$
> $$(1.8930-1.8960) \times 62500 = -187.5 \text{ 美元}$$
> $$\text{净收益} = 437.5-187.5 = 250 \text{ 美元}$$
>
> 在不计算手续费的情况下，该投机者从英镑期货的空头投机交易中获利250美元。

【实例7.6】 假设2022年6月1日市场行情如下所述。

即期汇率：USD/CHF=1.5110

期货价格：CHF/USD=0.6310

某投机者预测6月份交割的瑞士法郎期货价格呈下降趋势，所以卖出1张6月份瑞士法郎期货合约。假设6月10日瑞士法郎期货价格为0.6230，于是该投机者立即平仓其瑞士法郎期货合约。问其盈亏如何？

> **解题**
>
> $$(0.6310-0.6230) \times 125000 = 1000 \text{ 美元}$$
>
> 如果不考虑交易成本，该投机者从瑞士法郎期货的空头投机交易中获利1000美元。

3. 跨市套利投机

跨市套利投机是指投机者利用同一货币在不同交易所的外汇期货价格的不同，在两个交易所同时买进和卖出外汇期货合约以谋取利润的活动。

跨市套利投机的操作方法如下。

(1) 如果预测两个市场的同种外汇的期货合约均处于上涨状态，但两个市场的涨幅不同，应该在涨幅大的市场买入，在涨幅小的市场卖出。

(2) 如果预测两个市场的同种外汇的期货合约均处于下跌状态，但两个市场的跌幅不同，应该在跌幅小的市场买入，在跌幅大的市场卖出。

(3) 如果预测同种外汇的期货合约在一个市场处于上涨状态，在另一个市场处于下跌状态，应该在处于上涨状态的市场买入，在另一个处于下跌状态的市场卖出。

【实例7.7】假设2022年3月1日，某投机者在IMM上以JPY/USD=0.0082的价格买入10张9月份日元期货合约，同时在东京期货市场上以JPY/USD=0.0083的价格卖出10张9月份日元期货合约，两个期货市场上每张日元期货合约都为1250万日元。如果5月10日，IMM和东京期货市场上日元期货价格都为JPY/USD=0.0084，该投机者同时以5月10日的日元期货价格平仓。问其盈亏如何？

> **解题**
>
> 2022年3月1日在IMM上买入，5月10日卖出平仓，收益为
> $$(0.0084-0.0082)\times 1250\times 10=2.5\text{ 万美元}$$
> 2022年3月1日在东京期货市场上卖出，5月10日买入平仓，收益为
> $$(0.0083-0.0084)\times 1250\times 10=-1.25\text{ 万美元}$$
> 所以，该投机者利用日元期货合约在两个期货市场上的不同价格，最终获利2.25-1.25=1.25万美元。

4. 跨期套利投机

跨期套利投机是指在同一市场利用标的货币相同、交割月份不同的外汇期货合约进行长短期套利的策略。跨期套利投机过滤了大部分的价格波动风险，只承担价差反向变动的风险。

跨期套利投机的操作方法如下所述。

(1) 如果预测两种外汇期货合约均处于上涨状态，但两种外汇期货合约的涨幅不同，应该买入预期涨幅大的外汇期货合约，卖出预期涨幅小的外汇期货合约。

(2) 如果预测两种外汇期货合约均处于下跌状态，但两种外汇期货合约的跌幅不同，应该卖出预期跌幅大的外汇期货合约，买入预期跌幅小的外汇期货合约。

(3) 如果预测一种外汇期货合约处于上涨状态，另一种外汇期货合约处于下跌状态，应该买入预期上涨的外汇期货合约，卖出预期下跌的外汇期货合约。

【实例7.8】3月1日，假设在IMM上9月份交割的英镑期货合约价格比12月份交割的英镑期货合约价格高，9月份交割的英镑期货合约价格为GBP/USD=1.4720，12月份交割的英镑期货合约价格为GBP/USD=1.4600。某投机者预测9月份交割的英镑期货合约价格的下跌速度比12月份交割的英镑期货合约价格上升速度快，因此该投机者立即采用跨期套利投机，即卖出10张9月份交割的英镑期货合约，同时买入10张12月份交割的英镑期货合约，

以期获取利润。如果该投机者8月10日进行平仓，9月份交割的英镑期货合约价格为GBP/USD=1.4650，12月份交割的英镑期货合约价格为GBP/USD=1.4620。问其盈亏如何？

> **解题**
>
> 平仓9月份交割的英镑期货合约的利润为(1.4720−1.4650)×62500×10=4375美元，
> 平仓12月份交割的英镑期货合约的利润为(1.4620−1.4600)×62500×10=1250美元，
> 最终赚取利润4375+1250=5625美元。

三、外汇交叉套期保值

外汇期货市场上一般只有各种外币对美元的合约，很少有两种非美元货币之间的期货合约。在发生两种非美元货币收付的情况下，就要用到交叉套期保值。所谓交叉套期保值，是指利用一种外汇期货合约为另一种货币保值。

外汇交叉套期保值的操作方法如下所述。

(1) 如果预测一种货币兑美元升值，另一种货币兑美元贬值，则买入升值货币的期货合约，卖出贬值货币的期货合约。

(2) 如果预测两种货币都兑美元升值，则买入升值速度较快的货币的期货合约，卖出升值速度较慢的货币的期货合约。

(3) 如果预测两种货币都兑美元贬值，则卖出贬值速度较快的货币的期货合约，买入贬值速度较慢的货币的期货合约。

【**实例7.9**】假设3月1日，英国进口商同日本出口商签订了价值为1亿日元的进口货物合同，6个月后以日元进行结算。

3月1日，英镑兑美元汇率为GBP/USD=1.4000，而美元兑日元汇率为USD/JPY=100.00，则英镑兑日元汇率为GBP/JPY=140.00；英镑期货价格为GBP/USD=1.3800，日元期货价格为JPY/USD=0.0111(即USD/JPY=90.00)。

由于在IMM市场上不存在英镑对日元的期货合约，英国进口商为防止英镑对日元贬值，则该进口商在IMM市场上同时买入8张9月份日元期货合约(1÷0.125=8，日元期货合约交易单位为1250万日元)和卖出12张9月份英镑期货合约(英镑期货合约交易单位为6.25万英镑)。

9月1日，即期汇率为GBP/USD=1.3000和USD/JPY=90.00，则英镑兑日元汇率为GBP/JPY=117.00；英镑期货价格为GBP/USD=1.3000，日元期货价格为JPY/USD=0.0115。

问其盈亏如何？

> **解题**
>
> 在现货市场上：
> 3月1日，按汇率GBP/JPY=140.00将英镑兑换成日元，所需英镑为1亿÷140=71.43万；
> 9月1日，按汇率GBP/JPY=117.00将英镑兑换成日元，所需英镑为1亿÷117=85.47万。

其损失为85.47万-71.43万=14.04万英镑。

在期货市场(IMM)上，由于预测日元兑美元升值，英镑兑美元贬值，应该买入日元期货合约，卖出英镑期货合约。

在日元期货合约方面：

3月1日，按期货价格JPY/USD=0.0111买入8张9月份日元期货合约，总价值为1亿×0.0111=111万美元；

9月1日，按期货价格JPY/USD=0.0115卖出8张9月份日元期货合约，总价值为1亿×0.0115=115万美元。

其盈利为115万-111万=4万美元。

在英镑期货合约方面：

3月1日，按期货价格GBP/USD=1.3800卖出12张9月份英镑期货合约，总价值为12×6.25万×1.38=103.5万美元；

9月1日，按期货价格GBP/USD=1.3000买入10张9月份英镑期货合约，总价值为12×6.25万×1.30=97.5万美元。

其盈利为103.5万-97.5万=6万美元。

因此，该进口商在现货市场上按9月1日英镑对美元汇率GBP/USD=1.3000折算，得到(4万+6万)÷1.3000=7.6923万英镑。

这样该进口商通过交叉套期保值后，损失14.04万-7.6923万=6.3477万英镑。

英国进口商因日元兑英镑升值，6个月后在现货市场上多支付14.04万英镑才能支付1亿日元的货款。但他在期货市场上通过套期保值盈利了7.6923万英镑，这样该进口商虽然仍然损失了6.3477万英镑，但是相对于不进行交叉套期保值，其损失得要少。

【**实例7.10**】5月1日，中国香港公司向瑞士出口一批货物，计价货币是瑞士法郎，价值是12.5万，3个月后收回货款。5月1日，瑞士法郎兑港元的套算汇率为5.5713。9月份到期的瑞士法郎期货价格为CHF1=USD0.9210，9月份到期的港元期货价格为HKD1=USD0.1683。为防止瑞士法郎兑港元贬值，该公司决定在期货市场上套期保值。由于不存在港元与瑞士法郎的期货合同，该公司通过出售1份瑞士法郎期货合约和购买1份港元期货合约来达到套期保值的目的(假设一个瑞士法郎合同为12.5万，一个港币合同为80万)。假设8月1日当日期货价格为CHF1=USD0.9203，HKD1=USD0.1692；而8月1日港币的即期汇率为HKD1=USD0.1690，瑞士法郎的即期汇率为CHF1=USD0.9241，瑞士法郎兑港币的套算汇率为CHF1=HKD5.4682。问其盈亏如何？

解题

在现货市场上：

5月1日，瑞士法郎兑港元的汇率为5.5713，12.5万瑞士法郎可折合成12.5万×5.5713=69.641万港元；

8月1日，瑞士法郎兑港元的汇率为5.4682，12.5万瑞士法郎可折合成12.5万×5.4682=68.353万港元；

> 其损失为 69.641 万 − 68.353 万 = 1.288 万港元。
> 在期货市场上，瑞士法郎兑美元贬值，港元兑美元升值，故卖出瑞士法郎期货合约，买入港币期货合约。
> 在瑞士法郎期货合约方面：
> 5月1日，出售1份瑞士法郎期货合约，总价值为 1×12.5万×0.9210=11.513 万美元。
> 8月1日，按0.9203平仓，成本为 1×12.5万×0.9203=11.504 万美元。
> 获利 11.513万 − 11.504万 = 0.09 万美元。
> 在港币期货方面：
> 5月1日，购买1份港币期货合约，总价值为 1×80万×0.1683=13.464 万美元。
> 8月1日，按0.1692平仓，得到 1×80万×0.1692=13.536 万美元。
> 获利 13.536万 − 13.464万 = 0.072 万美元。
> 因此，在期货市场上获利 0.09万 + 0.072万 = 0.162 万美元。
> 按8月1日即期汇率可折合成 0.162÷0.1690=0.9586 万港元。
> 中国香港公司虽然在现货市场上损失了1.288万港元，但通过在期货市场交叉套期保值获得了0.9586万港元，使得损失大大减少，整个损失仅为0.3294万港元。之所以还有部分损失，主要是因为购买1份港币期货合约未达到完全保值的要求。

【实例7.11】 5月10日，德国某出口公司向英国出口一批货物，价值100万英镑，9月份以英镑进行结算，当时英镑兑美元汇率为GBP/USD=1.2，德国马克兑美元汇率为USD/DEM=2.5，英镑兑德国马克汇率为GBP/DEM=3。9月期的英镑期货合约正以GBP/USD=1.1的价格进行交易，9月期的马克期货合约正以DEM/USD=0.4348的价格进行交易。这意味着人们认为9月份英镑兑德国马克的现汇汇率应为GBP/DEM=2.53，即英镑对德国马克贬值。为了防止英镑兑德国马克汇率继续下跌，该公司决定对英镑进行套期保值。由于英镑兑德国马克的期货合约不存在，出口公司无法利用传统的期货合约来进行套期保值。但该公司可以通过买进德国马克兑美元的期货合约和售出英镑兑美元的期货合约达到保值的目的。到了9月10日，9月期英镑期货价格为GBP/USD=1.02，9月期德国马克期货价格为DEM/USD=0.5，且当日德国马克兑美元的即期汇率为USD/DEM=1.8500，英镑兑德国马克的即期汇率为GBP/DEM=2.5。问其该如何操作？盈亏如何？

> **解题**
> 具体操作过程如下。
> 在现货市场上，9月10日，英镑兑德国马克的即期汇率为GBP/DEM=2.5，则现货市场上的损失为 (3−2.5)×100万英镑 = 50万德国马克。
> 在期货市场上，预期英镑兑美元贬值，德国马克兑美元升值，故出售英镑期货合约，买入德国马克期货合约。

> 5月10日，出售16份(100万英镑÷62500英镑=16)英镑期货合约，每份合约面值为62500英镑，汇率为GBP/USD=1.1；购进24份(100万英镑×3÷125000马克=24)德国马克期货合约，汇率为DEM/USD=0.4348。
>
> 9月期英镑期货价格为GBP/USD=1.02，9月期德国马克期货价格为DEM/USD=0.5。出口公司对冲其在期货市场上的头寸，购回16份英镑期货合约，卖出24份德国马克期货合约。
>
> 在英镑期货市场上的盈利为(1.1-1.02)×62500×16份=8万美元。
>
> 在德国马克期货市场上的盈利为(0.5-0.4348)×125000×24份=19.56万美元。
>
> 因此，在期货市场上共计盈利8万+19.56万=27.56万美元。
>
> 当时德国马克兑美元的即期汇率为USD/DEM=1.8500，所以27.56万美元可折合成50.986万德国马克。
>
> 在不考虑保值费的情况下，现货市场上的损失可由期货市场的盈利完全抵销且还有9860马克的盈利。

四、价格发现功能

所谓价格发现，是指形成竞争性价格的过程。由于外汇期货交易市场的透明度高和流动性强，具有更有效的价格发现功能。在外汇期货市场上，通过参与者各方有序的公开竞争和讨价还价形成的汇率能比较真实地反映外汇市场的供求状况。

外汇期货市场之所以具有发现价格的功能，一方面在于外汇期货交易的参与者众多，价格形成当中包含了来自各方对价格预期的信息；另一方面在于外汇期货具有交易成本低、杠杆倍数高、指令执行速度快等优点，投资者更倾向于在收到市场新信息后，优先在期市调整持仓，使得外汇期货价格对信息的反应更快。

第四节 外汇期货交易风险规避

外汇期货交易风险的不确定性或者风险的大小可以通过实际进行交易的结果与预期交易日标的离散程度来分析，即以波动幅度来近似测量。当期货交易处于目标运行状态时，比如期货交易活跃且结算履约不存在问题等，就可以说期货交易安全，没什么风险存在；而当期货交易运行状态严重偏离预期目标，比如出现交易不活跃或者过度投机，经纪人履约困难，交易所、清算所难以及时结算交割等，这时的期货交易就是不安全的，存在很大的风险。这里所说的预期目标是一组能够指示期货交易正常进行的指标组合，它不是单纯的主观想象，而是一组根据成熟的期货交易情况确定的指标体系。期货交易风险包括期货交易中存在或者发生的影响期货交易的所有风险。

一、外汇期货交易风险的种类

外汇期货交易风险的种类可以按照不同的标准进行划分。

(1) 按照风险发生的主体，外汇期货交易风险可分为客户的风险、期货经纪公司的风险、期货交易所的风险、清算所的风险以及政府主管部门的风险等。

(2) 按照风险是否可控，外汇期货交易风险可分为不可控风险(如宏观经济环境改变风险、政府政策变动风险、系统风险、法律风险等)和可控风险(如管理风险和技术风险等)。

(3) 按照交易环节，外汇期货交易风险可分为代理风险、交易风险、交割风险等。

(4) 按照产生风险的原因，外汇期货交易风险可分为市场风险、滑点风险、信用风险、流动性风险、交割风险和操作风险等。

二、外汇期货交易的主要风险

外汇期货投资风险的主要承载主体是外汇期货的投资者，但是风险的影响并不仅仅针对投资者本身，而是会波及整个外汇期货交易和外汇期货市场。广义上的外汇期货投资者是指将一定的资金投入外汇期货交易，买卖外汇期货合约，并期望从中获取收益的所有法律主体，包括公司和个人。这样一来，外汇期货投资者就等同于外汇期货交易者。外汇期货投资风险可以具体分为市场风险、滑点风险、信用风险、流动性风险、交割风险和操作风险等。

1. 市场风险

外汇市场上各种因素的变化最终会反映到汇率的波动上。进行外汇期货交易的货币都是自由兑换的货币，它们的汇率随着市场上各种影响因素的变化而连续不断地变动，因此外汇期货价格波动风险就是汇率波动产生的风险。汇率波动风险的构成要素是本币、外币和时间。汇率是本币与外币的比率，它随着时间的推移不断变动，时间越长，汇率波动的可能性就越大，汇率风险就越大；反之，时间越短，汇率风险就越小。

2. 滑点风险

滑点是指交易者进行交易时，下单的指定交易点位和最后成交的实际点位存在差距的一种现象。滑点偏差有大有小，可以为正，可以为零，也可以为负。负滑点是成交价比期望价格更优的价格；正滑点是成交价比期望价格更差的价格；零滑点是成交价与期望价格一致。滑点常出现在市价单中，但是当出现市场报价断层时，限价指令被触发也会导致滑点出现。重大滑点通常和重要风险事件一起发生。此外，在市场交投清淡时，市场波动会被放大，导致滑点扩大，甚至出现一系列程序化交易限价指令被某一意外价格波动触发而导致货币对闪崩的情况。

滑点可能会使投资者出现亏损，形成滑点风险。

3. 信用风险

在外汇期货交易中，由于期货交易的制度安排，投资者可以不用担心交易对手的信用问题，但却必须考虑代理其期货买卖的经纪人的信用。当价格激烈波动或者交易所、清算所发生结算危机时,经纪人也有可能出现违约行为,使投资者遭受巨大损失。甚至存在经纪人挪用客户的保证金、虚假执行客户的指令等情况。因此,投资者应该在开始交易前谨慎选择经纪人。

4. 流动性风险

流动性风险是指由于市场流动性差,外汇期货交易难以迅速、及时、方便地成交所产生的风险。这种风险在客户建仓与平仓时表现得尤为突出。例如,建仓时,交易者难以在理想的时机和价位入市建仓,难以按预期构想操作,套期保值者不能建立最佳套期保值组合;平仓时,则难以用对冲方式进行平仓,尤其是在外汇期货价格呈连续单边走势,或临近交割,市场流动性降低时,交易者可能会因不能及时平仓而遭受惨重损失。因此,要规避流动性风险,重要的是客户要注意市场的容量,研究多空双方的主力构成,以免进入单方面强势主导的单边市。

5. 交割风险

外汇期货合约都有期限。当合约到期时,所有未平仓合约都必须进行交割。因此,不准备进行交割的客户应在合约到期之前将持有的未平仓合约及时平仓,以免于承担交割责任。这是外汇期货市场相对于其他投资市场来说,较为特殊的一点。新入市的投资者尤其要注意这个环节,尽可能不要将手中的合约持有至临近交割,以免陷入被"逼仓"的困境。

6. 操作风险

操作风险是指由于外汇交易者自身操作失误所造成的风险,包括不合理的订单处理和管理流程、不能及时并准确地识别市场信号、错误的委托、违规操作等。

三、规避外汇期货交易风险的方法

期货交易都使用杠杆。所谓杠杆,就是100倍杠杆可以拿10万当作1000万用,这1000万赚10个点就是100万,本金就翻了10倍;但是亏1个点就亏10万,如果亏10个点,那么本金就没有了。因为杠杆的存在极大地放大了外汇期货交易的风险,所以规避外汇期货交易风险的时候就要考虑杠杆的影响。通常采用以下方法规避外汇期货交易风险。

(1) 设置止损点。一旦到达止损点,要果断止损离场。

(2) 降低操作级别。之所以要这样做,是因为级别越大,波动越大,盈亏空间越大。高杠杆加大了盈亏空间,这个情况下如果还要找比较大的级别操作,盈亏空间就更大了。对于100倍以上杠杆的品种,建议选择1分钟周期,因为1分钟周期波动空间比较小,可以减少一部分由杠杆放大的风险。

(3) 控制仓位。控制仓位的方法有很多,其中比较常见的是分层建仓和滚动建仓。分层建仓是指将总交易量分成若干等份,分别在不同的价位建立仓位;滚动建仓则是在策略正确的情况下,逐渐增加仓位。例如,对于100倍杠杆的品种,建议每次建仓本金控制在总资金的5%以内。也就是说,如果有200万元的本金做交易,那么每次建仓本金应控制在

10万元以内。

(4) 合理控制杠杆比例。根据自身承受能力和市场波动性，控制合适的杠杆比例，避免过度杠杆操作。

(5) 注重交易纪律。严格遵守交易纪律，避免冲动交易和盲目追涨杀跌。

(6) 通过改善交易软件、交易环境、交易模式等不同的工具和应对措施，减少滑点风险所带来的不利影响。

第五节　人民币外汇期货交易

人民币外汇期货是指以人民币为计价单位的外汇期货合约。它是一种金融衍生品，可以用于投资和套期保值。

近年来，随着中国经济的快速发展和人民币国际化的推进，人民币外汇期货市场逐渐成为投资者关注的热点。在这个市场中，投资者可以通过买入或卖出人民币外汇期货合约，来获得汇率变动带来的投资机遇。

一、国(境)外人民币外汇期货

1. 发展历程

2006年8月，芝加哥商品交易所(CME)率先推出了以人民币汇率为标的的外汇期货合约。具体是人民币对美元、人民币对欧元、人民币对日元这三款期货合约以及相应的期货期权合约，并且在交易所的全球平台Globex电子交易系统上开展交易，同时选择汇丰银行和渣打银行作为首批人民币外汇期货的做市商。

2012年9月，中国香港交易所推出了美元对离岸人民币期货合约。它是全球首支人民币可交收外汇期货合约，交易时间覆盖欧美主要市场交易时段。该期货合约推出后将取代不交收人民币远期合约(non-deliverable forward，NDF)，成为离岸人民币定价的最权威工具。

2014年10月，新加坡交易所推出了包括人民币外汇期货合约在内的亚洲货币期货系列合约。凭借区位优势与政府支持，新加坡交易所人民币外汇期货交易量迅速扩大，并于2017年超越中国香港交易所成为全球最大交易量市场，且体量优势不断扩大。截至2022年底，以未到期交易量衡量的新加坡交易所人民币外汇期货在全球中占比约70%，中国香港交易所占比约13%。

此外，从2010年开始，南非、中国台湾、韩国、俄罗斯、巴西等国家和地区的交易所也纷纷推出了人民币外汇期货产品。

2. 产品情况

人民币外汇期货产品品种在不断增加。截至2022年底，在全部人民币外汇期货未到期金额中，人民币对非美元期货产品的比重已超过8%。

(1) 人民币与美元、欧元、澳元、日元、新加坡元、韩元等发达经济体货币的期货品种不断扩充。

(2) 随着2009年6月金砖国家合作的正式开启和不断深入，南非、巴西和俄罗斯的交易所分别于2010年、2011年、2015年推出人民币对本国货币的外汇期货，以适应日益增长的跨境贸易需求。

(3) 中国香港交易所于2019年推出了印度卢比对人民币的外汇期货。

3. 市场报价情况

路透、彭博等数据终端显示，新加坡交易所、中国香港交易所和芝加哥商品交易所最活跃的人民币外汇期货(即USD/CNH期货)报价，具有以下几个特点。

(1) 市场流动性主要集中在首三行合约。例如，新加坡交易所、中国香港交易所的双边报价点差在10个基点以内，而芝加哥商品交易所的双边报价点差在20个基点以内。

(2) 点差水平随着合约期限的增加而扩大。新加坡交易所在短期合约流动性方面虽优于中国香港交易所，但新加坡交易所在半年以上合约流动性方面下滑更快，一年以上合约有时缺乏双边报价。原因在于新加坡交易所以美元轧差交割，更吸引投机型交易；中国香港交易所以人民币实物交割，以实需背景的交易为主。

(3) 活跃合约的期货价格与OTC(over the counter，场外交易)远期价格基本趋同。

4. 参与者情况

人民币外汇期货市场参与者结构较为多元化，促使场内场外市场形成竞争。国(境)外人民币外汇期货市场参与者除了商业银行，还有对冲基金、宏观基金、量化交易商、期货交易商等。这些参与者普遍拥有专业团队执行量化交易策略，为实需背景的参与者拓展了市场深度和交易对手范围。期货市场深度的提高，同样吸引了大批的工商企业参与场内合约，使交易所和场外市场在对客业务上形成竞争。

二、香港交易所人民币外汇期货实例

2012年9月17日，中国香港交易所推出全球首只可交收人民币的期货品种，即美元兑人民币(香港)(USD/CNH)期货合约品种。其中，CNH [即CNY(HK)]为在香港交易的人民币代号。到了2019年2月，香港交易所已经推出了美元兑人民币、欧元兑人民币日元兑人民币、澳元兑人民币、人民币兑美元5个人民币外汇期货交易品种。

以美元兑人民币(香港)期货合约品种为例，每张美元兑人民币(香港)期货合约金额为10万美元；人民币期货合约将以美元兑人民币汇价为参考；每张合约只需支付1.24%的保证金，即每张合约保证金约为8000元人民币；汇率以0.0001为单位波动，波动一个价位相当于10美元；合约的保证金、结算交易费用均以人民币计价；要求合约到期时卖方缴付合约指定的美元金额，买方则支付以最后结算价计算的人民币金额；期货合约报价将以1美元兑换一定数量的人民币计算，保证金以人民币计算；交易费及结算费亦以人民币缴付；最后结算价以最后交易日上午11时15分香港财资市场公会公布的美元兑人民币(香港)即期汇率定盘价为基准。按照上述规则，人民币期货对投资者设置的入围门槛并不高，只要8000元即可入场交易，而且投资者可以用近80倍的杠杆撬动资金。

香港交易所人民币外汇期货的上线，意味着市场将迎来对冲人民币汇率波动的利器。对于外贸企业而言，人民币外汇期货意义重大。由于缺少汇率风险对冲工具，企业在国际贸易中经常会面临汇率大幅波动的风险。人民币外汇期货的推出，有助于外贸企业提前锁定人民币与国际货币(如美元)间的汇兑成本，大幅提高外贸企业的抗风险能力。

三、中国内地人民币外汇期货

人民币汇率期货虽然在境外市场已经成为比较热门的交易品种，但目前在中国内地并未推出。随着"一带一路"建设的推进，人民币国际化进程加快，市场对于离岸人民币的需求逐渐增多。据中国香港金融管理局统计，2018年6月，香港的人民币存款达到5845.21亿元，对人民币汇率风险的对冲需求也越来越迫切。

1. 中国内地人民币外汇期货现状

从2014年10月份至今，中金所已经推出了很多外汇期货(仿真)合约，只是合约的名称有所不同。例如，2018年8月15日公布的是AF1811和EF1811合约，而2018年7月18日公布的是AF1810和EF1810合约。合约的名称有其规律，以"AF1811"为例，"AF"是澳元/美元期货合约的代码，"1811"表示合约在2018年11月份到期。

仿真交易，简单而言就是模拟交易，涉及的资金是虚拟资金，在风险控制上实行保证金制度、涨跌停板制度、持仓限额制度、大户持仓报告制度、强行平仓制度、强制减仓制度和风险警示制度等。按照新产品上市的程序，仿真交易可以说是新产品上市前检验规则、制度设计的关键一步，能够为外汇期货的正式挂牌交易做好铺垫。

2018年，中国证券监督管理委员会副主席方星海在出席会议时表示，证监会将探索推进人民币外汇期货上市。在此之前，中金所董事长胡政就曾表示，中金所正在研究外汇期货产品。

2. 人民币外汇期货的作用

中国内地推出的人民币外汇期货具有非常重要的意义。

(1) 掌握人民币定价权。期货交易的最基本功能就是价格发现功能。目前，全球范围内已经有8个国家或地区上市了人民币外汇期货，其中包括美国、欧洲和新加坡的交易所。但是中国内地的外汇期货市场建设却严重滞后，至今未能推出相关的合约品种。中国是世界第二大经济体，人民币也已成为世界第五大货币，在这个背景下，如果不能尽快推出自己的人民币外汇期货，就可能出现"人民币定价权旁落"的尴尬局面。

而推出人民币外汇期货之后，不但能掌握汇率定价的主动权和主导权，还能促使全球各国接纳人民币，为人民币国际化建立坚实的基础。更多的迹象显示，人民币正在受到世界各国的热捧，目前已经有60多个国家将人民币纳入外汇储备。

(2) 成为外汇避险工具。目前，中国内地缺乏一个统一公开透明的外汇衍生品交易市场为企业提供多元化的外汇避险工具，因此有必要发展中国内地的外汇风险对冲工具。

中金所发起的一项调研显示，中国实体经济面临的交叉汇率风险规模中，其中，欧元兑美元风险规模为3153亿美元，澳元兑美元风险规模为1097亿美元。交叉汇率年波动约10%，远大于美元人民币(2%)，给企业经营带来困难，中国约有1/3的外贸企业面临交叉汇率风险。所以，为了应对新形势下市场主体对风险管理越来越迫切的需求，外汇期货产品方面的研发工作势在必行。

如果人民币外汇期货在中国内地上市，外贸企业不仅能更方便地利用这些工具对汇率风险进行管理，避免因人民币汇率大幅波动而造成重大损失，也不必再想方设法去境外交易所寻找合适的套保工具，从而进一步降低经营成本。这对于企业稳健经营具有非常重要的意义。

本章小结

1. 外汇期货是指以汇率为标的物的期货合约，是在期货交易所内，交易双方通过公开竞价达成在将来规定的日期、地点、价格买进或卖出规定数量外汇期货合约的一种期货交易。

2. 外汇期货交易的特点包括以下几个：外汇期货交易是一种标准化的期货合约；外汇期货价格与现货价格相关；外汇期货交易实行保证金制度；外汇期货交易实行逐日清算制度。

3. 外汇期货合约与外汇远期合约的主要差异如下：市场性质不同；交易对象不同；价格决定的方式不同；功能作用不同；交割日期不同；履约方式不同；信用风险不同；预防违约的方式不同；对合约的转让不同。

4. 根据利率平价理论，外汇期货报价的基本影响因素是即期汇率和货币发行国的利率水平。它要考虑基本面因素和技术面因素。

5. 外汇期货交易的应用在于套期保值和外汇期货投机。外汇期货交易具有价格发现功能。

6. 外汇期货投资风险可以具体分为市场风险、滑点风险、信用风险、流动性风险、交割风险和操作风险等。通常采用以下方法规避外汇期货交易风险：设置止损点；降低操作级别；控制仓位；合理控制杠杆比例；注重交易纪律；通过改善交易软件、交易环境、交易模式等不同的工具和应对措施，减少滑点风险所带来的不利影响。

7. 人民币外汇期货是指以人民币为计价单位的外汇期货合约。它是一种金融衍生品，可以用于投资和套期保值。近年来，随着中国经济的快速发展和人民币国际化的推进，人民币外汇期货市场逐渐成为投资者关注的热点。

关键概念

外汇期货　初始保证金　维持保证金　逐日清算制度　买入套期保值
卖出套期保值　多头投机　空头投机　跨市套利投机　跨期套利投机
外汇交叉套期保值　价格发现功能　市场风险　滑点风险　信用风险

流动性风险　交割风险　操作风险　杠杆　人民币外汇期货

本章习题

1. 简述外汇期货交易的特点。

2. 简述外汇期货合约与外汇远期合约的区别。

3. 美国某进口商于6月10日同英国出口商签订了一笔价值为50万英镑的货物合同，约定3个月后支付货款。为防止英镑升值而导致进口成本增加，该进口商买入8张9月份英镑期货合约。签约时即期汇率为GBP/USD=1.3340，买入英镑期货价格为GBP/USD=1.3350，3个月后即期汇率为GBP/USD=1.3420，英镑期货价格为GBP/USD=1.3440，英镑果然升值。试分析该进口商套期保值情况。

4. 某客户某日在国际货币市场按GBP1=USD1.3600买入4张英镑期货合约，每张合约价值为62500英镑，每张合约的原始保证金为2800美元，维持保证金为8400美元。该客户应该缴纳多少保证金才能进行交易？如果某一天市场汇率变为GBP/USD=1.3400，则该客户的损益情况如何？是否应该补充保证金？如果要补充保证金，那么应该补充多少？

5. 一个美国进口商从加拿大进口农产品，约定3个月后支付100万加元，为了防止加元升值带来的不利影响，他采用了买入套期保值。5月1日的汇率为USD1=CAD1.2600，9月到期的期货价格为USD1=CAD1.2550。如果8月1日的汇率为USD1=CAD1.2450，期货价格为USD1=CAD1.2400，该进口商该如何利用外汇期货交易进行保值？其盈亏情况如何？

6. 假设2021年3月1日市场行情如下。

　　即期汇率：USD/CHF=1.3110

　　期货价格：CHF/USD=0.7628

某投机者预测9月份交割的瑞士法郎期货价格呈下降趋势，所以卖出1张9月份瑞士法郎期货合约。假设6月10日瑞士法郎期货价格为0.7568，于是该投机者立即平仓其瑞士法郎期货合约。问其盈亏如何？

7. 外汇期货投资面临的主要风险有哪些？怎样规避外汇期货交易风险？

第八章
外汇期权交易

学习目标

理论目标：掌握外汇期权的概念和特点；了解期权费的影响因素；掌握外汇期权的种类；掌握外汇期权的基本交易策略；掌握外汇期权的组合交易策略。

实务目标：掌握期权费的报价方法；掌握如何利用外汇期权交易进行保值避险和投机；了解人民币外汇期权交易。

情景小故事

A公司计划于1月8日收购国外某外贸企业2000万美元股份，但由于被收购企业出现意外因素，无法按时完成收购需延后，双方约定于4月8日再度执行收购并支付相关款项。1月8日的即期汇率为6.6000，若后一步人民币兑美元保持升值，则A公司将从人民币升值中获益。

随着中国贸易顺差不断扩大、经济反弹迹象显现，同时某企业所在国家各项经济数据均表现不佳，人民币兑美元保持升值的可能性极大，此时若运用期货、远期等工具进行风险规避，则会错失此次人民币升值所带来的收益。不过从企业角度出发，也需考虑汇率市场所存在的各种风险意外情况，故A公司采取谨慎思路，以购买美元看涨/人民币看跌的期权合约规避汇率风险。选择标的为4月8日交割的美元看涨/人民币看跌的期权合约，最终买入执行价格为6.6000、期权费为0.0013的美元看涨/人民币看跌的期权合约。

4月8日，人民币即期汇率为1美元=6.46元人民币，汇率如期升值，对A公司有利，故放弃执行期权，损失期权费约113万元人民币，但同时在现汇市场上获得相应收益约280万元人民币，总损益为+167万元人民币。此方案最终需要支付一定期权费，但A公司成功运用工具规避了汇率波动风险，符合企业运营应以稳定为目标的原则。因此，这仍是一次较为成功的风险规避案例。

【整理自：尹雷.浅谈利用金融衍生品规避外汇风险[J].市场周刊（理论研究），2017(1)：72-73.】

第一节 外汇期权交易概述

一、外汇期权的概念

外汇期权(foreign exchange options)，也称货币期权，是指合约购买方在向出售方支付一定的期权费后，获得在未来约定日期或一定时间内，按照规定汇率买进或者卖出一定数量外汇资产的选择权。

以普通欧式期权为例，其产品结构如图8-1所示。

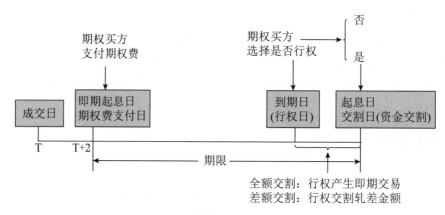

图8-1 普通欧式期权产品结构

还可从以下几方面来进一步理解外汇期权的概念。

(1) 期权合约交易双方为期权的买方和期权的卖方。期权的买方(buyer)或持有者(holder)，是指在合约的存续期内或到期日有权利买入或卖出一定量的某种外汇资产的权利方。期权的卖方(seller)，是指在合约的存续期内或到期日有义务卖出或买入一定量的某种外汇资产的义务方或责任方。

(2) 期权合约交易的对象是外汇货币。外汇期权是期权的一种，相对于股票期权、指数期权等其他种类的期权来说，外汇期权买卖的是外汇，是期权买方在向期权卖方支付相应的期权费后获得的一项权利，即期权买方在支付一定数额的期权费后，有权在约定的到期日按照双方事先约定的协定价格和金额与期权卖方买卖约定的货币，同时期权的买方也有权不执行上述买卖合约。

(3) 期权合约交易的执行方式为行使期权。行使期权(exercise option)，简称行权，是指利用期权，而不是让该期权到期时作废。在外汇期权中，只有买方才有行使期权的权利；卖方无此权利，只有义务。行权即买方要求卖方按照协定价格买入或卖出一定量的某种外汇资产的行为。

(4) 期权合约交易的执行价格为协定价格。协定价格(strike price)，又称履约价格(exercise price)，是指期权的买方和卖方在期权合约中商定同意的某种货币的汇率。该汇率不必与未来日期同一天的远期汇率或即期汇率相同，期权的买方有权利选择适合自己的协定价格。

二、外汇期权交易的特点

1. 外汇期权有特定的合约交易单位

在交易所进行的场内交易的外汇期权合约是一种标准化的合约,这一点与外汇期货交易相似。外汇期权的大部分合约交易单位为外汇期货合约交易单位的一半。费城股票交易所外汇期权合约的交易单位如表8-1所示。

表8-1 费城股票交易所外汇期权合约的交易单位

交易货币类别	外汇期权合约交易单位
英镑(GBP)	GBP 31250
瑞士法郎(CHF)	CHF 62500
日元(JPY)	JPY 6250000
加拿大元(CAD)	CAD 50000
澳大利亚元(AUD)	AUD 50000
欧元(EUR)	EUR 62500

2. 交易币种少和报价方式特殊

外汇期权交易所交易的货币通常是少数几个国际货币,如英镑、瑞士法郎、欧元、日元等。其报价方式大都采取美元报价的方式,即单位外汇等于多少美元。

3. 交易方式有场内交易和场外交易两种

外汇期权的交易方式可以分为以交易所作为交易场所的场内交易和在银行同业间进行的场外交易。两者的交易方式不同:在交易所内采用公开竞价的方式进行交易,其交易过程与外汇期货交易相同;而银行同业间采取类似于即期外汇交易的交易方式进行交易,即一般采取电讯设备直接询价报价的交易方式。

4. 担保性

期权的买方必须支付给期权的卖方一定数量的期权费,期权的卖方则需要保证期权的买方获得按协定价格买卖一定数量的外汇的权利。在交易所进行的期权交易,卖方还需要缴纳一定数量的保证金作为自己的履约保证。

5. 盈利能力与风险的不对称性

对于期权的买方或持有者来说,其支付的成本是固定的,唯一的现金流出便是期权费的支付。

对于期权的买方来说,最大的损失是期权费,而盈利潜力则随市场价格的变动幅度不断增加,所以外汇期权具有盈利与风险不对称性;对于期权的卖方来说,最大的收益是期权费,而潜在的损失可能是巨大的。

三、期权费

期权费是指期权合约买方为取得期权合约所赋予的某种外汇的买卖选择权而付给期权合约卖方的费用,是期权的价格。

1. 期权费的报价方法

期权费的报价通常采用双向报价法,即报出买入价与卖出价,其表示方式通常有两种:点数报价和百分比报价。

(1) 点数报价分为两种方式:一种是按被报价货币的点数来表示;一种是按报价货币的点数来表示。点数报出的买卖价与一般外汇买卖价相同,左边为报价方买入期权的价格,右边为报价方卖出期权的价格。对询价方而言,卖出期权使用左边的价格,买入期权使用右边的价格。例如,USD Call/CHF Put,即期汇率为USD/CHF=1.5000,期权费为270/300,金额为10万美元。如果按被报价货币的点数表示期权费,则表示买入该期权的期权费支出为10万×0.0300=0.3万美元,卖出该期权的期权费收入为10万×0.0270=0.27万美元;如果按报价货币的点数表示期权费,则表示买入该期权的期权费支出为10万×0.0300=0.3万瑞士法郎,折合美元为0.3万÷1.5000=0.2万美元,卖出该期权的期权费收入为10万×0.0270=0.27万瑞士法郎,折合美元为0.27÷1.5000=0.18万美元。

(2) 百分比报价,即按被报价货币的百分比来表示期权费。承上例,若期权费为1.8%~2%,则买入该期权的期权费支出为10万×2%=0.2万美元,卖出该期权的期权费收入为10万×1.8%=0.18万美元。

2. 期权费的决定

买方支付的期权费由内在价值和时间价值两部分组成。

(1) 内在价值(intrinsic value),是指协定价格与现行市场价格之间存在有利于买方的差额,也是期权买方行使期权所能获得的利润。价内期权的内在价值为正,价外或平价期权的内在价值为零。

(2) 时间价值(time value),是指期权买方所支付的高于内在价值的剩余期权费,也就是期权价格高于期权内在价值的部分。时间价值产生于期权风险分担的不对称性。期权的时间价值很难估算,它表现为期权市场价格与内在价值之差,而市场价格是随时会发生变化的。当期权为价外或平价期权时,因其内在价值为零,则期权费等于时间价值。

3. 期权费的影响因素

期权费的大小与该期权的执行价格、外汇市场的即期汇率、到期时间、预期汇率波动率大小、国内外利率水平、外汇市场供求关系等因素有关。通常根据Black-Scholes 期权定价模型计算期权费。

(1) 期权的执行价格与外汇市场即期汇率。对于看涨期权来说,执行价格越高,买方的盈利可能性越小,期权价格越低;对于看跌期权来说,执行价格越高,买方的盈利可能性越大,期权价格越高。即期汇率上升,看涨期权的内在价值上升,期权费越高;而看跌期权的内在价值下跌,期权费变小。

(2) 到期时间(距到期日之间的天数)。到期日(expiry date),又称起息日(value date),是指外汇期权合约到期的最后一天,也是交割货币的日期。如果某期权持有者希望履约,则必须在合约到期时通知出售者。

到期时间的增加将同时增大外汇期权的时间价值,因此期权的价格也随之增加。

(3) 预期汇率波动率大小。波动率是指每天外汇资产即期汇率与有关汇率的收益的正态年标准偏差,或者是外汇资产未来价格波动的可能范围。对外汇资产未来价格波动范围的"发散"程度是通过期权定价模型中的数学关系来测量的。期权定价模型之所以考虑波动率这一变量,是因为该定价模型假设基础金融资产的价格变化类似于对数正态分布。将波动率变量纳入定价模型就可以预测某一特定汇率在未来将如何变化。波动率变量仅运用于期权产品领域。如果投资者希望对波动水平进行投机,就要进行期权交易。

汇率的波动性越大,期权持有人获利的可能性越大,期权出售者承担的风险就越大,期权价格越高;反之,汇率的波动性越小,期权价格越低。

(4) 国内外利率水平。外汇期权合约中规定的卖出货币,其利率越高,期权持有者在执行期权合约前因持有该货币可获得更多的利息收入,期权价格也就越高;外汇期权合约中规定的买入货币,其利率越高,期权持有者在执行期权合约前因放弃该货币较高的利息收入,期权价格也就越低。

(5) 外汇市场供求关系。市场上买卖双方的需求和供应关系也会影响期权费。当市场对某种期权需求大于供给时,期权费可能上升;反之,当供给大于需求时,期权费可能下降。

第二节 外汇期权的种类

一、按期权交易方向划分

按期权交易方向,外汇期权可分为看涨期权和看跌期权。

1. 看涨期权

看涨期权(call option),又称买权,是指外汇期权的买方可在规定的有效期内(或到期日),依据合约所约定的汇率从外汇期权的卖方购买特定数量的某种外汇资产的权利,但不负有必须买入的义务。

例如,一张外汇期权合约的内容是USD Call/CHF Put,称为美元买权,瑞士法郎卖权,表明外汇期权的买方有权从卖方手中购买美元,同时卖出瑞士法郎。

2. 看跌期权

看跌期权(put option),又称卖权,是指外汇期权的买方可在规定的有效期内(或到期日),依据合约所约定的汇率向外汇期权的卖方销售特定数量的某种外汇资产的权利,但不负有必须卖出的义务。例如,一张外汇期权合约的内容是USD Put/CHF Call,称为美元卖权,瑞士法郎买权,表明外汇期权的买方有权向卖方销售美元,同时买入瑞士法郎。

看涨期权与看跌期权外汇期权各自的买方和卖方的权利与义务如表8-2所示。

表8-2　看涨期权与看跌期权各自的买方和卖方的权利与义务

对象	看涨期权	看跌期权
外汇期权的买方	有权利在期权到期日或之前决定是否按合约价格买入某种外汇资产	有权利在期权到期日或之前决定是否按合约价格卖出某种外汇资产
外汇期权的卖方	有义务在期权到期日或之前应期权买方要求按合约价格卖出某种外汇资产	有义务在期权到期日或之前应期权买方要求按合约价格买入某种外汇资产

二、按行使期权的时间是否灵活划分

按行使期权的时间是否灵活，外汇期权可分为美式期权和欧式期权。

1. 美式期权

美式期权是指在合约期限内的任何时间，外汇期权的买方都可要求外汇期权的卖方履行合约，即买方可在合约期限内任何一天行使期权。例如，对于一个6月10日到期的外汇期权来讲，买方可以在6月10日前的任何一天决定是否行使期权。

2. 欧式期权

欧式期权是指在合约到期日当天，外汇期权买方才可要求卖方履行合约，即买方只能在合约期限到期时才能行使期权。例如，对于一个6月10日到期的外汇期权来讲，买方只能在6月10日决定是否行使期权。

三、按期权执行价格与即期汇率的关系划分

按期权执行价格与即期汇率的关系，外汇期权可分为价内期权、价外期权和平价期权。

1. 价内期权(in-the-money option)

价内期权又称实值期权。当外汇期权的买方要求履约时可以获利的期权称为价内期权。

对于看涨期权来说，当合约所标外汇的即期或远期汇率高于协定价格时，由于履约可使买方获利，该看涨期权就是价内期权。

对于看跌期权来说，当协定价格高于当时的即期或远期汇率时，由于履约可使买方获利，该看跌期权就是价内期权。

2. 价外期权(out-of-the-money option)

价外期权又称虚值期权。当买方要求履约时无法获利的期权称为价外期权。

对于看涨期权来说，当合约所标外汇的即期或远期汇率低于协定价格时，履约将导致买方蒙受损失，该看涨期权就是价外期权。

对于看跌期权来说，当协定价格低于当时的即期或远期汇率时，履约将导致买方蒙受损失，该看跌期权就是价外期权。

3. 平价期权(at-the-money)

当买方要求履约时，该期权标的的外汇资产市场价格等于期权合约协定价格的期权，即协定价格等于履约时的即期汇率，那么该外汇期权就称为平价期权。

当即期(远期)汇率为GBP1＝USD1.5000时，GBP买权和USD买权对买方的影响如表8-3和表8-4所示。

表8-3　GBP买权对买方的影响

类型	GBP买权的协定价格	GBP卖权的协定价格	执行期权对买方的影响
价内期权	1.4500	1.5500	有利益
平价期权	1.5000	1.5000	0
价外期权	1.5500	1.4500	有亏损

表8-4　USD买权对买方的影响

类型	USD买权的协定价格	USD卖权的协定价格	执行期权对买方的影响
价外期权	1.4500	1.5500	有亏损
平价期权	1.5000	1.5000	0
价内期权	1.5500	1.4500	有利益

第三节　外汇期权的基本交易策略

外汇期权的基本交易策略是买入或卖出看涨期权或看跌期权，其中包括4种基本交易方式：买入看涨期权、卖出看涨期权、买入看跌期权和卖出看跌期权，具体交易策略如下。

一、看涨期权的基本交易策略

1. 买入看涨期权

买入看涨期权是指期权的买方或持有者获得在到期日或之前按协定价格买入合约中规定的一定数量的某种外汇货币的权利。

买入看涨期权的交易策略：一个理性的投资者，在期权到期日或之前，若某一种货币的市场汇率高于协定价格，则买方可以行使期权；反之，若某一种货币的市场汇率低于协定价格，则买方将不会行使权力，而让期权过期，因为他可以直接在市场上以更便宜的价格买入这种货币。买入看涨期权的数理模型如图8-2所示。

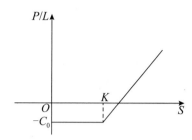

图8-2 买入看涨期权的数理模型

图注：P/L表示单位外汇交易所产生的收益/亏损数(纵轴)；K表示期权的协定价格；C_0表示单位外汇应缴纳的期权费用；S表示即期汇率(横轴)。

买入看涨期权的损益情况为

$$P/L=\begin{cases} -C_0 & (0 \leqslant S<K) \\ S-(K+C_0) & (S \geqslant K) \end{cases}$$

【实例8.1】 假设某投资者预期未来6个月内USD将升值，投资者以协定价格USD/JPY=110买入期限为6个月的10万美元的欧式USD call/ JPY put 期权，期权费为JPY1.14/USD。当期权到期日市场汇率变为USD/JPY=115和USD/JPY=105时，该投资者的盈亏各是多少？

> **解题**
>
> 当$0 \leqslant S<110$时，P/L为-1.14；
>
> 当$S \geqslant 110$时，P/L为$S-(110+1.14)$，则盈亏平衡点的汇率为111.14。
>
> (1) 当USD/JPY=115时，盈利$(115-111.14)\times 10$万=38.6万日元。
>
> (2) 当USD/JPY=105时，该投资者放弃行使期权，损失1.14×10万=11.4万日元。

2. 卖出看涨期权

卖出看涨期权是指期权的卖方或出售者有义务在到期日或之前应买方的要求按协定价格出售合约中所规定的一定数量的某种外汇货币。

卖出看涨期权的交易策略：若出售者预期未来某一种货币将贬值，则可以卖出此货币的看涨期权。因此看涨期权出售者的收益正好是该期权购买者的亏损；看涨期权出售者的亏损正好是该期权购买者的收益。卖出看涨期权的数理模型如图8-3所示。

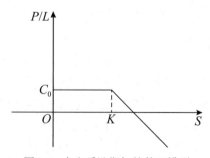

图8-3 卖出看涨期权的数理模型

卖出看涨期权的损益情况为

$$P/L = \begin{cases} C_0 & (0 \leq S < K) \\ (K+C_0) - S & (S \geq K) \end{cases}$$

【实例8.2】 假设某投资者预期未来6个月内USD将贬值，投资者以协定价格USD/JPY＝110卖出期限为6个月的10万美元的欧式USD Call/ JPY Put 期权，期权费为JPY1.14/USD。当期权到期日市场汇率变为USD/JPY＝115和USD/JPY＝105时，该投资者的盈亏各是多少？

> 解题
> 当$0 \leq S < 110$时，P/L为1.14；
> 当$S \geq 110$时，P/L为(110+1.14)-S，则盈亏平衡点的汇率为111.14。
> (1) USD/JPY＝115时，损失(115 - 111.14)×10万＝38.6万日元。
> (2) USD/JPY＝105时，该投资者放弃行使期权，收益1.14×10万＝11.4万日元。

二、看跌期权的基本交易策略

1.买入看跌期权

买入看跌期权是指期权的买方或持有者获得在到期日或之前按协定价格卖出合约中规定的一定数量的某种外汇货币的权利。

买入看跌期权的交易策略：一个理性的投资者，在期权到期日或之前，如果市场汇率低于协定价格($S<K$)，则买方可以行使期权；反之，若$S \geq K$，则买方将不会行使权力，因为他可以直接在市场上以更高的价格出售这种货币。买入看跌期权的数理模型如图8-4所示。

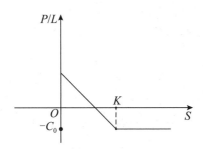

图8-4 买入看跌期权的数理模型

买入看跌期权的损益情况为

$$P/L = \begin{cases} (K-C_0-S) & (0 \leq S < K) \\ -C_0 & (S \geq K) \end{cases}$$

【实例8.3】 若某投资者预期英镑在6个月内将会贬值，则投资者按协定价格GBP/USD＝1.4500买入6个月期10万GBP Put/USD Call 期权，期权费为USD0.02/GBP。当期权到期日市场汇率变为GBP/USD=1.4100和GBP/USD=1.4800时，该投资者的盈亏各是多少？

---解题---

当$0 \leq S < 1.45$时，P/L为$(1.4500-0.02)-S$；

当$S \geq 1.45$时，P/L为-0.02，则盈亏平衡点的汇率为1.43。

(1) 当期权到期日市场汇率变为GBP/USD=1.4100时，获利$(1.43-1.41)×10$万$=0.2$万美元。

(2) 当期权到期日市场汇率变为GBP/USD=1.4800时，损失$0.02×10$万$=0.2$万美元。

2. 卖出看跌期权

卖出看跌期权是指期权的卖方或出售者有义务在到期日或之前应买方的要求按协定价格买入合约中所规定的一定数量的某种外汇货币。

卖出看跌期权的交易策略：若出售者预期未来某一种货币将升值，则可以卖出此货币的看跌期权，且看跌期权出售者的收益或亏损正好是该期权购买者的亏损或收益。卖出看跌期权的数理模型如图8-5所示。

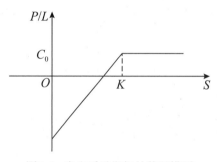

图8-5 卖出看跌期权的数理模型

卖出看跌期权的损益情况为

$$P/L = \begin{cases} S-(K-C_0) & (0 \leq S < K) \\ -C_0 & (S \geq K) \end{cases}$$

【**实例8.4**】若某投资者预期英镑在6个月内将会升值，则投资者按协定价格GBP/USD=1.4500卖出6个月期10万 GBP Put/USD Call 期权，期权费为USD0.02/GBP。当期权到期日市场汇率变为GBP/USD=1.4100和GBP/USD=1.4800时，该投资者的盈亏各是多少？

---解题---

当$0 \leq S < 1.45$时，P/L为$S-(1.4500-0.02)$；

当$S \geq 1.45$时，P/L为0.02，则盈亏平衡点的汇率为1.43。

(1) 当期权到期日市场汇率变为GBP/USD=1.4100时，损失$(1.43-1.41)×10$万$=0.2$万美元。

(2) 当期权到期日市场汇率变为GBP/USD=1.4800时，获利$0.02×10$万$=0.2$万美元。

第四节 外汇期权的组合交易策略

在实际操作中，投资者大多通过多种期权买卖组合来进行投资并规避风险。这些期权买卖组合以基本交易策略为基础，通过两个期权的组合，寻求以最小的风险获得较多的利润，这些期权买卖组合称为外汇期权的组合交易策略。

同时买入和卖出两个不同的看涨期权或两个不同的看跌期权，这一做法被称为差价交易(spread trade)。差价交易分为4种类型，即先买后卖看涨期权的差价交易、先买后卖看跌期权的差价交易、先卖后买看涨期权的差价交易和先卖后买看跌期权的差价交易。其中，先买后卖看涨期权的差价交易和先卖后买看涨期权的差价交易称为买权价差；先买后卖看跌期权的差价交易和先卖后买看跌期权的差价交易称为卖权价差。

此外，还有跨式期权交易、宽跨式期权交易等组合交易策略。

一、买权价差交易

1. 先买后卖看涨期权的差价交易

先买后卖看涨期权的差价交易的交易策略：当汇率上升的机会大于下跌的机会时，就可以构建先买后卖看涨期权价差交易，以较小的协定价格买入看涨期权，同时以较大的协议价格卖出看涨期权，获取利润。

【**实例8.5**】假设某投资者预测欧元的汇率将要上涨，于是他买入协定价格为EUR/USD＝1.0300的3个月EUR Call/USD Put，期权费为USD0.05/EUR；同时卖出协定价格为EUR/USD＝1.0800的3个月EUR Call/USD Put，期权费为USD0.02/EUR，其买卖金额都是10万欧元。试分析该投资者的盈亏。

解题

买入看涨期权的盈亏分析为

$$P/L = \begin{cases} -0.05 & (0 \leqslant S < 1.0300) \\ S-(1.0300+0.05) & (S \geqslant 1.0300) \end{cases}$$

卖出看涨期权的盈亏分析为

$$P/L = \begin{cases} 0.02 & (0 \leqslant S < 1.0800) \\ (1.0800+0.02)-S & (S \geqslant 1.0800) \end{cases}$$

综合收益的分析为

$$P/L = \begin{cases} -0.03 & (0 \leqslant S < 1.0300) \\ S-1.0600 & (1.0300 \leqslant S < 1.0800) \\ -0.02 & (S \geqslant 1.0800) \end{cases}$$

综合收益分析如图8-6所示，其中盈亏平衡点的汇率为1.0600。

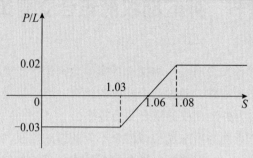

图8-6 综合收益分析

当买卖金额都是10万欧元时，其综合收益为

$$P/L=\begin{cases} -0.3万美元 & (0 \leqslant S < 1.0300) \\ (S-1.0600) \times 10万欧元 & (1.0300 \leqslant S < 1.0800) \\ 0.2万美元 & (S \geqslant 1.0800) \end{cases}$$

因此，当投资者的买卖金额各为10万欧元，且市场汇率正如投资者预测的那样上涨时，该投资者有望获得0.2万美元的收益。

2. 先卖后买看涨期权的差价交易

先卖后买看涨期权的差价交易的交易策略：当汇率下跌的机会大于上升的机会时，就可以构建先卖后买看涨期权价差交易，以较小的协定价格卖出看涨期权，同时以较大的协议价格买入看涨期权，获取利润。

【**实例8.6**】假设某投资者预测英镑的汇率将要下跌，于是他卖出协定价格为GBP/USD＝1.4000的3个月GBP Call/USD Put，期权费为USD0.08/GBP；同时买入协定价格为GBP/USD＝1.4200的3个月GBP Call/USD Put，期权费为USD0.07/GBP；两个看涨期权合约金额都是5万英镑。试分析该投资者的盈亏。

解题

买入看涨期权的盈亏分析为

$$P/L=\begin{cases} -0.07 & (0 \leqslant S < 1.4200) \\ S-(1.4200+0.07) & (S \geqslant 1.4200) \end{cases}$$

卖出看涨期权的盈亏分析为

$$P/L=\begin{cases} 0.08 & (0 \leqslant S < 1.4000) \\ (1.4000+0.08) & (S \geqslant 1.4000) \end{cases}$$

综合收益的分析为

$$P/L=\begin{cases} 0.01 & (0 \leqslant S < 1.4000) \\ 1.4100-S & (1.4000 \leqslant S < 1.4200) \\ -0.01 & (S \geqslant 1.4200) \end{cases}$$

综合收益分析如图8-7所示，其中盈亏平衡点的汇率为1.4100。

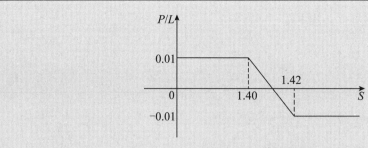

图8-7 综合收益分析

当买卖金额都是5万英镑时，其综合收益为

$$P/L = \begin{cases} 500 \text{ 美元} & (0 \leq S < 1.4000) \\ (1.4100-S) \times 5\text{万英镑} & (1.4000 \leq S < 1.4200) \\ -500 \text{ 美元} & (S \geq 1.4200) \end{cases}$$

因此，当投资者的买卖金额各为5万英镑，且市场汇率正如投资者预测的那样下跌时，该投资者有望获得500美元的收益。

二、卖权价差交易

1. 先买后卖看跌期权的差价交易

先买后卖看跌期权的差价交易的交易策略：当汇率下跌的机会大于上升的机会时，就可以构建先买后卖看跌期权价差交易，以较大的协定价格买入看跌期权，同时以较小的协议价格卖出看跌期权，获取利润。

【实例8.7】假设某投资者预测欧元的汇率将要下跌，于是他以协定价格EUR/USD=1.0800买入6个月EUR Put/USD Call，期权费USD0.05/EUR；同时以协定价格EUR/USD=1.0300卖出6个月EUR Put/USD Call，期权费为USD0.02/EUR，其买卖金额都是10万欧元。试分析该投资者的盈亏。

解题

买入看跌期权的盈亏分析为

$$P/L = \begin{cases} (1.0800-0.05)-S & (0 \leq S < 1.0800) \\ -0.05 & (S \geq 1.0800) \end{cases}$$

卖出看跌期权的盈亏分析为

$$P/L = \begin{cases} S-(1.0300-0.02) & (0 \leq S < 1.0300) \\ 0.02 & (S \geq 1.0300) \end{cases}$$

综合收益的分析为

$$P/L = \begin{cases} 0.02 & (0 \leq S < 1.0300) \\ 1.0500-S & (1.0300 \leq S < 1.0800) \\ -0.03 & (S \geq 1.0800) \end{cases}$$

综合收益分析如图8-8所示，其中盈亏平衡点的汇率为1.0500。

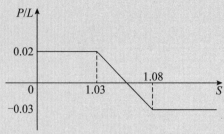

图8-8　综合收益分析

当买卖金额都是10万欧元时，其综合收益为

$$P/L = \begin{cases} 0.2\text{万美元} & (0 \leq S < 1.0300) \\ (1.0500 - S) \times 10\text{万欧元} & (1.0300 \leq S < 1.0800) \\ -0.3\text{万美元} & (S \geq 1.0800) \end{cases}$$

因此，当投资者的买卖金额各为10万欧元，且市场汇率正如投资者预测的那样下跌时，该投资者有望获得0.2万美元的收益。

2. 先卖后买看跌期权的差价交易

先卖后买看跌期权的差价交易的交易策略：当汇率上升的机会大于下跌的机会时，就可以构建先卖后买看跌期权价差交易，以较大的协定价格卖出看跌期权，同时以较小协议价格买入看跌期权，获取利润。

【**实例8.8**】假设某投资者预测英镑的汇率将要上涨，于是他买入协定价格为GBP/USD＝1.4000的3个月GBP Put/USD Call，期权费是USD0.07/GBP；同时卖出协定价格为GBP/USD＝1.4200的3个月GBP Put/USD Call，期权费是USD0.08/GBP；两个看跌期权合约金额都是5万英镑。试分析该投资者的盈亏。

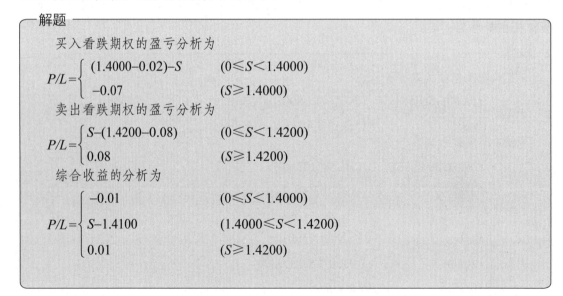

综合收益分析如图8-9所示，其中盈亏平衡点的汇率为1.4100。

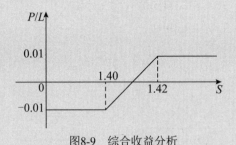

图8-9 综合收益分析

当买卖金额都是5万英镑时，其综合收益为

$$vP/L = \begin{cases} -500\text{美元} & (0 \leq S < 1.4000) \\ (S-1.4100) \times 5\text{万英镑} & (1.4000 \leq S < 1.4200) \\ 500\text{美元} & (S \geq 1.4200) \end{cases}$$

因此，当投资者的买卖金额各为5万英镑，且市场汇率正如投资者预测的那样上涨时，该投资者有望获得500美元的收益。

三、跨式期权交易

跨式期权交易又称同价对敲，是一种非常普遍的组合期权投资策略，是指投资人以相同的执行价格同时购买或卖出相同的到期日、相同标的资产的看涨期权和看跌期权，也就是同时买入一个看涨期权和一个看跌期权，构成跨式期权多头；或者同时卖出一个看涨期权和一个看跌期权，跨式策略构成跨式期权空头。

1. 多头跨式期权交易

多头跨式期权交易又称底部(买入)跨式组合(bottom straddle)，也称多头对敲策略，其交易策略为：当投资者认为市场汇率会有大幅变化(看多波动率)时，投资者以相同的执行价格同时购买相同的到期日、相同标的资产的看涨期权和看跌期权。

【实例8.9】假设某投资者预测英镑的汇率将会有大幅变化，于是他以协定价格GBP/USD=1.4500分别买入一个英镑看涨期权和一个英镑看跌期权，期权费分别是USD0.04/GBP和USD0.03/GBP，金额都是10万英镑。试分析该投资者的盈亏。

解题

买入看涨期权的盈亏分析为

$$P/L = \begin{cases} -0.04 & (0 \leq S < 1.4500) \\ S-(1.4500+0.04) & (S \geq 1.4500) \end{cases}$$

买入看跌期权的盈亏分析为

$$P/L = \begin{cases} (1.4500-0.04)-S & (0 \leq S < 1.4500) \\ -0.03 & (S \geq 1.4500) \end{cases}$$

综合收益的分析为

$$P/L=\begin{cases}1.38-S & (0\leq S<1.4500)\\ S-1.52 & (S\geq 1.4500)\end{cases}$$

综合收益分析如图8-10所示。

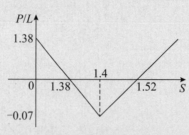

图8-10 综合收益分析

当买卖金额都是10万英镑时，其综合收益为

$$P/L=\begin{cases}(1.38-S)\times 10万英镑 & (0\leq S<1.4500)\\ (S-1.52)\times 10万英镑 & (S\geq 1.4500)\end{cases}$$

因此，当投资者的买卖金额都是10万英镑，且市场汇率正如投资者预测的那样波动较大时，该投资者有望获得非常大的收益。

(二) 空头跨式期权交易

空头跨式期权交易又称顶部(卖出)跨式组合(top straddle)，也称空头对敲策略，其交易策略为：当投资者认为市场汇率变化不大时，投资者以相同的执行价格同时卖出相同的到期日、相同标的资产的看涨期权和看跌期权。

【实例8.10】假设某投资者预测英磅的汇率将会趋于平稳，于是他以协定价格GBP/USD=1.4500分别卖出一个英镑看涨期权和一个英镑看跌期权，看涨期权与看跌期权的期权费分别是USD0.04/GBP和USD0.03/GBP，金额都是10万英镑。试分析该投资者的盈亏。

【解题】

卖出看涨期权的盈亏分析为

$$P/L=\begin{cases}0.04 & (0\leq S<1.4500)\\ (1.4500+1.4100)-S & (S\geq 1.4200)\end{cases}$$

卖出看跌期权的盈亏分析为

$$P/L=\begin{cases}S-(1.4500-0.03) & (0\leq S<1.4500)\\ 0.03 & (S\geq 1.4500)\end{cases}$$

综合收益的分析为

$$P/L=\begin{cases}S-1.38 & (0\leq S<1.4500)\\ 1.52-S & (S\geq 1.4500)\end{cases}$$

综合收益分析如图8-11所示。

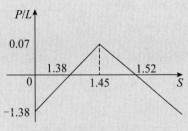

图8-11 综合收益分析

当买卖金额都是10万英镑时，其综合收益为

$$P/L = \begin{cases} (S-1.38) \times 10万英镑 & (0 \leq S < 1.4500) \\ (1.52-S) \times 10万英镑 & (S \geq 1.4500) \end{cases}$$

因此，当投资者的买卖金额都是10万英镑，且市场汇率正如投资者预测的那样变化不大时，该投资者有望获得正的收益。

四、宽跨式期权交易

宽跨式期权交易是指同时买进或卖出标的物及到期日相同但执行价格不同的看涨期权或看跌期权。

1. 多头宽跨式期权交易

多头宽跨式期权交易的交易策略：当投资者预测市场汇率未来波动较时大时，买入看涨期权，同时买入数量相等、行权价格较低、到期日相同的看跌期权的组合。

类似于多头跨式组合，两者均属于做多波动率的交易策略，但需要在更大程度的波动才能获利。多头宽跨式组合比多头跨式组合成本更低，适用于投资者认为未来标的物价格将有大幅波动，但不能确定价格运动方向的情况。

【**实例8.11**】假设某投资者预测英镑的汇率将会大起大落，于是他以协定价格GBP/USD=1.4100和GBP/USD=1.4000分别买入一个英镑看涨期权和一个英镑看跌期权，其中买入看涨期权的期权费为USD0.08/GBP，买入看跌期权的期权费为USD0.10/GBP，金额都为5万英镑，到期日相同。试分析该投资者的盈亏。

解题

买入看涨期权的盈亏分析为

$$P/L = \begin{cases} -0.08 & (0 \leq S < 1.4100) \\ S-(1.4100 + 0.08) & (S \geq 1.4100) \end{cases}$$

买入看跌期权的盈亏分析为

$$P/L = \begin{cases} (1.4000 - 0.10) - S & (0 \leq S < 1.4000) \\ -0.10 & (S \geq 1.4000) \end{cases}$$

综合收益的分析为

$$P/L = \begin{cases} 1.22 - S & (0 \leq S < 1.4000) \\ -0.18 & (1.4000 \leq S < 1.4100) \\ S - 1.59 & (S \geq 1.4100) \end{cases}$$

综合收益分析如图8-12所示。

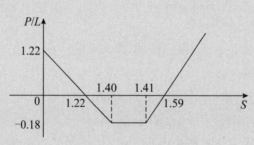

图8-12 综合收益分析

当买卖金额都为5万英镑时，其综合收益为

$$P/L = \begin{cases} (1.22 - S) \times 5万英镑 & (0 \leq S < 1.4000) \\ -0.9万美元 & (1.400 \leq S < 1.4100) \\ (S - 1.59) \times 5万英镑 & (S \geq 1.4100) \end{cases}$$

因此，当投资者的买卖金额都为5万英镑，且市场汇率正如投资者预测的那样波动较大时，该投资者有望获得非常大的收益。

2. 空头宽跨式期权交易

空头宽跨式期权交易的交易策略：当投资者预测市场汇率未来波动较小时，卖出看涨期权，同时卖出数量相等、行权价格较低、到期日相同的看跌期权的组合。

如果预测市场汇率变动不大，不会超过两个协定价格，即横盘或波幅收窄，那么这种情况下可以使用空头宽跨式期权交易。

【**实例8.12**】假设某投资者预测英镑的汇率将会趋于平稳，于是他以协定价格GBP/USD=1.4100和GBP/USD=1.4000分别卖出一个英镑看涨期权和一个英镑看跌期权，其中买入看涨期权的期权费为USD0.10/GBP，卖出看跌期权的期权费为USD0.08/GBP，金额都为5万英镑，到期日相同。试分析该投资者的盈亏。

解题

卖出看涨期权的盈亏分析为

$$P/L = \begin{cases} 0.10 & (0 \leq S < 1.4100) \\ (1.4000 + 0.10) - S & (S \geq 1.4100) \end{cases}$$

卖出看跌期权的盈亏分析为

$$P/L = \begin{cases} S - (1.4000 - 0.08) & (0 \leq S < 1.4000) \\ 0.08 & (S \geq 1.4000) \end{cases}$$

综合收益的分析为

$$P/L = \begin{cases} S-1.22 & (0 \leq S < 1.4000) \\ 0.18 & (1.4000 \leq S < 1.4100) \\ 1.59-S & (S \geq 1.4100) \end{cases}$$

综合收益分析如图8-13所示。

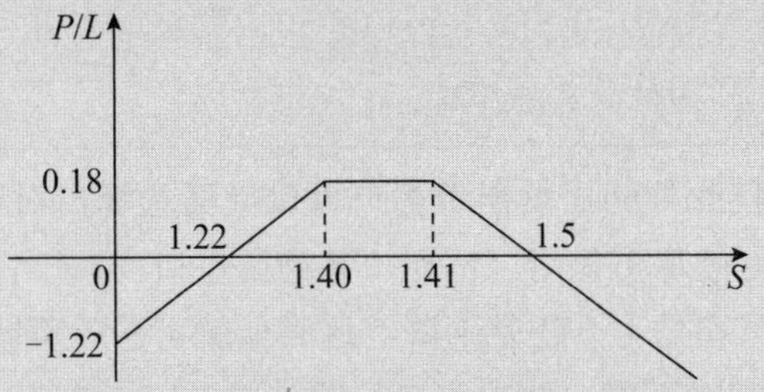

图8-13　综合收益分析

当买卖金额都为5万英镑时，其综合收益为

$$P/L = \begin{cases} (S-1.22) \times 5万英镑 & (0 \leq S < 1.4000) \\ 0.9万美元 & (1.400 \leq S < 1.4100) \\ (1.59-S) \times 5万英镑 & (S \geq 1.4100) \end{cases}$$

因此，当投资者的买卖金额都为5万英镑，且市场汇率正如投资者预测的那样波动不大时，该投资者有望获得正的收益。

第五节　外汇期权交易的作用

一、利用外汇期权进行保值避险

外汇期权对于买方而言，其主要作用是通过购买期权增强交易的灵活性，即可以有权选择有利于自己的汇率进行外汇买卖，规避汇率变动带来的损失，还可以谋取汇率变动带来的收益。

对于有外汇收付需要的客户而言，利用外汇期权在汇率变动中既可以获利，也可避免损失；对于进出口商和其他有外汇收付需要的客户而言，当他们对汇率未来走势没有把握时，可参与外汇期权交易，这样既可防止汇率发生不利变动带来的损失，又可获取汇率有利变动的利益。

【实例8.13】某客户手中持有美元，但需要在3个月后用日元支付进口货款，为防止汇率风险，该公司向银行购买一个"美元兑日元、期限为3个月"的欧式期权。假设约定的汇率为USD/JPY=110.50，那么该公司则有权在将来期权到期时，以汇率USD/JPY=110.50向银行购买约定数额的日元。如果在期权到期时，汇率为USD/JPY=115.50或USD/JPY=105.50，那么该客户将如何进行操作？

> **解题**
>
> 如果在期权到期时，市场即期汇率为USD/JPY=115.50，那么该公司可以不执行期权，因为此时可以在外汇市场上按照即期汇率购买日元。
>
> 相反，如果在期权到期时，USD/JPY=105.50，那么该公司可选择执行期权，要求银行以汇率USD/JPY=110.50将日元卖给他们。

由此可见，外汇期权业务的优点在于客户可以灵活选择，对于那些合同尚未最后确定的进出口业务具有很好的保值作用。例如，某德国进口商3个月后需要支付一笔英镑货款，但他不能肯定英镑汇率是上升还是下降，这时他就可购入英镑买入期权。如果3个月后英镑汇率上升、欧元汇率下降，他就可以按照持有的买入期权合约，即按约定汇率和约定数量行使买入英镑的权利；如果3个月后英镑贬值、欧元升值，他就可让期权过期作废，即不行使期权，按照当时即期汇率从现汇市场上购入英镑，从中取得英镑汇率下跌的好处。又如，某德国出口商3个月后要收到一笔英镑货款，他能肯定英镑汇率会大幅度变动，但不能肯定英镑汇率的变动趋势。若不在远期外汇市场卖出，他担心到交割时会因英镑汇率下跌而蒙受损失，使其出口利润降低甚至变为亏损。若在远期外汇市场卖出，他又担心到交割时英镑汇率上升，得不到英镑升值带来的利润，所以最好的选择是参与外汇期权交易，即买入英镑看跌期权。这样既能保障英镑汇率下跌时不蒙受损失，又能获得英镑汇率上升带来的利润，只不过要付出支付期权费的代价。

二、利用外汇期权进行投机

外汇期权投机包括买入期权投机和卖出期权投机。

1. 买入期权投机

假如投机者预测某种货币将升值或贬值，但又不想承担太大的风险，这时投机者可以通过买入期权合约进行投机。

对于购买期权的投机者而言，他们参与外汇期权交易的目的就是给他们的外汇投机进行保险，控制投机失败带来的损失。如果他们预测某种货币的汇率会上升，但又不能十分肯定，他们就可购入货币的看涨期权。如果到交割日该货币汇率果然上升了，他们就可行使权利按照期权合约规定的汇率买入该货币；如果该货币汇率下跌，他们就可以放弃行权，仅损失期权费。因此，他们为预测不准所付出的代价仅仅是数额很小的期权费用。反之，如果他们预测某种货币的汇率会下降，但没有足够的把握，他们就可购入货币的看跌期权，同样能避免汇率预测不准确带来的巨大损失。

一般认为，外汇期权交易控制和降低了外汇交易的风险，但在实践中由于期权交易控制风险的作用，使投机者进行投机的胆量越来越大，规模也越来越大，导致系统性金融风险大大提高。

例如，某投资者预测欧元汇率将要上涨，于是以1000美元的期权费买入了一张价值10万欧元的欧元看涨期权合约，合约规定期限为3个月，执行价格为1.0500。3个月后的合约到期日，欧元兑美元的汇率为1.0800，则该投资者可以要求期权合约卖方以汇率1.0500卖给自己10万欧元，然后他可以到外汇市场上以汇率1.0800抛出，最后所得减去最初支付的1000美元就是其最后的盈利，即2000美元。如果买入期权合约3个月后，欧元兑美元的汇率为1.0200，此时执行合约还不如直接在外汇市场上购买划算，那么该投资者可以放弃行权，虽损失1000美元，但可以得到以更低价从外汇市场购买欧元的好处。

2. 卖出期权投机

假如投机者预测某种货币将升值(或贬值)，投机者可以卖出该货币的看跌期权(或看涨期权)。如果市场汇率走势和投机者预测一致，那么期权买入方将会放弃行权，投机者则可以赚取期权费收入。

例如，某投资者预测欧元汇率将要下跌，于是以1000美元的期权费卖出一张价值10万欧元的欧元看涨期权合约，合约规定期限为3个月，执行价格为1.0500。假如3个月后的合约到期日，欧元兑美元的汇率为1.0200，此时期权合约的买方将选择不执行合约，该投资者可以获利1000美元；反之，3个月后的合约到期日，欧元兑美元的汇率为1.0800，此时期权合约的买方将选择执行合约，扣除得到的期权费1000美元，该投资者将损失2000美元。

第六节　人民币外汇期权交易

一、银行间的人民币外汇期权交易

根据中国外汇交易中心，人民币外汇期权交易(以下简称"期权交易")是指在未来某一交易日以约定汇率买卖一定数量外汇资产权利进行的交易。期权买方以支付期权费的方式拥有权利；期权卖方收取期权费，并在买方选择行权时履行义务(普通欧式期权)。期权交易币种、金额、期限、定价参数(波动率、执行价格、即期价格/远期汇率、本外币利率等)、成交价格(期权费)和结算安排等由交易双方协商议定。

银行间的人民币外汇期权交易的相关规定如下。

(1) 交易模式为双边询价。

(2) 交易品种包括USD/CNY、EUR/CNY、JPY/CNY、HKD/CNY、GBP/CNY。

(3) 交易时间为北京时间9：30—次日3：00(周六、周日及法定节假日不开市)。

(4) 产品类型：银行间外汇市场人民币外汇期权分为欧式期权和美式期权，其产品类型包括普通期权及其期权组合和亚式期权。

其中，期权组合包括看涨期权价差组合(call spread)、看跌期权价差组合(put spread)、风险逆转期权组合(risk reversal)、跨式期权组合(straddle)、异价跨式期权组合(strangle)、蝶式期权组合(butterfly)和自定义期权组合(custom strategy)等。

(5) 交割方式是指交易双方在期权交易达成时约定的，期权买方行权后，在交割日进行资金清算的方式，包括全额交割和差额交割。全额交割指期权买方在到期日，按照约定的执行价格和约定金额，与期权卖方达成即期交易。差额交割是指交易双方在到期日当天，按照约定的执行价格与当天人民币对相应货币差额交割参考价进行轧差，并在交割日对差额进行交割。该差额称为轧差金额。

(5) 清算方式由交易双方按约定方式进行清算，目前主要采用双边清算。

(6) 市场准入要求：具备银行间外汇市场即期会员资格且取得相关金融监管部门批准的衍生品业务资格的金融机构可根据业务需要单独或一并申请各类银行间人民币外汇衍生品会员。

二、客户的人民币外汇期权交易

以中国工商银行为例，客户的人民币外汇期权交易的开办条件和操作流程如下。

1. 开办条件

(1) 按照外汇管理规定可办理即期结售汇的外汇收支，均可办理人民币外汇期权组合业务。

(2) 按照外汇管理规定，客户可办理的人民币外汇期权组合交易限于普通欧式期权，包括包含两个或多个期权的期权组合交易。

(3) 按照外汇管理规定，客户可办理人民币外汇期权组合交易的主要风险特征应与客户真实需求背景具有合理的相关度，期权合约行权所产生的客户外汇收支，不得超出客户真实需求背景所支持的实际规模。

2. 操作流程

(1) 客户评估、风险揭示与客户确认。①由中国工商银行具有业务经营权限的一级分行或二级分行使用《客户评估表》对客户成熟程度进行评估；②中国工商银行向客户提供书面风险提示函，经客户签字确认。

(2) 签署总协议。中国工商银行接受客户委托申请后，将审核客户人民币对外汇期权组合业务资格。客户通过审核后，须先与中国工商银行签订《中国工商银行结售汇业务总协议》及《中国工商银行结售汇业务补充协议》。

(3) 交易成交。客户申请与中国工商银行办理人民币对外汇期权组合业务，须提供基础商业合同，经审核通过后，填写业务申请书。中国工商银行受理客户委托成交后，应向客户出具有关确认书，并向客户收取以人民币形式缴纳的期权费(如有)。

(4) 客户合约到期日审核及交割。①在期权组合合约到期日，客户可通知中国工商银行对其买入期权执行行权操作，中国工商银行根据外汇管理局关于人民币对外汇期权组合业务的有关规定，审核客户提交的有效凭证及(或)商业单据，与客户办理交割。如客户放弃行权，客户可凭相关单证叙做一笔即期结售汇业务。②在期权组合合约到期日，中国工商银行可选择对客户卖出的期权执行行权或放弃行权操作。如中国工商银行行权，客户应提交有效凭证及(或)商业单据,并按合约进行交割;如中国工商银行放弃行权,客户可凭相关单证叙做一笔即期结售汇业务。

(5) 特殊情况处理。客户如因基础商业合同发生变更而导致外汇收支的现金流全部或部分消失,在提供变更证明材料及承诺书并经中国工商银行审核确认后,中国工商银行可以在期权到期日之前为客户办理期权组合的全额或部分金额提前反向平仓。

三、实例

1. 结汇方向买入外汇看跌期权

例如,11月11日,人民币即期汇率为6.900,某企业预计未来3个月有100万美元外汇收入须办理结汇。为防范人民币升值的风险同时享有汇率可能贬值带来的好处,企业买入3个月期限、执行价为6.8800的美元看跌期权,期初支付期权费2万元人民币。

在到期日,若人民币汇率升值至6.8000,则企业行权,可按照6.8800价格结汇,成功规避了升值风险;若人民币汇率贬值至6.9800,则企业放弃行权,可按照6.9800结汇,享受人民币汇率贬值带来的好处。

可见,通过买入外汇看跌期权,企业可将未来结汇的最差汇率锁定在期权的执行价水平,在规避人民币升值风险的同时享受人民币汇率可能贬值带来的好处。

2. 结汇方向卖出外汇看涨期权

例如,11月11日,人民币即期汇率为6.9000,3个月远期结汇汇率为6.9500,某企业3个月后有100万美元外汇收入需要结汇。为防范人民币升值的风险,同时获取较好的结汇价,企业向银行卖出美元看涨期权,期限为3个月,执行价为6.9500,收到期权费2万元人民币。

在到期日,若即期汇率为6.8000,银行买入的看涨期权不行权,则企业按照市场价6.8000结汇。考虑到期初期权费收入,企业实际结汇价为6.8200,优于到期时办理即期结汇,差于期初办理远期结汇。

需关注的是,若到期日人民币汇率大幅贬值,则企业仍需承担一定的汇率波动风险。例如,到期日市场汇率为6.7000,银行买入的看涨期权不行权,则企业按照6.7000结汇,考虑到期初期权费收入,企业实际结汇价为6.7200,差于期初办理远期结汇,但优于到期办理即期结汇。若到期日人民币汇率大幅升值,则企业仍需按照约定的执行价结汇,无法享受升值带来的好处。例如,到期日市场汇率为7.0000,银行买入的看涨期权行权,企业按照6.9500结汇,考虑到期初期权费收入,企业实际结汇价为6.9700,优于期初办理远期结汇,但差于到期办理即期结汇。

可见,通过卖出外汇看涨期权,企业一方面在期初收取期权费,从而改善到期结汇的价格;另一方面将未来结汇的最优汇率锁定在期权的执行价水平,在人民币大幅贬值的情况下仍面临一定的汇率风险,也无法享受人民币大幅升值带来的好处。

3. 结汇方向零成本风险逆转期权组合

例如,某企业3个月后有一笔100万美元收汇须办理结汇,目前即期汇率为6.8000,3

个月远期结汇汇率为6.8200。该企业有一定的风险承受能力,希望获得较好结汇价格;预测人民币汇率窄幅震荡,或小幅贬值。

根据需求,企业可在银行办理卖出3个月执行价为6.8500的看涨期权、同时买入3个月执行价为6.7500的看跌期权,买入期权的期权费支出和卖出期权的期权费收入轧差为零。

在到期日,可分为三种场景:一是人民币升值突破6.7500,假如市场汇率为6.7000,则该企业仍可按照6.7500结汇,成功规避了人民币升值的风险;二是人民币汇率波动介于6.7500到6.8500之间,保留一定价格灵活度,假如市场汇率为6.8000,则企业按照市场价6.8000结汇;三是人民币贬值突破6.8500,假如市场汇率为6.9000,则企业仍需按照6.8500的价格结汇,虽然结汇价格低于到期日的市场汇率,但优于期初签订远期合约的价格。

可见,通过零成本风险逆转结汇期权组合,企业期初无须支付任何费用,可将未来结汇价格锁定在一定区间内,保留一定灵活性的同时达到管理汇率风险的目的。

4. 购汇方向买入外汇看涨期权

例如,11月11日,人民币即期汇率为6.7200,某进口企业3个月之后需对外支付100万美元,为防范人民币贬值风险的同时享受人民币升值带来的好处,该企业向银行买入3个月期限、执行价为6.8500的美元看涨期权,支付期权费2万元人民币。

在到期日,若即期汇率贬值至6.9000,则企业行权,可按照6.8500的价格购汇,成功规避了人民币汇率贬值的风险;若人民币汇率升值至6.6000,则企业不行权,以更优的市场价格6.6000购汇支付。

可见,通过买入外汇看涨期权,企业可将未来购汇的最差汇率锁定在期权的执行价水平,在规避人民币贬值风险的同时,享受人民币汇率可能升值带来的好处。

5. 购汇方向卖出外汇看跌期权

例如,11月11日,人民币即期汇率为6.7200,3个月远期购汇汇率为6.7300,某企业3个月后有100万美元购汇需求。为防范人民币贬值风险的同时获取较好的购汇价,企业向银行卖出美元看跌期权,期限为3个月,执行价为6.6900,期初企业收到期权费2万元人民币。

在到期日,若即期汇率为6.7000,银行买入的看跌期权不行权,则企业可按照市场价6.7000购汇,综合考虑期初期权费收入后,实际购汇成本为6.6800,优于到期时办理即期购汇,也优于期初办理远期购汇。

需关注的是,若到期日人民币汇率大幅贬值,则企业仍需承担一定的汇率波动风险。例如,到期日市场汇率达到6.8000,则企业需按照6.8000购汇,考虑到期权费收入,实际购汇成本为6.7800,差于期初办理远期购汇,但优于到期办理即期购汇。若到期人民币汇率大幅升值,则企业仍需按照约定的执行价购汇,无法享受升值带来的好处。例如,到期日市场汇率为6.6000,银行买入的看跌期权行权,企业按照6.6900价格购汇,考虑到期初期权费收入,企业实际购汇价为6.6700,优于期初办理远期购汇,但差于到期办理即期购汇。

可见,通过卖出外汇看跌期权,企业一方面在期初收取期权费,从而改善到期购汇的价格;另一方面将未来购汇的最优汇率锁定在期权的执行价水平,在人民币大幅升值的情况下仍面临一定的汇率风险,也无法享受人民币大幅贬值带来的好处。

6. 购汇方向零成本风险逆转期权组合

例如,某企业3个月后将对外支付100万美元采购货款,目前即期汇率为6.7200,3个月远期购汇汇率为6.7800。该企业有一定的风险承受能力,希望改善购汇价格;预测人民币汇率区间震荡,可能小幅升值。

根据需求,企业可在银行办理卖出3个月执行价为6.7500的看跌期权、同时买入3个月执行价为6.8500的看涨期权,买入期权的期权费支出和卖出期权的期权费收入轧差为零。

在到期日,可分为三种场景:一是人民币贬值突破6.8500,假如市场汇率为6.9500,则该企业仍可按照6.8500购汇,成功规避了人民币贬值的风险;二是人民币汇率波动介于6.7500到6.8500之间,保留一定价格灵活度,假如市场汇率为6.7700,则企业按照市场价6.7700购汇;三是人民币升值突破6.7500,假如市场汇率为6.7000,则企业仍需按照6.7500的价格购汇,虽然购汇价格高于市场即期汇率,但优于期初签订远期合约的价格。

可见,通过零成本风险逆转购汇期权组合,企业期初无须支付任何费用,可将未来购汇价格锁定在一定区间内,保留一定灵活性的同时达到管理汇率风险的目的。

本章小结

1. 外汇期权是指合约购买方在向出售方支付一定的期权费后,获得在未来约定日期或一定时间内,按照规定汇率买进或者卖出一定数量外汇资产的选择权。

2. 外汇期权交易的特点:外汇期权有特定的合约交易单位;交易币种少和报价方式特殊;交易方式有场内交易和场外交易两种;担保性;盈利能力与风险的不对称性。

3. 期权费是指期权合约买方为取得期权合约所赋予的某种外汇的买卖选择权而付给期权合约卖方的费用,是期权的价格。期权费由内在价值和时间价值两部分组成。期权费的影响因素包括以下几个:期权的执行价格与市场即期汇率;到期时间;预期汇率波动率大小;国内外利率水平;外汇市场供求关系。

4. 按照期权交易方向不同,外汇期权可以分为看涨期权和看跌期权;按照行使期权的时间是否具有灵活性,可以分为美式期权和欧式期权;按期权执行价格与即期汇率的关系来划分,可以分为价内期权、价外期权和平价期权。

5. 买入看涨期权的交易策略:一个理性的投资者,在期权到期日或之前,若某一种货币的市场汇率高于协定价格,则买方可以行使期权;反之,若某一种货币的市场汇率低于协定价格,则买方将不会行使权力,而让期权过期,因为他可以直接在市场上以更便宜的价格买入这种货币。

6. 卖出看涨期权的交易策略:若出售者预期未来某一种货币将贬值,则可以卖出此货币的看涨期权。

7. 买入看跌期权的交易策略:一个理性的投资者,在期权到期日或之前,若市场汇率低于协定价格,则买方可以行使期权;反之,若市场汇率高于协定价格,则买方将不会行使权力,因为他可以直接在市场上以更高的价格出售这种货币。

8. 卖出看跌期权的交易策略：若出售者预期未来某一种货币将升值，则可以卖出此货币的看跌期权。

9. 以基本交易策略为基础，通过两个期权的组合，寻求以最小的风险获得较多利润的期权买卖组合，称为外汇期权的组合交易策略，具体包括以下几种：先买后卖看涨期权的差价交易、先买后卖看跌期权的差价交易、先卖后买看涨期权的差价交易和先卖后买看跌期权的差价交易等。

10. 外汇期权交易的作用在于消除汇率变动风险和利用外汇期权进行投机等。

11. 人民币对外汇期权交易是指在未来某一交易日以约定汇率买卖一定数量外汇资产权利进行的交易。期权买方以支付期权费的方式拥有权利；期权卖方收取期权费，并在买方选择行权时履行义务(普通欧式期权)。

12. 外汇期权、外汇期货、远期外汇交易的比较见表8-5。

表8-5 外汇期权、外汇期货、远期外汇交易的比较

项目	外汇期权	外汇期货	远期外汇
交易币种	少数几种	少数几种	无限制
交易方式	集中及银行间交易	交易所内	电话、电传等方式
参与者	会员及客户	会员及客户	银行避险者
合约单位	标准化	标准化	交易双方商定
合约定价方式	公开竞价	公开竞价	无限制
价格波动限制	无限制	最高波动幅度	无限制
履约义务	买方无义务	都有义务	都有义务履约
担保者	清算公司	清算所	无
保证金	卖方缴纳	都缴纳	无保证金
交割与清算	买方无义务	很少进行实际交割	多数进行实际交割
交易成本	较高	较高	很低

关键概念

外汇期权　期权的买方　期权的卖方　行使期权　协定价格　期权费　点数报价　百分比报价　内在价值　时间价值　到期日　看涨期权　看跌期权　买权　卖权　美式期权　欧式期权　价内期权　价外期权　平价期权　外汇期权的基本交易策略　外汇期权的组合交易策略　人民币对外汇期权交易

本章习题

1. 简述外汇期权交易的特点。
2. 简述期权费的影响因素。

3. 按期权执行价格与即期汇率的关系，期权可以分为哪几类？分别简述其含义。

4. 假设你是中国银行北京分行的一名客户，并且有美元存款，你与银行做了两得宝业务。2005年5月1日美元兑日元的汇率为USD/JPY=115，你向银行卖出挂钩货币为日元(即涉及交割时用日元兑换美元)、期限为3个月的10万美元外汇期权。执行价格为USD/JPY=115，期权费率为0.6%。

请问：

(1) 银行将于8月3日向你支付多少期权费？

(2) 3个月后"两得宝"到期，如美元兑日元上涨到USD/JPY=120，银行是否会执行期权？盈亏情况如何？

(3) 如到期时美元兑日元下跌到USD/JPY=110，银行是否会执行期权？盈亏情况如何？

5. 美国某进口商要在6个月后支付一笔外汇(瑞士法郎)，但又担心瑞士法郎6个月后升值导致外汇损失。于是该进口商以1.56%的期权价支付了一笔期权费，购入一份瑞士法郎欧式看涨期权，其合约情况如下所述。

买入：瑞士法郎的欧式看涨期权，美元的欧式看跌期权；

执行价格：USD1=CHF1.3900；

有效期：6个月；

现货日：2019年3月23日；

到期日：2019年9月23日；

交割日：2019年9月25日；

期权价：1.56%；

期权费：CHF1000000×1.56%=CHF15600；

当日瑞士法郎现汇汇率为USD1=CHF1.4100，故期权费折合为USD11064。

试分析：

若3个月后出现了以下三种情况，美国进口商的盈亏各是多少？并计算该期权的盈亏平衡点的汇率。

(1) 2019年9月23日，瑞士法郎汇价为USD1=CHF1.4200。

(2) 2019年9月23日，瑞士法郎汇价为USD1=CHF1.3700。

(3) 2019年9月23日，瑞士法郎汇价为USD1=CHF1.4500。

6. 我国某外贸公司向英国出口商品，3月10日装船发货，收到价值100万英镑的6个月远期汇票，担心到期结汇时英镑兑美元汇价下跌，美元创汇收入减少，便以外汇期权交易保值。

已知：1月20日即期汇价GBP1=USD1.3560；

(IMM)协定价格GBP1=USD1.3650；

(IMM)期权费GBP1=USD0.02；

佣金占合同金额的0.4%，采用欧式期权。

3个月后在英镑兑美元汇价分别为GBP1=USD1.3000与GBP1=USD1.4000的情况下各

收入多少美元？并分析其盈亏平衡点的汇率。

7. 假设某投资者以执行价格GBP/USD＝1.5500和GBP/USD＝1.5200分别买入一个英磅看涨期权和一个英镑看跌期权，其中看涨期权的期权费为每英镑0.03美元，看跌期权的期权费为每英镑0.02美元，金额都为100万英镑，到期日相同。假设到期日外汇市场的即期汇率为GBP/USD＝1.5400。试分析该投资者的损益情况。

第九章
外汇互换交易

学习目标

理论目标：掌握互换交易的概念、优点和风险管理；掌握货币互换的概念和特点；掌握利率互换的概念。

实务目标：掌握如何进行货币互换交易；了解货币互换交易的作用；掌握如何进行利率互换交易；了解利率互换交易的作用；了解人民币互换交易的情况。

情景小故事

美联储的货币互换

早在布雷顿森林体系时期，美联储就与一些国家的中央银行签订过货币互换，其目的在于吸收美元在全球范围内的过多的流动性，减小其他中央银行要求以所持美元兑付黄金的压力。美联储这些早期的货币互换随着布雷顿森林体系的瓦解而失去效用，直到2008—2009年国际金融危机期间，美联储才重新祭出货币互换这一利器，帮助解决当时国际金融市场美元荒的问题。

2007年12月，美联储最早与欧洲中央银行和瑞士中央银行达成互换协定。而在2008年9月雷曼兄弟公司倒闭后，美联储迅速将货币互换扩大到全球14个中央银行。通过这个以美联储为中心的货币互换网络，美联储向海外市场注入大量美元流动性，缓释海外对美元的需求，平息全球美元荒。

随着全球金融动荡的逐渐平息，美联储在2010年2月中止与其他中央银行的所有货币互换。但是，2010年5月海外美元荒再次出现，美联储又重新与欧洲中央银行、瑞士中央银行、英格兰银行、日本银行、加拿大中央银行进行货币互换。而在2011年11月，美联储将互换收取的利率由隔夜指数掉期(overnight indexed swaps, OIS)加100个基点，降到OIS加50个基点。

到了2013年10月，美联储宣布将与欧洲中央银行、瑞士中央银行、英格兰银行、日本银行、加拿大中央银行等五大中央银行的货币互换转为常备性货币互换安排。但是在这之后，这些货币互换鲜有使用，直到这次疫情暴发导致国际金融市场剧烈动荡，才使得货币互换再次登场。

2020年3月15日，美联储宣布将与五大中央银行的货币互换定价由之前的OIS加50个基点进一步降至OIS加25个基点,同时在已有的7天期限之外又增加一个84天的期限。3月20日,美联储宣布与其他中央银行建立临时性货币互换,将其货币互换网络恢复到2008年的顶峰规模(14家对手中央银行),同时也宣布和五大中央银行的常备性货币互换操作频率由每周调整为每天。

【整编自:夏乐.央行间货币互换比较 [J]. 中国金融,2020(9):48-49.】

第一节 互换交易概述

一、互换交易

互换交易是指对相同货币的债务或不同货币的债务通过金融中介进行互换的一种行为。互换交易是继20世纪70年代初出现金融期货后,又一典型的金融市场创新业务。

互换交易是国际贸易中的绝对成本学说和比较成本(相对成本)学说在国际金融市场上的运用。

互换交易是一种表外业务,不对资产负债表产生影响。也就是说,互换交易在时间和融资方面独立于各种借款或投资之外,具体的借款或投资行为与互换中利率基础和汇率基础无关。

目前,互换交易在国际上被广泛运用于资产负债管理。

二、互换交易的优点

互换交易的优点如下所述。

(1) 可以获得原来可能无法得到或难以得到的资金来源。

(2) 有利于互换双方降低融资成本。

(3) 集外汇市场、证券市场、短期货币市场和长期资本市场业务于一身,既是融资的创新工具,又可运用于金融管理。

(4) 运用面广,能满足交易者对非标准化交易的要求。

(5) 使用简便且风险转移较快,用互换套期保值可以省去对其他金融衍生工具所需头寸的日常管理。

(6) 交易期限灵活,长短随意,最长可达几十年。

(7) 互换仓库的产生使银行成为互换的主体,互换市场的流动性较强。

(8) 可以利用互换交易逃避外汇管制、利率管制以及税收管制,不增加负债而获得巨额利润、扩充资本,达到提高资本充足率等目的。

三、互换交易的风险

1. 互换交易风险的承担者
互换交易风险的承担者包括以下几个。

(1) 合同当事者双方。在互换交易中他们要负担原有债务或新的债务，并实际进行债务交换。

(2) 中介银行。它在合同当事者双方的资金收付中充当中介角色。

(3) 交易筹备者。其职责在于安排互换交易的整体规则，决定各当事者满意的互换条件，调解各种纠纷等。交易筹备者本身不是合同当事者，一般由投资银行、商业银行或证券公司担任，一次性地收取一定的互换安排费用，通常为总额的0.125%～0.375%。

2. 互换交易风险的类型
互换交易风险的类型主要包括以下几种。

(1) 信用风险。信用风险是指因交易的一方不能履行或不能全部履行责任而致使对方造成损失的可能性。产生信用风险的原因有两个：一是当事人一方的履约能力受到了限制；二是其履约意愿发生了偏差。根据互换交易的定义，互换双方可能是互换活动的当事人，也可能涉及金融中介机构，还可能通过银行并在同一笔互换活动中充当买方与卖方。可以说上述相关利益主体构成了互换业务的当事人群体。只有某一方出现违约，信用风险才会发生。

(2) 国家风险。国家风险也称政策风险，是指当一个国家因某种特殊原因发生政策性的波动，致使对手不履约，或因该国实施外汇管制，从而无法得到对手资金的风险。在互换交易业务中，因政策性因素具有不可抗拒的特点，甚至有时可能无法预知，所以此种风险难以防范与控制。

(3) 市场风险。互换交易的市场风险是指由汇率或利率的变动，使当事人的某一方的互换价值变动负数的可能性。因互换可以分为货币互换和利率互换，相应地，其风险可分为货币互换市场风险和利率互换市场风险两种。在实际工作中，一般运用风险敞口等值法予以测定。

(4) 收支不对应风险。收支不对应风险是最重要的风险，它主要包括名义本金、期限、浮动利率指数、重新确定浮动利率指数的日期和浮动利率支付频率、支付日期及利息收支的不对应风险。例如，名义本金和期限的不对应风险相当于持有一个互换多头头寸或空头头寸。如果一个名义本金为100万美元的10年期互换与一个名义本金为50万美元的10年期互换相冲抵，结果会使互换中介出现50万美元的10年期风险头寸。又如，一个300万美元的5年期互换头寸与一个300万美元的10年期互换相冲抵，那么10年期的互换头寸在5年之后将成为风险头寸。可以看出，不对应风险其实与市场风险相当，也可以分解为利率风险、汇率风险、商品价格风险及股权价值风险等。

(5) 结算风险。结算风险是指以外币计价或成交的交易，由于外币与本币的比值发生变化而引起亏损的风险，即在以外币计价成交的交易中，因为交易过程中外汇汇率的变化使得实际支付的本币现金流量变化而产生亏损的可能性。

3. 互换交易风险的规避

互换交易风险的规避措施包括以下几个。

(1) 缔结冲抵型互换抵消风险。这是规避互换风险的一种极为有效的方法。做一个冲抵型互换，可产生出金额相等、方向相反的头寸。如果不考虑互换差价，原先互换的风险基本上就得到了规避。

(2) 选择差额结算。在互换合约的执行过程中，人们常常选择使用差额结算来规避风险。所谓差额结算，就是在实际发生结算时，对手之间不需按固定利率和浮动利率计算的利息总额相互支付款项，而只需支付差额部分。当固定利率大于浮动利率时，固定利率支付者支付两种利率差与名义本金额的乘积。当固定利率小于浮动利率时，浮动利率支付者要付出利息差额给对方。无疑，利息差额通常比固定或浮动利率与名义本金额的乘积要小得多，风险亦相应减少。

(3) 利用现货市场避险。当互换参与者从事了一笔互换交易后，若没有从事另一个与之相对应的冲抵型互换交易，那么该参与者规避互换市场风险的基本思路是使这一未经冲抵的互换头寸与其在现货市场上所持有的头寸相一致。这样，在该参与者没有从事另一个冲抵型互换交易之前，他可以利用现货市场交易或与现货市场交易有关的期货交易，来规避互换交易的市场风险。交叉货币的固定对浮动利率和浮动对浮动利率的货币互换都可以通过现货市场规避市场风险。

【实例9.1】对于一个货币互换交易，其对应的现货市场头寸如下。

一是收入A币种的固定利率并支付B币种的固定利率的互换交易，相当于在买入A币种固定利率债券的同时出售B币种的固定利率债券。

二是支付A币种的固定利率并收入B币种的固定利率的互换交易，相当于在卖出A币种固定利率债券的同时买入B币种的固定利率债券。

请问如何利用现货市场规避上述两种货币互换的风险？

---解题---

对于这样的互换，可以利用现货市场来规避。

对于第一种货币互换，可以通过卖出A币种的固定利率债券并将所得收益投资于B币种的固定利率债券。所买卖的两种债券的金额大小，是由互换中名义本金总额以及两种货币的即期汇率水平来确定的。

对于第二种货币互换，只要买入A币种的固定利率债券并卖出B币种的固定利率债券即可。

---

(4) 设置抵押或担保。交易的一方提供适当的资产(通常是政府公债或具有市场性的抵押资产)作为抵押，使他方得以防范不履约的风险。资产抵押有两种基本方法：①较弱的交易对手在互换交易之初提供抵押资产给较强的一方，之后可能要增加抵押的资产，以涵盖互换交易的新增价值。②相互提供抵押担保。在互换交易进行之初，双方互相提供抵押的资产。当互换交易的价值有明显变动导致交易一方的信用有明显恶化时，则调整抵押的资产。为弥补信用等级较低的不足，交易的一方或双方还可以寻找实力雄厚、信用良好的

伙伴为自己提供担保，可以起到和资产抵押相同的作用。

第二节　货币互换交易

货币互换(currency swap)，是指两个独立的借取不同的货币币种的借款人，同意在未来的时间内，按约定的规定，互相负责对方到期应付的借款本金和利息。与利率互换不同的是，货币互换中的本金为不同币种，但经汇率折算后，金额大致相等。

一、货币互换的特点

1. 货币互换必须具备一定的前提条件

货币互换必须具备两个前提条件：一是存在两个期限和金额上相同，而对货币币种需要则相反的交易伙伴；二是交易双方具有相对优势。在货币互换交易中，交易双方在不同市场通过相对优势获得的利益可以在交易各方之间分配。

2. 货币互换具有灵活性

在货币互换中，交易条件由双方商定，本金互换的汇率以及双方支付的利率都可以根据需要商定。例如，可以用规定的汇率，也可以用即期汇率，还可以用远期汇率，但对应于不同汇率水平的利率会有所不同。货币互换的利率形式可以是固定利率换浮动利率，也可以是浮动利率换浮动利率，还可以是固定利率换固定利率。期初本金互换的过程也可有可无。只要精心安排，货币互换就能发挥出最大的功能。

3. 在货币互换中，还存在一些特殊风险

在货币互换中，除了汇率风险，还存在一些特殊风险，如汇兑风险、替代风险和信用风险。汇兑风险是指一笔货币互换协议至少要牵涉两种货币，如果一种货币由于官方的干预(比如在严格的外汇管制国家)而导致超过一定数量的货币不予兑换或不准兑换。所谓信用风险，即客户或交易对手违约的风险。在货币互换中，银行承担了这种信用风险，因此银行要防范这种信用风险，如评定客户或交易对手的信用等级；评价交易真实价值的风险；设计安全保障措施；用保证金、资产抵押等方法提高保障程度；等等。

4. 银行承担了相应的汇率或利率风险

银行同客户叙做了货币互换后，便承担了相应的汇率或利率风险。对于银行来说，最简单的方法是找到另一个交易对手，叙做一笔方向相反的交易，即可完全抵消风险。但在实际交易中，这样的机会并不多，往往难以找到金额、期限等内容完全匹配的交易。这就需要银行通过在外汇市场、货币市场以及资本市场上的操作来管理它所承担的风险，即将各种不同类型的金融互换交易或是其他金融产品放在一起，作为一项风险组合进行集中管理，凭借先进的、实时的风险管理系统和高素质的专业人员来完成这一工作。

二、实例

货币互换报价的一般做法：在期初本金交换时，通常使用即期汇率，而在期末交换本金时，则使用远期汇率。远期汇率是根据利率平价理论，计算出两种货币的利差，用升水或贴水表示，与即期汇率相加减，得出远期汇率。流行的另一种货币互换报价方式是：本金互换采用即期汇率，而不采用远期汇率。

【**实例9.2**】美国的A公司和德国的B公司分别在德国和美国开设子公司，A公司的子公司需要筹措一笔欧元资金，而B公司的子公司则需要美元资金。作为外国公司，它们很难以优惠的利率筹措到低成本的资金，但作为本国公司，它们的母公司在各自国内往往能获得较优惠的利率水平。A、B两家公司筹措资金的成本情况如表9-1所示。请问两家公司如何进行货币互换？

表9-1　A、B两家公司筹措资金的成本情况

公司	美元债券	欧元债券
A公司(美国)	5%	3.8%
B公司(德国)	5.4%	3.6%

解题

根据表9-1可知，A公司在其本国(美国)的债券市场上显然占有优势，可以按5%的利率成本筹集美元资金，同时，B公司也在其本国(德国)的债券市场上占有优势，可以按3.6%的利率成本筹集欧元资金。A、B两家公司可以利用双方在各自市场上的优势，通过银行进行货币互换，降低双方筹资成本。具体步骤如下。

(1) A公司在本国市场发行5年期美元债券，年利率为5%。

(2) B公司在本国市场发行5年期欧元债券，年利率为3.6%。

(3) 银行安排A、B两家子公司叙做期限为5年的货币互换。双方首先按约定的汇率交换双方筹得的本金。这样A公司获得所需的欧元资金，B公司获得所需的美元资金。

(4) 在5年里，A公司将定期通过银行向B公司支付欧元利息，B公司将利息收入用于支付所发行的欧元债券利息。

(5) 同样，B公司也定期通过银行向A公司支付美元利息，A公司将利息收入用于支付所发行的美元债券利息。

(6) 在货币互换期限内，A公司和B公司所支付的固定利率由双方根据具体情况商定。A公司希望利率成本降低0.2%，B公司也希望利率成本降低0.2%，于是货币互换的固定利率水平确定为A公司按年利率3.6%支付欧元利率，B公司按年利率5.2%支付美元利率。

(7) 在到期日，A公司和B公司将本金按期初约定的汇率重新交换回来。A公司支付欧元本金，B公司支付美元本金，这样双方都能偿付各自发行的债券。

在本例中，银行获得年利率为0.2%的收益。作为安排交易的银行，它承担了信用风险，0.2%是其信用风险的报酬。

在货币互换交易中，双方先按照预定的汇率进行资本额互换，完成互换后，每年按照约定的利率和资本额进行利息支付互换，协议到期后，再按原约定汇率将原资本额换回。

由此可见，通过货币互换对风险与收益均实行了一次性双向锁定，这样不仅可以规避各自承担的汇率风险，也降低了交易双方的融资成本，同时解决了各自资产负债管理需求与资本市场需求之间的矛盾，也破除了当事人之间因资本市场、货币市场的差异以及各国外汇管制的不同所造成的壁垒，开拓了更广阔的筹资途径。

第三节　货币互换交易的作用

一、降低筹资成本

如果交易者需要一种货币资本，可是自身只能以较劣的条件获得该货币，这时交易者可以举借利率条件相对较优的货币，再通过货币互换转换成自己需要的货币，从而达到降低筹资成本的目的。货币互换除了可通过获取比较利益降低经营费用，还可以通过两种方式降低费用。第一，通过其在套期保值中的运用，可以改善借款者获取资金所依赖的信用条件。信用条件的改善有助于借款人借入更大数额的资金，并为其实现经济目标提供了广泛的机会。第二，货币互换使公司能够避开税制和法规的各种限制，从而能够降低它们的经营费用。

【实例9.3】两个市场上两家公司的信用不同。甲公司借美元利率低，借英镑利率高，但是甲公司需要英镑；乙公司借美元利率高，借英镑利率低，但是乙公司需要美元。试问甲乙两家公司如何进行货币互换？

> **解题**
>
> 首先，双方在各自有优势的市场以低利率借入货币，即甲公司借美元，乙公司借英镑；然后进行互换交易，从而使双方都获利。货币互换的关键在于互换货币都是完全可以自由兑换的货币。

二、规避汇率风险

利用货币互换既可以规避汇率和利率风险，也可以降低债务成本。例如，甲公司借美元，担心美元升值，英镑贬值；乙公司借英镑，担心英镑升值，美元贬值。双方一拍即合，利用货币互换交易规避汇率风险，即换出对自己不利的货币，换进对自己有利的货币。

又如，某跨国公司以美元为基础货币，该公司资产有多种货币面值。董事会格外关注以欧元(EUR)为面值的资产，该资产占公司总资产的30%，且欧元资产的期限很长(8年)，所以董事会担心任何即期利率的波动将导致收益波动性增加。总的来说，公司共有980亿欧元的资产没有对应的负债，而大多数的负债以美元为面值。当时汇率为USD1=EUR0.9800。为了使公司资产负债币种匹配，降低汇率风险，公司考虑通过在欧洲外汇市场上发行欧元债券归还美元债务来对外汇敞口保值。然而该公司在欧洲不是很有名，发行欧元债务成本为LIBOR+45bps。但是通过一个货币互换，公司可以以较低成本达到同样目的。互换内容如下：欧元本金980亿欧元；美元本金100亿美元、期限8年；公司欧元利息支付为LIBOR+5bps，公司美元利息收入为LIBOR。

在这个互换中，公司合成了欧元债务，与公司现有的欧元资产相匹配，消除了汇率风险，即任何资产损失将被货币互换的收益抵消，而这样操作比直接发行欧元债务节省0.4%的成本。

三、拓宽融资渠道

利用货币互换可以拓宽融资渠道：一是从本来无法获得融资的渠道获得融资；二是筹资者可以在熟悉的市场上筹措资金，通过互换来达到各自的目的，而不需要到自己不熟悉的市场去寻求筹资机会。

【实例9.4】假设美国的甲公司在纽约外汇市场上有熟悉的美元筹资渠道，英国的乙公司在伦敦外汇市场上有熟悉的英镑筹资渠道。这样，美国的甲公司在纽约外汇市场上借取145万美元，英国的乙公司在伦敦外汇市场上借取10万英镑。当时的即期汇率为GBP1=USD1.45。试问甲乙两家公司如何进行货币互换？

解题
(1) 期初，甲公司用美元换乙公司的英镑。
(2) 期间，乙公司偿付甲公司的美元利息，甲公司偿付乙公司的英镑利息。
(3) 债务到期后，乙公司偿还甲公司的本金，甲公司偿还乙公司的本金。

【实例9.5】公司有一笔日元贷款，金额为1亿日元，期限为5年，利率为固定利率4.50%，付息日为每年6月20日和12月20日。2016年6月10日提款，2021年6月10日到期归还。

公司提款后，将日元换成美元，用于采购生产设备。产品出口得到的收入是美元收入，而没有日元收入。

从以上的情况可以分析出，公司的日元贷款存在汇率风险：公司借的是日元，用的是美元，借款到期时，公司需要将美元收入换成日元还款，如果到时日元升值、美元贬值(相对于期初汇率)，则公司要用更多的美元来买日元还款。这样，由于公司的日元贷款在借、用、还上存在着货币不统一，就存在汇率风险。

公司为控制汇率风险，决定与中国银行叙做一笔货币互换交易。双方规定，交易于2016年6月10日生效，2021年6月10日到期，使用汇率为USD/JPY=110。

试问该公司如何做货币互换交易？

> **解题**
>
> (1) 在提款日(2016年6月10日)，公司与中国银行互换本金：公司从贷款行提取贷款本金，同时支付给中国银行，中国银行按约定的汇率水平向公司支付相应的美元。
>
> (2) 在付息日(每年6月10日和12月10日)，公司与中国银行互换利息：中国银行按日元利率水平向公司支付日元利息，公司将日元利息支付给贷款行，同时按约定的美元利率水平向中国银行支付美元利息。
>
> (3) 在到期日(2021年6月10日)，公司与中国银行再次互换本金：中国银行向公司支付日元本金，公司将日元本金归还给贷款行，同时按约定的汇率水平向中国银行支付相应的美元。
>
> 在本例中，由于在期初与期末，公司与中国银行均按预先规定的同一汇率(USD/JPY=110)互换本金，且在贷款期间公司只支付美元利息，而收入的日元利息正好用于归还原日元贷款利息，从而使公司完全规避了未来的汇率变动风险。

第四节 利率互换交易

利率互换是指交易双方在相同期限内，交换币种一致、名义本金相同，但付息方式不同(一个是浮动利率，另一个是固定利率)的一系列现金流的金融交易。利率互换的原理是利用两个或更多的筹资人根据自己的优势在市场上筹资，然后根据比较优势设定一种交换机制使双方都获得好处。

双方之所以可以进行利率互换，是因为有比较优势之差的存在。

一、利率互换交易中双方需要明确的内容

利率互换交易中双方一般需要明确以下内容。

(1) 本金：包括货币币种和交易金额。

(2) 浮动利率的付息期限：3个月和6个月LIBOR较常见。

(3) 利率互换的期限：美元、日元及主要外币利率互换的期限可以做到10年以上。期限短的流动性相对较好。

(4) 费用：叙做利率互换只需在每个付息日与银行互相支付浮动(或固定)利率的利息，此外无其他费用。

二、利率互换交易报价

利率互换交易的市场报价一般根据固定利率水平进行。根据交易惯例，如果交易的一方愿意收入浮动利率并支付固定利率，称为买入利率互换；如果交易的一方愿意支付浮动

利率并收入固定利率,称为卖出利率互换。

例如,一项3年期的利率互换交易,市场报价为4%,4.2%。4%为报价者买入利率互换(即收入浮动利率、支付固定利率),4.2%为报价者卖出利率互换(即支付浮动利率、收入固定利率)。如果交易一方选择4%,表示愿意向对方收取4%的固定利率,同时支付LIBOR浮动利率,是卖出利率互换;如果交易一方选择4.2%,表示愿意向对方支付4.2%的固定利率,同时收取LIBOR浮动利率,是买入利率互换。

【**实例9.6**】 现有A、B两家公司,都想借入100万美元,期限都是5年。由于A、B的信用等级不同,在固定利率、浮动利率市场面临的融资成本不同(见表9-2)。试问A、B两家公司该如何进行利率互换?

表9-2 A、B两家公司在固定利率、浮动利率市场面临的融资成本

利率	固定利率	浮动利率
A公司	8%	3个月的LIBOR+0.2%
B公司	9.2%	3个月的LIBOR+1%
比较优势	1.2%	0.8%
比较优势之差	0.4%	

解题

由表9-2可知,B公司在固定利率市场和浮动利率市场中融资的利率都高于A公司,因此B公司的信用等级低于A公司的信用等级。

从比较优势来看,A公司以固定利率融资比B公司以固定利率融资的利率降低了1.2%,即比较优势为1.2%;A公司以浮动利率融资比B公司以浮动利率融资的利率降低了0.8%,即比较优势为0.8%,相对而言,A公司以固定利率融资的优势更大。

因为B公司以浮动利率融资与A公司以浮动利率融资的差距较小,所以也可以说B公司以浮动利率融资具有相对优势。

双方都发挥各自的相对优势,A公司以固定利率融资,利率水平为8%,B公司以浮动利率进行融资,利率为LIBOR+1%,由于双方有比较优势利率差,双方可以进行利率互换。

互换方法如下。

A公司向B公司支付LIBOR利率,这样A公司共支付的利率水平为8%+LIBOR,从而A公司变成了以浮动利率融资。为了能够降低融资成本,A公司必须要求B公司给予其补偿,补偿的数量应该不低于7.8%(假定3个月的LIBOR为7.4%),这样,A公司真正的融资成本变成了LIBOR+8%-x,x大于7.8%,如果x是7.95%,则A公司的成本为LIBOR+0.05%,比不进行利率互换便宜0.15%;如果x是8%,则比不进行利率互换便宜0.2%,以此类推。

同理,对于B公司而言,其获得了LIBOR利率的补偿,并向外支付x,所以,B公司变成了以固定利率融资,利率水平为LIBOR+1%+x-LIBOR,即为1%+x。如果x是7.95%,则B公司的融资成本为8.95%,节省0.25%;如果x是8%,则节省0.2%,但x不能大于8.2%,否则B公司得不到好处,自然不愿与A公司进行利率互换。

所以双方交换LIBOR和x,且x的范围为7.8%~8.2%。

三、货币利率交叉互换

货币利率交叉互换(cross-currency interest rate swaps)是利率互换和货币互换的结合，它是以一种货币的固定利率交换另一种货币的浮动利率，也就是在一笔互换交易中既有不同货币的支付的交换，又有不同种类利率(如浮动利率对固定利率)的利息支付的交换。交叉货币利率互换的典型形式是非美元固定利率支付对美元浮动利率支付的交换。

【实例9.7】假设A公司希望借入5年期浮动利率欧元资金，而B公司希望借入5年期固定利率美元资金。A、B两家公司在固定利率、浮动利率面临的融资成本如表9-3所示。

表9-3 A、B两家公司在固定利率、浮动利率面临的融资成本

利率	固定利率	浮动利率
A公司	4%	3个月的LIBOR+0.2%
B公司	5%	3个月的LIBOR+0.6%
比较优势	1%	0.4%
比较优势之差	0.6%	

假设B公司希望借入1亿美元，互换协议中双方约定的汇率为USD/EUR=0.98，则互换中的欧元金额为0.98亿欧元。

试问A、B两家公司该如何进行货币利率交叉互换？

解题

(1) 在提款日，A公司与B公司互换本金：A公司借入1亿美元固定利率资金，B公司借入0.98亿欧元浮动利率资金；A公司用1亿美元交换B公司的0.98亿欧元。

(2) 付息时(第1年至第5年)，A公司向B公司支付LIBOR+0.6%利率，这样A公司共支付的利率水平为4.6%+LIBOR，从而A公司变成了以浮动利率融资。为了能够降低融资成本，A公司必须要求B公司给予其补偿，补偿的数量应该不低于4.4%(假定3个月的LIBOR为4%)，这样，A公司真正的融资成本变成了LIBOR+4.6%-x，x大于4.4%，如果x是4.6%，则A公司的成本为LIBOR，比不进行利率互换便宜0.2%。

同理，对于B公司而言，其获得了LIBOR+0.6%利率的补偿，并向外支付x，所以，B公司变成了以固定利率融资，利率水平为LIBOR+0.6%+x-(LIBOR+0.6%)，即为x。如果x是4.6%，则B公司的融资成本为4.6%，节省0.4%。

在第1年至第5年的付息日，A公司与B公司互换利息：A公司向B公司支付LIBOR+0.6%利率的利息，B公司将这笔欧元利息支付给银行；B公司向A公司支付4.6%利率的利息，A公司将这笔美元利息中的4%利率部分支付给银行。

(3) 在到期日，A公司与B公司互换本金：A公司用0.98亿欧元交换回B公司的1亿美元。

在本例中，由于在期初与期末，A公司与B公司均按预先规定的同一汇率(USD/EUR=0.98)互换本金，从而使公司完全规避了未来的汇率变动风险。

第五节 利率互换交易的作用

一、规避利率风险

利用利率互换规避利率风险，可以达到固定利率成本和固定资产收益的目的。

1. 固定利率成本

【实例9.8】某公司借入一笔1000万美元的浮动利率贷款，成本为3个月LIBOR+0.5%，期限为5年，每半年付息一次。该公司将这笔贷款用于项目投资，预计每年的投资回报率为10%，期限为5年。两年后，该公司认为美元利率有可能上升。假定银行对期限为2年的美元利率互换报价为4.8%，5%。因此在剩余的3年贷款期限内，利率成本将随着LIBOR的上升而增加，而投资回报率10%不会增加。为防范利率上升的风险，该公司决定运用利率互换固定利率成本，稳定今后两年内的投资收益。试问该公司如何做利率互换交易？

──解题──

该公司希望支付固定利率、收入浮动利率，因此属于买入利率互换。价格为5%，名义本金为1000万美元，付息日期与该公司浮动利率贷款的付息日期相匹配。

在每一个付息日，该公司将按5%的固定利率向银行支付利息，银行将按3个月LIBOR向该公司支付利息。双方实际交割利息差额，资金支付方向由每一期的LIBOR实际水平决定。

在第一个付息日，如果该期的3个月LIBOR水平确定为5.2%，则银行向该公司净支付金额为

1000万×(5.2%−5%)×182÷360=10111.11美元

如果3个月LIBOR水平确定为4.5%，则该公司向银行净支付金额为

1000万×(5%−4.5%)×182÷360=25277.78美元

如果3个月LIBOR水平确定为5%，则不发生资金收付。

以后各期以此类推，直至期限的终止。

该公司通过利率互换固定了借款的利率成本为(LIBOR+0.5%)+5%−LIBOR=5.5%=5.5%，因此该公司的收益率固定为10%−5.5%=4.5%。

所以，通过负债的利率互换，该公司规避了利率上升的风险。

2. 固定资产收益

【实例9.9】某银行发行了100万美元的债券，期限为5年，利率成本为5%。同时该银行发放了一笔100万美元的浮动利率贷款，期限为5年，利率水平为3个月LIBOR+0.2%。由于目前美元利率走势很不稳定，该银行担心利率下跌将导致以浮动利率计息的资产收益减少。为了防范利率风险，该银行决定将浮动利率资产转换为固定利率资产，与固定利率债务相匹配。假定5年期美元利率互换的市场报价为5.6%，5.8%。试问该公司如何做利率互换交易？

> **解题**
>
> 该银行希望收入固定利率，为卖出利率互换。价格为5.6%，名义本金为100万美元，付息日期与该银行浮动利率贷款的付息日期相匹配。交易双方同意浮动利率为3个月LIBOR。
>
> 在每一个付息日，该银行将按5.6%的固定利率收取利息，按3个月LIBOR支付利息。
>
> 在第一个付息日，如果该期的3个月LIBOR水平确定为6%，则该银行净支出金额为
>
> 100万×(6%-5.6%)×182÷360=2022.22美元
>
> 如果3个月LIBOR水平为5%，则该银行净收入为
>
> 100万×(5.6%-5%)×182÷360=3033.33美元
>
> 如果3个月LIBOR水平为5.6%，则不发生资金收付。
>
> 以后各期以此类推，直至5年期限的终止。
>
> 该银行通过利率互换固定了贷款的利息收入为5.6%+(LIBOR+0.2%)-LIBOR=5.8%，因此该银行的收益固定为5.8%-5%=0.8%。
>
> 所以，通过资产的利率互换，该银行规避了利率下跌的风险。

可见，当预期利率上涨时，可将浮动汇率形态的债务换成固定利率；当预期利率下跌时，可将固定利率形态的债务换成浮动利率。

二、投机获利

利率互换既可以对资产进行互换，也可以对负债进行互换；既可以作为避险工具，也可以作为投机手段。资产持有者预期利率走势看涨时做买入利率互换，而预期利率走势看跌时做卖出利率互换。负债者预期利率走势看涨时做卖出利率互换，而预期利率走势看跌时做买入利率互换。

【**实例9.10**】在某银行的资产负债表上，美元的固定利率资产与固定利率负债大体上互相匹配。该银行预期美元利率将会上升，决定运用利率互换来提高资产的盈利能力。5年期美元利率互换的市场报价为4.7%，4.8%。试问该公司如何做利率互换交易？

> **解题**
>
> 该银行按4.8%的价位做买入利率互换，期限为5年。在未来5年内，该银行支付固定利率水平为4.8%，收取浮动利率水平为3个月LIBOR。
>
> 通过利率互换，该银行将固定利率的资产转换为浮动利率的资产，如果对利率走势的判断正确，其投资收益将会随着市场利率水平LIBOR上升而增加。在5年内的每个付息日，当3个月LIBOR的利率水平高于4.8%时，该银行将收取两者的差额作为收益。

承上例，如果银行预期美元利率水平将会下跌，则应做卖出利率互换，将浮动利率的资产转换为固定利率的资产。在未来5年内，银行支付浮动利率水平为3个月LIBOR，收取固定利率水平为4.7%。

第六节　人民币外汇货币互换交易

人民币外汇货币互换交易也称人民币外汇货币掉期交易，根据中国外汇交易中心，它是指在约定期限内交换约定数量两种货币本金，同时定期交换两种货币利息的交易。

本金交换的形式包括以下几种。

(1) 在协议生效日双方按约定汇率交换两种货币的本金，在协议终止日双方再以相同的汇率、相同金额进行一次本金的反向交换。

(2) 在协议生效日和终止日均不实际交换两种货币的本金交换形式。

(3) 在协议生效日或终止日仅进行一次两种货币的本金交换。

(4) 主管部门规定的其他形式。利息交换指交易双方定期向对方支付以换入货币计算的利息金额，交易双方可以按照固定利率计算利息，也可以按照浮动利率计算利息。

一、银行间的人民币外汇货币互换交易

银行间的人民币外汇货币互换交易的相关规定如下。

(1) 交易模式为双边询价。

(2) 交易品种包括USD/CNY、EUR/CNY、JPY/CNY、HKD/CNY、GBP/CNY、AUD/CNY、CNY/IDR。

(3) 交易时间为北京时间9：30—次日3：00(印尼卢比交易时间为9：30—16：30，周六、周日及法定节假日不开市)。

(4) 清算方式为双边清算。

(5) 市场准入要求：具备银行间外汇市场即期会员资格且取得相关金融监管部门批准的衍生品业务资格的金融机构可根据业务需要单独或一并申请各类银行间人民币外汇衍生品会员。

二、客户与银行的人民币外汇货币互换交易

以中国工商银行为例，分析客户与银行的人民币外汇货币互换交易。

根据中国工商银行网站，人民币外汇互换交易是指交易双方约定一前一后两个不同的交割日、方向相反的两笔本外币交易，在前一次交易中，一方用外汇按照约定汇率从另一方换入人民币，在后一次交易中，该方再用人民币按照另一约定汇率从另一方换回外汇。其中，交割日在前的交易称为近端交易，交割日在后的交易称为远端交易。

掉期具体操作规则：美元、日元和欧元以绝对价格的万分之一为1个基点，即小数点后第4位。掉期港币以绝对价格的十万分之一为1个基点，即小数点后第5位。系统允许美元、日元和欧元的掉期点保留两位小数，港币保留一位小数。带正号的掉期点指外币升水，带负号的掉期点指外币贴水。近端(或远端)绝对成交价格为双方商定的即期价格加

上近端(或远端)的掉期点。比如，双方商定的人民币/美元的即期价格为8.0100，近端掉期点为-30点，则近端成交价格为8.0100-0.0030=7.9970。

人民币外汇货币掉期适用于以套期保值为目的、希望规避汇率利率变动风险的企业。其产品具有如下特点：一是期初与期末本金交换方式灵活，可选择起息日和到期日两次均交换本金、两次均不交换本金、仅一次交换本金；二是支持多种利息交换方式，包括浮动利率换固定利率、固定利率换固定利率、浮动利率换浮动利率；三是结构多样，可使用本金摊销，可挂钩多种标的，其中人民币可挂钩SHIBOR、7天回购定盘利率、1年期定期存款利率、LPR等，美元、欧元、港币等外币可挂钩对应币种的LIBOR、EURIBOR、HIBOR、固定利率等。

【实例9.11】中国工商银行客户的子公司2018年底在境外获得一笔美元贷款，金额为10万美元，贷款期限为5年，利率为浮动利率6个月LIBOR+180bp，付息日为每年的3月20日、6月20日、9月20日和12月20日，2018年12月20日贷款到账，2023年12月20日到期归还。客户贷款到账后，将美元换成人民币，用于原材料采购。客户的美元贷款本息存在利率和汇率风险。具体来看，存续期内，客户每个季度需要支付利息，如果美元6个月LIBOR上涨，客户需要支付更多利息，存在利率风险；贷款到期后，客户需要偿付美元本金，如果到时人民币贬值，则客户要支付更多人民币换成美元还款，存在汇率风险。试问该公司如何做互换交易？

解题

客户为控制利率风险和汇率风险，决定与中国工商银行叙做一笔人民币外汇货币互换交易。双方规定，交易生效日为2018年12月20日，到期日为2023年12月20日，本金交割汇率为USD/CNY=6.7，每季度客户收取美元浮动利率，支付人民币固定利率，这一货币互换过程如下。

(1) 在交易生效日(2018年12月20日)，客户与中国工商银行互换本金10万美元，客户从子公司提取贷款本金，并支付给中国工商银行，中国工商银行按约定的汇率6.7向客户支付人民币670万元。

(2) 在付息日(每年的3月20日、6月20日、9月20日和12月20日)，客户与中国工商银行互换利息，即中国工商银行基于美元浮动利率水平向客户支付美元利息，客户将美元利息支付给子公司，同时按合约规定的人民币固定利率水平向中国工商银行支付人民币利息。

(3) 在到期日(2023年12月20日)，中国工商银行与客户再次互换本金，即中国工商银行向客户支付美元本金10万元，客户将美元本金归还给子公司，并按约定汇率USD/CNY=6.7向中国工商银行支付670万元人民币。

在本例中，由于在期初与期末，客户与中国工商银行均按预先约定的同一汇率(USD/CNY=6.7)互换本金，并且在贷款期间客户只按照固定利率支付人民币利息，收取的美元利息用于归还美元贷款利息，从而使客户完全规避了未来的汇率和利率波动风险。

三、实例

1. 近端购汇、远端结汇

【实例9.12】某外贸企业近期需要支付100万美元,该外贸企业预计3个月后会有100万美元入账。

但是该外贸企业觉得现在全球经济修复面临着不小的压力,而中国与其他国家目前处于经济周期错位的格局,中国疫情控制能力属于全球领先水平,后续经济表现一定不会很差,那么人民币在国际货币群中的相对地位就不会走弱,于是该外贸企业认为未来一段时间内人民币是会升值的(相对美元)。

该外贸企业为了避免3个月后由于人民币的升值,导致收到的100万美元贬值,于是该外贸企业来到银行进行汇率互换交易,从而锁定3个月后人民币兑美元的汇率。

试问该公司如何做互换交易?

> **解题**
>
> 在本例中,该外贸企业需要支付100万美元现货,此时需要用710万元人民币来换成100万美元进行支付(假设人民币兑美元的汇率为7.1)。3个月后企业会收取100万美元,同时认为美元会贬值,人民币会升值。
>
> 此时,该外贸企业可以和银行签订包含以下要素的一笔汇率互换业务。
>
> (1) 近端购汇日期:当前;远端结汇日期:3个月后。
>
> (2) 近端购汇汇率:7.1;远端结汇汇率:7.0。
>
> (3) 互换本金=100万美元。
>
> 可见,该外贸企业锁定了3个月后的人民币兑美元汇率,也就是锁定了以7.0的汇率将美元换为人民币的收益。如果3个月后市场上的人民币汇率到了6.9或6.8的水平,那么该外贸企业就可以用100万美元换得更多的人民币。

2. 近端结汇、远端购汇

例如,某企业借入1000万美元6个月期限外币贷款,按季付息,利率类型为3个月LIBOR+50bp。为规避利率和汇率风险,企业同时与银行签订人民币外汇货币互换合约,约定期初结汇汇率和6个月后购汇汇率均为6.9000,期间以美元3个月LIBOR和人民币一年期LPR为参考基准进行利率互换。这样,企业通过在银行办理人民币外汇货币掉期业务:一是将外币利息支出转化为人民币利息支出,规避了贷款存续期间因汇率波动导致外币利息成本增加的风险;二是锁定期末购汇偿还本金的汇率成本;三是若在贷款存续期内人民币LPR下行,则企业还可降低融资成本。

【实例9.13】某外贸企业近期收到100万美元入账,这100万美元需要转换成人民币以供该外贸企业日常运营使用。同时该外贸企业预计3个月后需要对外支付100万美元。试问该外贸企业如何做互换交易?

该外贸企业分析了一下美国市场,觉得相对于美元,人民币未来可能存在一定贬值压力。因为由于通胀的高企,美联储预计马上有3次左右的加息操作,美国利率水平的抬升会吸引很多外国资金回流美国。投资者对于美元货币的需求会显著增加,进而影响美元汇率。于是该外贸企业认为未来一段时间内,相对于人民币,美元会升值。

该外贸企业为了避免3个月后由于美元的升值,企业需要用更多的人民币换为美元进行支付。故该外贸企业来到银行进行汇率互换交易,从而锁定3个月后人民币兑美元的汇率。

---解题---

在本例中,该外贸企业持有100万美元现货,需要换成人民币资产。3个月后需要支付100万美元,同时认为人民币未来会贬值,美元会升值。

此时,该外贸企业可以和银行签订包含以下要素的一笔汇率互换业务。

(1) 近端结汇日期:当前;远端购汇日期:3个月后。

(2) 近端结汇汇率:7.1;远端购汇汇率:7.15。

(3) 互换本金=100万美元。

可见,该外贸企业锁定了3个月后的人民币兑美元汇率,也就是锁定了以7.15的汇率将人民币换为美元的成本。如果3个月后市场上的人民币汇率到了7.2或7.25的水平,那么该外贸企业就可以用较少的成本换来100万美元。

本章小结

1. 互换交易是指对相同货币的债务或不同货币的债务通过金融中介进行互换的一种行为。互换交易是国际贸易中的绝对成本学说和比较成本(相对成本)学说在国际金融市场上的运用。

2. 互换交易风险的类型主要包括信用风险、国家风险、市场风险、收支不对应风险、结算风险。

3. 互换交易风险的规避的措施包括以下几个:缔结冲抵型互换抵消风险;选择差额结算;利用现货市场避险;设置抵押或担保。

4. 货币互换是指两个独立的借取不同的货币币种的借款人,同意在未来的时间内,按约定的规定,互相负责对方到期应付的借款本金和利息。

5. 货币互换报价的一般做法:在期初本金交换时,通常使用即期汇率,而在期末交换本金时,则使用远期汇率。远期汇率是根据利率平价理论,计算出两种货币的利差,用升水或贴水表示,与即期汇率相加减,得出远期汇率。

6. 利率互换交易是交易双方在相同期限内,交换币种一致、名义本金相同,但付息方式不同的一系列现金流的金融交易。利率互换具有规避利率风险、增加资产收益以及投机获利等作用。

7. 人民币外汇货币互换交易也称人民币外汇货币掉期交易,是指在约定期限内交换约定数量两种货币本金,同时定期交换两种货币利息的交易。

关键概念

互换交易　信用风险　国家风险　市场风险　汇率风险　利率风险
收支不对应风险　结算风险　货币互换　利率互换　买入利率互换
卖出利率互换　人民币外汇货币互换交易

本章习题

1. 什么是互换交易？互换交易有哪些优点？
2. 互换交易面临哪些种类的风险？该如何规避互换交易的风险？
3. 什么是货币互换？它有哪些特点？
4. 公司有一笔日元贷款，金额为10亿日元，期限为7年，利率为固定利率3.25%，付息日为每年的6月20日和12月20日。2017年12月20日提款，2024年12月20日到期归还。公司提款后，将日元买成美元，用于采购生产设备。产品出口得到的收入是美元收入，而没有日元收入。从以上的情况可以看出，公司的日元贷款存在汇率风险。具体来看，公司借的是日元，用的是美元，借款到期时，公司需要将美元收入换成日元还款。那么到时如果日元升值，美元贬值(相对于期初汇率)，则公司要用更多的美元来买日元还款。这样，由于公司的日元贷款在借、用、还上存在着货币不统一，就存在汇率风险。

公司为控制汇率风险，决定与银行叙做一笔货币互换交易。双方规定，交易于2017年12月20日生效，2024年12月20日到期，使用汇率为USD1=JPY113。

那么，请问：

(1) 在提款日(2017年12月20日)该公司与银行发生何种业务？
(2) 在付息日(每年的6月20日和12月20日)该公司与银行发生何种业务？
(3) 在到期日(2024年12月20日)该公司与银行发生何种业务？

第十章
外汇风险管理

学习目标

理论目标：掌握外汇风险的概念；掌握外汇风险管理的概念、流程等；掌握外汇风险识别的概念；掌握外汇风险的分解。

实务目标：掌握外汇风险识别的方法；掌握外汇风险的测量方法；掌握规避外汇风险的一般方法；掌握外汇风险规避的综合方法。

情景小故事

某企业为一家生产型的涉外企业，其原材料大部分从国外进口，生产的产品约有三分之二销往国外。企业出口收汇的货币主要是欧元，进口支付的货币除美元外，主要还有欧元和英镑。该企业每个月大约有2000万欧元的外汇收入、3000万非欧元(美元、英镑)的对外支付。2022年年中，美元兑欧元汇价在平价下方，英镑兑美元也在1.3美元左右，而2023年下半年美元兑欧元有可能突破平价，该企业可能因此蒙受巨大的汇率风险损失。

该企业出口收汇的欧元金额小于进口付汇金额，每月收付逆差约1600万欧元，且进口付汇与收入外汇的币种也不匹配。非欧元货币在实际对外支付时，与签订商务合同或开立远期信用证时相比存在汇率升值的风险。因此，该公司迫切需要防范和规避外汇风险。

该企业的外汇风险管理方法如下：

(1) 采取货币选择法。争取在进口合同中使用与出口合同一致的货币，这样可以消除约900万欧元的敞口头寸。

(2) 采取"提前错后"法。如预测欧元汇率继续看跌，美元汇率继续看涨，则可争取提前收取出口货款，提前支付进口货款，以消除出口远期收汇和进口远期付汇的汇率风险。

(3) 采取外汇交易法。前两种方法一方面可能存在与对方谈判结算条件上的困难，另一方面只能规避部分汇率风险。因此，该公司可选择使用外汇交易法来防范汇率风险。在当前情况下，外汇交易法是一种比较现实、经济和有效的防范方法。

(4) 利用外汇期权来防范汇率风险。购买期权时会支付一笔期权费，在到期日期权买方既可选择执行期权合同，也可选择不执行合同。如果欧元汇率在协定价之下，则行使期权，欧元的汇率就锁定在协定汇率水平，企业可以按照外汇期权合约约定的汇率卖出欧元。

【根据相关资料整理】

第一节　外汇风险管理概述

一、外汇风险的概念

外汇风险(foreign exchange exposure)，是指外汇市场上汇率的变动，导致以外币计价的资产或负债其价值增加或者减少的可能性。外汇风险一般包括三个要素：本币、外币和时间。一笔应收或应付外汇款项的时间间隔长短与汇率风险大小成正比。时间越长，汇率波动的可能性越大，汇率风险也就越大；反之亦然。

外汇风险具有或然性、不确定性和相对性三个特性。或然性是指外汇风险可能发生也可能不发生，并不是必然的。不确定性是指外汇风险给持有外汇或有外汇需求的经济实体带来的可能是损失，也可能是盈利。它取决于在汇率变动时经济实体是处于债权地位还是处于债务地位。相对性是指外汇风险给一方带来的是损失，给另一方带来的必然是盈利。

从事对外经济、贸易、投资及金融的公司、企业组织、个人及国家外汇储备的管理与营运机构等，通常在国际范围内收付大量外币，或持有外币债权债务，或以外币标示其资产、负债价值。由于各国使用的货币不同，加上各国间货币汇率经常变化，在国际经济往来中，在国际收付结算的时候，就会产生外汇风险。

外汇风险可能影响企业整体经营活动，使企业预期收益蒙受损失，尤其在国际化加速的当今，中国经济越来越融入世界经济，与外汇打交道越来越多，受外汇的影响也越来越大。纯国内企业也要受外汇风险的影响。因为纯国内企业的原材料供应会受汇率波动的影响而发生价格波动，或者进口商品的数量与价格的变化会影响国内企业与进口的商品在国内市场上的竞争，并且纯国内企业通常不如涉外企业那样容易转嫁外汇风险，纯国内企业所承担的间接风险影响更大。外汇风险对他们的影响要受风险传递渠道、产业性质和时间等因素的制约。

外汇风险对国民经济的影响主要表现在宏观和微观两个方面：从宏观上看，外汇风险主要对一国国际贸易条件、国际收支、物价水平、外汇储备和就业等产生影响；从微观上看，外汇风险主要对企业的经营战略、业务安排、企业信用以及营运资金、收益、成本等产生重要影响。

二、外汇风险管理的策略

外汇风险管理(foreign exchange risk management)，是指外汇资产持有者通过风险识别、风险测量、风险控制等方法，预防、规避、转移或消除外汇业务经营中的风险，从而减少或避免可能的经济损失，实现在风险一定条件下的收益最大化或收益一定条件下的风险最小化。

外汇风险管理的策略可以分为以下三种。

1. 完全抵补策略

在该策略下，银行或企业采取各种措施消除外汇敞口额，固定预期收益或成本，从而达到避险的目的。对银行或企业来说，就是对于持有的外汇头寸，进行全部抛补。在一般情况下，采用这种策略比较稳妥，尤其是对于实力单薄、涉外经验不足、市场信息不灵敏、汇率波动幅度大等情况。

2. 部分抵补策略

在该策略下，采取措施清除部分敞口金额，保留部分受险金额，试图留下部分赚钱的机会，当然也留下了部分赔钱的可能。

3. 完全不抵补策略

在该策略下，任由外汇敞口金额暴露在外汇风险之中。这种策略适合于汇率波幅不大、外汇业务量小的情况。在面对低风险、高收益、外汇汇率看涨时，企业也容易选择这种策略。

三、外汇风险管理的流程

外汇风险管理的流程如下所述。

1. 识别风险

在对外经济交易中要了解究竟存在哪些外汇风险，是交易风险、会计风险、还是经济风险。或者了解面临的外汇风险哪一种是主要的，哪一种是次要的；哪一种货币风险较大，哪一种货币风险较小；同时，要了解外汇风险持续时间的长短。

2. 测量风险

综合分析所获得的数据和汇率情况，并对风险敞口头寸和风险损益值进行计算，掌握这些汇率风险将达到多大程度，会造成多少损失。

汇率风险可以用直接风险度量方法和间接风险度量方法测量，根据风险的种类和特点，从各个不同的角度去测量，这样才能为规避风险提供更准确的依据。

3. 规避风险

规避风险，即在识别和测量的基础上采取措施规避外汇风险，避免由外汇风险可能带来的损失。汇率风险规避方案的确定需要在企业国际贸易汇率风险规避策略的指导下选择具体的规避方法。企业应该在科学的风险识别和有效的风险测量的基础上，结合企业自身的性质、经营业务的规模、范围和发展阶段等企业的经营特色，采取完全抵补策略、部分抵补策略或者完全不抵补策略。各种规避策略只有适用条件不同，并没有优劣之分。

在确定规避策略的基础上，进一步选择避险方法。可供选择的避险方法归纳起来有两大类(详见本章第四节、第五节的分析)：一类是通过谈判结合经营策略来规避汇率风险；另一类是利用金融衍生工具来规避外汇风险。归纳起来，主要有远期外汇合约、期货合约、期权合约及其他金融衍生工具。不同的方法对应着不同的操作，但都是为了使"不确定性"得到消除，从而规避汇率风险。

第二节 外汇风险识别

外汇风险识别是指风险管理人员在进行调查研究之后，运用各种方法对潜在的及存在的各种外汇风险进行系统分类和全面识别的过程。外汇风险识别的主要任务是甄别风险事件、确定受险时间、分析风险原因、估计风险后果、计量外汇风险。

外汇风险识别的第一步是认知外汇风险。只有了解外汇风险在什么样的情况下出现、有什么样的表现形式以及会造成什么样的后果，才能找出一个适当的管理方式。

风险识别有许多方法，如分解法、头脑风暴法、德尔菲法以及幕景分析法等。

一、分解法

一种经营活动可能存在多种风险，这些风险的成因及规律不尽相同。按事物自身的规律，结合分析人员的知识经验，将这种经营活动的总体风险进行分解，将有助于对风险整体的认识和了解。

1. 会计风险

会计风险又称转换风险或折算风险，是指经济主体对资产负债表进行会计处理中，将功能货币转换成记账货币时，由于汇率波动而可能呈现的账面损失。

【实例10.1】德国某公司在加拿大有一家子公司，2021年10月15日，该子公司在当地购入一批零配件，货款为10万加元，全部零配件经验收入库。到该年12月31日(会计决算日)，这批零配件尚未出库使用。购货时即期汇率为CAD/EUR＝1.3876，会计决算日即期汇率为CAD/EUR＝1.3321，下跌幅度为4%。请问会计风险带来的损失是多少？

> 解题
>
> 这批零配件如果按历史汇率可折算为13.876万欧元，而按现行汇率只能折算为13.321万欧元，从而产生了0.555万欧元的账面损失。

2. 交易风险

交易风险又称交易结算风险，是指在以外币计价的交易活动中，由于该种货币与本国货币的汇率发生变化而引起的应收资产或应付债务价值变化的可能性。

国际贸易背景下的交易风险的主要构件包括以下几项。

(1) 风险因素：以外币计价结算。

(2) 受险时间：从贸易合约签订到结算完成。

(3) 风险头寸：进口付汇/出口收汇金额。

(4) 风险事故：进口商面对计价结算外币在受险时间内升值，或者出口商面对计价结算外币在受险时间内贬值。

(5) 风险结果：进口商购买外币的本币成本高出预期，或者出口商实际收入的本币数量低于预期。

3. 经济风险

经济风险又称经营风险，是指意料之外的汇率变动通过影响企业生产销售数量、价格、成本，引起企业未来一定期间收益或现金流量变化的可能性。表10-1列举了汇率波动带来的直接经济风险。在本币升值时，公司以本币计价的出口收入会减少；就以外币计价的出口收入而言，虽然外国客户的需求不会减少，但公司最终必须将得到的外币收入兑换成本币，也会导致其本币收入的减少；同时公司的净现金流将因本币升值而增加。在本币贬值时，公司现金流入量和流出量同时增加，净现金流量是增或减取决于流入和流出哪部分受本币贬值的影响更大。

这些经济上的汇率风险，其影响程度取决于东道国货币汇率波动的幅度，以及所引起的外资企业资产、负债和损益实际价值变动的程度，生产营运变化的程度，以及产品价格变化导致需求弹性变化的程度。

表10-1 汇率波动带来的直接经济风险

	交易类型	本币升值	本币贬值
影响公司本币流入的交易	国内销售(相对于国内市场上的外国竞争)	减少	增加
	以本币计价结算的出口	减少	增加
	以外币计价结算的出口	减少	增加
	对外投资的利息收入	减少	增加
影响公司本币流出的交易	以本币计价结算的进口	无影响	无影响
	以外币计价结算的进口	减少	增加
	对国外借入资金的利息支付	减少	增加

4. 利率风险

利率风险是指在外汇交易中由于利率变化给资产、负债或债权债务带来的损失。当预期利率上升时，外汇投资者可以通过"贷短借长"的方式借入一定的外汇，然后贷出。如果交易员预期和实际相反，利率不升反而下跌，其支付的利息额大于收入的利息，该外汇银行就面临利率风险。利率风险带来的损失就是其支付的利息额大于收入的利息的部分。

5. 信用风险

信用风险是指在外汇交易中，由于国外当事人违约所带来的以外币计价的资产或负债的损失的可能性。在外汇交易中，交易双方在到期时承担着买入或卖出某种货币的责任，假如一方违约，到期没有买入或卖出某种货币，另一方平盘时将会面临损失的可能。当汇率向着不利的方向变动时，其损失为合约汇率与市场汇率之差乘以买入或卖出某种货币的金额数。

6. 国家风险

国家风险又称管辖权风险，是指在外汇交易中，由于受到其他国家法律、法令、政策或政治局势的影响造成损失的可能性。它是因国家强制因素迫使交易对方违约而造成资产和负债损失的可能性。在进行外汇交易时，需要考虑其政府对外汇的管辖措施以及政策的变化。如果对方于到期交割时，因政府管制措施的改变而无法履行其支付的义务，会造成本身的损失。损失的大小以资产和负债损失来衡量。

7. 国家外汇储备风险

国家外汇储备风险是指一国所有的外汇储备因储备货币贬值而带来的风险。它主要包括国家外汇库存风险和国家外汇储备投资风险。自1973年国际社会实行浮动汇率制度以来，世界各国外汇储备都面临同样的一种运营环境，即储备货币多元化，储备货币以美元为主，包括美元在内的储备货币汇率波动很大。这样就使各国的外汇储备面临极大的风险。由于外汇储备是国际清偿力的最主要构成，是一国国力大小的一个重要象征，外汇储备面临的风险一旦变为现实，其造成的后果是十分严重的。

二、头脑风暴法

头脑风暴法(Brain Storming)又称智力激励法、BS法、自由思考法，是由美国创造学家A. F. 奥斯本于1939年首次提出、1953年正式发表的一种激发创造性思维的方法。它是一种专家调查咨询方法，本意是形容参加会议的人可以畅所欲言，不受任何约束地发表不同意见。也有人将其形象化地译为"诸葛亮会议"、"神仙会"、智力激励法或集体思考法等。

头脑风暴法可以采取广泛收集专家学者意见的方式，也可采取小组会议的方式。

如果采取小组会议的方式，参加会议的人通常由风险分析专家、风险管理者、专业领域里的专家、具有较强逻辑思维能力和概括能力的专家组成。参加会议的人数不要过多，而且一般不要有直接领导人参加。在小组会议上，大家可以畅所欲言，相互激励，相互启发。如果想多听听意见，那么可以分组开会。此外，还可以召开"诸葛亮会议"，让大家思考各种可能面临的情况，以广开思路。

头脑风暴法的成功要点包括以下几个。

(1) 自由畅谈。参加者不应该受任何条条框框限制，要放松思想，让思维自由驰骋。

(2) 延迟评判。必须坚持当场不对任何设想做出评价的原则，既不能肯定某个设想，也不能否定某个设想，更不能对某个设想发表评论性的意见。一切评价和判断都要延迟到会议结束以后才能进行。

(3) 禁止批评。参加头脑风暴会议的每个人都不得对别人的设想提出批评意见。

(4) 追求数量。头脑风暴会议的目标是获得尽可能多的设想，追求数量是它的首要任务。参加会议的每个人都要抓紧时间多思考，多提设想。

最后，对头脑风暴法的结果还要进行认真的分析，既不能轻视，也不能盲目接受。一般来说，只要有少数几条意见得到实际应用，就是成功的分析方法。

三、德尔菲法

德尔菲法(Delphi)由美国政治学家奥斯卡·格里德(Oscar Grind)于1949年提出，是一种典型的专家咨询调查法。它以希腊阿波罗神殿所在地德尔菲命名，意在表示这是一种集众人智慧进行准确预测的方法。这种方法后来被广泛运用于风险管理和风险决策中。

1. 德尔菲法的基本步骤

(1) 确定调查题目，拟定调查提纲，准备向专家提供的资料，包括预测目的、期限、调查表以及填写方法等。

(2) 选择一组具有相关知识和经验的专家，让他们独立地进行预测或决策。专家人数的多少根据预测课题的大小和涉及面的宽窄而定，一般不超过20人。

(3) 向所有专家提出所要预测的问题及有关要求，并附上有关这个问题的所有背景材料，同时请专家提出还需要什么材料。所有专家对问题进行书面回答和评估。这些问题可以是开放性的，也可以是封闭性的。

(4) 将所有专家的回答汇总起来，并分析其差异和共识。如果存在差异，那么需要再次向专家提问，直到达成共识。

(5) 将分析结果反馈给专家，让他们进行修正和补充。每一次反馈都带有对每一条目的统计反馈，包括中位值及一些离散度的测量数值，有时要提供全部回答的概率分布。分析结果的反馈一般要经过三四轮，直到最终达成共识。

2. 德尔菲法需要做到的事项

(1) 采取匿名制。参加的专家相互之间不知道姓名。

(2) 避免个人权威、资历、压力等影响，特别是主持人或组织者的倾向性意见。

(3) 问题要集中，有针对性，不要过于分散。各个问题要按等级排列，这样易引起专家应答的兴趣。

(4) 避免组合事件。如果一件事包括两个方面，一方面是专家同意的，另一方面是不同意的，这时专家就难以做出回答。

(5) 要限制问题的数量。一般设置20~25个问题为宜，过多的问题不仅排列困难，也容易引起交叉和重复。

(6) 回答问题的方式不同，统计整理的方法也不同，结论也会有所不同，因此对结论还需要进行再分析。

德尔菲法的优点有以下几个：①可以避免群体思维的影响。因为专家是独立回答问题的，不会受到其他人的影响和干扰。②可以充分利用专家的知识和经验。因为专家是根据自己的知识和经验进行回答的，可以充分利用他们的专业知识。③可以解决缺乏数据的问题。在缺乏可靠数据的情况下，可以通过专家的共识和意见来解决问题。

德尔菲法的缺点有以下几个：①需要大量的时间和成本。因为需要对专家进行多轮的提问和回答。②可能存在专家选择偏差。因为在选择专家时可能存在选择偏差，导致专家的意见不够全面和客观。③可能存在意见领袖的影响。因为在专家之间可能存在领袖效应，导致某些专家的意见影响其他专家的回答。

四、幕景分析法

一般认为，荷兰皇家壳牌公司(Royal Dutch Shell)于20世纪60年代末首先使用基于幕景的战略规划，并获得成功。由此，该公司的沃克(Pierre Wack)于1971年正式提出幕景分析法。幕景分析法是指在风险分析过程中，用幕景描绘识别风险的关键因素及其影响程度的方法。幕景是对风险状态(包括静止状态和持续性状态)的一种描绘。这种情景既可以是文字型的，也可以是图形、图表或曲线型的。

幕景分析法研究的重点问题是：当某种因素变化时，整个情况将怎样？将有什么样的风险发生？其影响力度将会有多大？基于这些问题，通过选择一些关键因素，然后像电影一样一幕一幕地进行播放演示，以比较不同的结果，供决策时参考。可见，这种方法的功能主要在于考查风险范围及事态的发展，并对各种情况做出对比研究，以选择最佳的效果。因此，幕景分析法尤其适用于对企业进行风险分析。

幕景分析法的过程主要包括筛选、监测和诊断。

(1) 筛选，就是用某种程序对潜在风险进行分类选择的过程。在这个过程中，分析潜在的种种不确定因素，厘清哪些因素最可能引起风险损失，哪些因素可以暂时排除，哪些因素对产生风险及损失的影响不甚明了。在此基础上对不同的后果进行归类，以便风险管理者用不同的方式处理不同的风险。

(2) 监测，就是在某种风险出现后对事件、过程、现象、后果进行观测、记录和分析的过程，并对风险的发展、演变趋势做出预测和警报。

(3) 诊断，就是对风险及损失的前兆、风险的后果和各种起因进行评价，找出主要原因并进行详细的检查。

幕景分析的结果大致分为两类：一类是对未来某种状态的描述；另一类是对一个发展过程及未来若干年某种情况一系列变化的描述。它可以向决策者提供未来某种机会带来最好的、最可能发生的和最坏的前景，还能详细给出这三种不同情况下可能发生的事件和风险。

幕景分析法是扩展风险分析人员的视野，增强其精确分析未来能力的一种思维程序。它可以提醒决策者注意某种措施或政策可能引起的风险或危机性的后果，建议需要进行监测的风险范围，研究某些关键因素对未来过程的重大影响。而且，当有多种相互矛盾的幕景时，可以更有效地进行多种选择与比较。但是这种分析方法是围绕着分析者目前的考虑和所获得的信息量进行的，有一定的局限性，即容易产生所谓"隧道眼光"(tunnel vision)现象，就好像是从隧道中观察外界事物一样，难以看到比较全面的情况。所以，幕景分析法也要与其他分析方法结合使用。

第三节 外汇风险测量

外汇风险测量是指根据企业生产经营和外汇汇率预测资料测算外汇汇率变动使企业可能产生的损失(或收益)的过程。

一、会计风险的测量

会计风险的基本测量方法有4种,即现行汇率法、流动与非流动项目法、货币与非货币项目法和时态法。外币汇集报表折算时,由于各项目采取不同的汇率,便产生了折算差额。折算差额的大小取决于所选用的折算方法、汇率变动的方向和过程、外币资产与外币负债的比例等因素。对于该折算差额有两种会计处理方法:一是递延处理;二是计入当期损益。将折算差额计入当期损益,可以真实地反映企业所承受的汇率风险,但将未实现的损益计入当期损益,有可能引起对会计报表的误解。因此,将折算差额在所有权权益下单列出来并逐年累计是较通用的做法。

【实例10.2】美国一家跨国公司在英国的子公司第1年赚得100万英镑,第2年赚得100万英镑。当这些利润和其他子公司的利润一起合并时,要按当年的加权平均汇率来计算。假设第1年的加权平均汇率为1.90美元,第2年为1.50美元。表10-2反映了该跨国公司前后两个报告期折算为美元的收益。请问会计风险带来的损失是多少?

表10-2 跨国公司的会计风险

报告期	英国子公司的当地收益	报告期英镑兑美元的加权平均汇率	折算后英国子公司的美元收益
第1年	100万英镑	1.90美元	190万美元
第2年	100万英镑	1.50美元	150万美元

> 解题
>
> 从表10-2可以看出,第1年和第2年在英国的子公司的英镑利润额相同,但是第2年英国子公司折算的合并美元利润减少了40万。造成该公司折算风险的原因在于第2年英镑加权平均汇率下跌了[(1.90-1.50)÷1.90×100%]=21%。财务分析人士、投资者有可能因为第2年子公司的美元利润减少而给予该跨国公司较低的评价。

二、交易风险的测量

1. 计算外币预计的流量净额

外汇交易风险产生的原因有两个:一个是浮动汇率制度下名义汇率的变动;另一个是外汇交易敞口头寸不为零。因此在计算外汇交易风险时,首先要按计量企业各种外汇流入量与流出量差额(净现金流量=现金流入量-现金流出量),明确每种货币的流量净额。

对于跨国公司而言,确定每种货币的净现金流量更为重要。跨国公司一般关注短期的交易风险。因为只有在短期,货币的现金流量才能被合理准确地测量。跨国公司的交易风险敞口头寸等于以某种外币定价结算的合同现金流入与合同现金流出的差额。每个子公司的管理层在报告其流入量和流出量的过程中起着决定性作用,合并子公司的财务报告,能够确认整个跨国公司在未来的几个月内预计的某种外币的净头寸。

例如,某跨国公司的子公司A的净现金流入量为600万英镑,而子公司B的净现金流出量为500万英镑，合并到总公司现金净流入100万英镑。如果在单个现金流量发生前英镑贬值，便会对子公司A产生不利影响。因为当英镑兑换成相应的核算货币时，其价值量减少了。可是，英镑贬值会对子公司B产生有利影响。对跨国公司来说，英镑贬值对跨国公司总体的影响相对较小。

2. 确定总体风险

由于企业常常发生多种外币交易，准确测定各种汇率之间的相互关系和关联程度对测量企业的交易风险是十分重要的。一种外币汇率发生变动时可能引发其他外币同向或反向变动。整体外汇交易风险并不是各货币外汇头寸的简单汇总，而是需要了解总体风险的货币汇率的波动性和相关性。标准差可以作为测量某一外币波动程度的方法。货币的标准差越小，意味着在某一时期内货币围绕其均值上下波动的幅度越小；货币的标准差越大，意味着其波动性越大。因此，跨国公司要对有关外币的汇率的历史数据进行分析，运用方差或者标准差来估计每种外币潜在的波动幅度，进而结合期末汇率预测值，来确定汇率的可能范围。

在确定总体风险时，除了需要明确货币汇率的波动性的大小，也要重视货币的相关性。货币的相关性可用相关系数计量，相关系数表示两种货币变动的相关程度，从而使跨国公司可以运用这样的信息确定交易风险的程度。

【实例10.3】我国某公司与银行签订购买6个月远期1000万美元，用于支付进口货款，协定汇率为USD/CNY=6.2760。6个月后，该公司需支付6276万元人民币元买入1000万美元，以支付进口所需要的货款。但6个月后汇率变为USD/CNY=6.2820。

请问：

(1) 在这一交易过程中，外汇风险是否存在？如果存在，存在于哪一方？
(2) 在此情况下，属于哪一种类型的外汇风险？
(3) 蒙受损失的一方，损失的金额是多少？

解题

在本例中，美元汇率较6个月前上涨了。因为该公司事先与银行签订了6个月远期外汇买卖合同，所以应按合同中的汇率交割，该公司只需支付6276万元人民币，就可以获得1000万美元。而此时的汇率为USD/CNY=6.2820，作为银行来说，损失人民币10万元。

(1) 在这一交易过程中，存在外汇风险，存在于银行这一方。
(2) 银行遭受了外汇交易风险。
(3) 银行损失的金额是10万元人民币。

三、经济风险的测量

经济风险是指由于意料之外的外汇汇率变化而导致企业产品成本、价格等发生变化，从而导致企业未来经营收益增减的不确定性。

在测量经济风险时，较常用的是收益—成本的敏感性分析和回归分析。

1. 收益—成本的敏感性分析

在汇率风险的测量中，把现金流量按照收益表的不同项目分类，并根据汇率预测情况对收益表的各项做出主观的预测，考虑各种可能的汇率水平，修正利润表项目的预测值，称为收益—成本的敏感性分析。通过观察利润表盈利预测值如何随备选的汇率值变化，企业就能够了解货币币值变动对收益和成本下的现金流量的影响。企业的现金流量取决于原材料和产品的价格、销售量以及各项费用，这些因素综合起来，反映了企业的竞争力。汇率的变动正是通过改变各种价格对企业的竞争力和市场环境产生影响的。

2. 回归分析

企业较常用的另一种敏感性分析方法是回归分析。该方法是利用已有的公司绩效变量(一般为现金流量和股票价格)和汇率的历史数据进行回归分析，测定企业的经济风险。这种方法具有客观性。相对来说，收益和成本敏感性分析更多地要求企业管理人员做出很多主观的估计分析，过度地依赖管理人员个人的判断，而回归分析则可以客观地通过对历史数据进行数字处理，得出未来的、可能的经济风险大小。

20世纪80年代开业的北京奥林匹克饭店申请破产的最主要原因就是没有合理规避汇率风险。该饭店在1987年成立初期向以中国银行为首的银团申请了50亿日元的贷款，贷款利率很优惠。银行放贷时的汇率水平是1美元兑换240日元左右。而此后不久，日元就开始在美国的逼迫下不断升值，最高时达到1美元兑换80日元左右。与此同时(1994年)，人民币汇率也进行了调整，从1美元兑5.7元人民币调整到1美元兑8.7元人民币。也就是说，人民币兑日元的汇率在短短7年内就贬值了近6倍。奥林匹克饭店的经营收入基本上都是用人民币或美元计价，但要用日元还贷，日元的升值令其蒙受了巨大的损失，最后不得不申请破产。2002年，该饭店被拍卖。

第四节 外汇风险规避的一般方法

一、微观主体的外汇风险规避

微观主体的外汇风险规避方法可以分为以下几类。

1. 选好或搭配好计价货币

一种结算货币的选择与货币汇率走势、与他国的协商程度及贸易条件有关，因此在实际操作当中，必须全面考虑，灵活掌握，真正选好有利币种。

(1) 选择本币计价。选择本币作为计价货币，不涉及货币的兑换，进出口商不必承担汇率风险。

(2) 收硬付软。在外汇收支中，原则上应争取用硬货币收汇，用软货币付汇。例如，在进出口贸易中，进口支付争取用软货币，出口收汇争取用硬货币；在借用外币计价的款项时，争取借用软货币，这样承受的风险就比较小。

(3) 选用"一篮子"货币计价。通过使用两种以上的货币计价来消除外汇汇率变动带来的风险。比较典型的"一篮子"货币有SDRs、欧元、英镑、日元等。

(4) 软硬货币搭配。软硬货币此降彼升，具有负相关性质，进行合理搭配，能够降低汇率风险。交易双方在选择计价货币难以达成共识时，可采用这种折中的方法。对于机械设备的进出口贸易(时间长、金额大)，也可以采用这种方法。

(5) 平衡法(matching，也称配对法)。它是指交易主体在一笔交易发生时，再进行一笔与该笔交易在货币、金额、收付日期上完全一致，但资金流向相反的交易，使两笔交易面临的汇率变化影响抵消。

(6) 组对法(pairing)。它是指创造一个与存在外汇汇率风险货币相联系的另一种货币的反方向流动来消除外汇风险的方法。在组对法中，两种货币汇率要相对稳定。

2. 提前或拖延收付(leads & lags)

它是指根据有关货币对其他货币汇率的变动情况，更改该货币收付款日期。作为出口商，当计价货币坚挺，即汇率呈上升趋势时，由于收款日期越往后推就越能获得汇率变动的收益，出口商应在合同规定的履约期限内尽可能推迟出运货物，或向外方提供信用，以延长出口汇票期限。当汇率呈下跌趋势时，出口商应争取提前结汇，即加速履行合同，如以预收货款的方式在货物装运前就收汇。当然，这要在双方协商同意的基础上才能进行。反之，当企业作为进口商时，则做出相应调整。

3. 采用冲销法(也称净额结算)

冲销法是指跨国公司子公司经常采用的对其内部贸易所产生的应收款和应付款进行相互抵消，仅定期清偿抵消后的净额部分，从而减少净敞口头寸的方法。

4. 运用福费廷或保付代理

(1) 福费廷(forfaiting)，即未偿债务买卖，也称包买票据或票据买断，就是在延期付款的大型设备贸易中，出口商把经进口商承兑的，或经第三方担保的，期限在半年至六年的远期汇票，无追索权地售予出口商所在地的银行或大金融公司，提前取得现款的一种资金融通形式。在这种交易中，出口商及时得到货款，并及时地将这笔外汇换成本币，消除了时间风险，也消除了价值风险。

(2) 保付代理(factoring)，是指出口商以商业信用形式出卖商品，在货物装船后立即将发票、汇票、提单等有关单据，卖断给承购应收账款的财务公司或专门组织，收进全部或一部分货款，从而取得资金融通的方式。这样出口商能够及时地收到大部分货款，不仅避免了信用风险，还减少了汇率风险。

5. 运用系列保值法

(1) 合约中订立保值条款。在交易谈判时，经过双方协商，通常在合约中订立适当的保值条款，以防止汇率多变的风险。在保值条款中，交易金额以某种比较稳定的货币或综合货币单位来保值，清算时按支付货币对保值货币的当时汇率加以调整。在长期合约中，往往采用这类做法。这种方法主要有黄金保值条款、硬货币保值、"一篮子"货币保值(参见第三章的分析)。订立这种保值条款时，需做到以下三点：首先，要明确规定货款到期应支付的货币；其次，选定一种保值货币；最后，在合约中标明结算货币与保值货币在签订合约时的即期汇率。收付货款时，如果结算货币贬值超过合约规定幅度，则按结算货币与保值货币的新汇率将货款加以调整，使其仍等于合约中原折算的保值货币金额。

(2) 调价保值。调价保值包括加价保值和压价保值等。在国际贸易中，出口收硬货币、进口付软币是一种理想的选择，但在实际交易中有时只能是"一厢情愿"。在某些场合，出口不得不收取软货币，而进口被迫用硬货币，此时就要考虑实行调价避险法，即出口加价和进口压价，以尽可能减少风险。

(3) 风险分摊保值。它是指交易双方按签订的合约分摊因汇率变化造成的风险的方法。其主要过程如下：①确定产品的基价和基本汇率；②确定调整基本汇率的方法和时间；③确定以基本汇率为基数的汇率变化幅度；④确定交易双方分摊汇率变化风险的比率，根据情况协商调整产品的基价。

6. 开展各种外汇保值业务

(1) 即期合约法(spot contract)，是指具有近期外汇债权或债务的公司与外汇银行签订买入或卖出外汇的即期合约，以消除外汇风险的方法(参见第三章的分析)。

(2) 远期合约法(forward contract)，是指具有外汇债权或债务的公司与银行签订买入或卖出远期外汇的合约，以消除外汇风险的方法(参见第四章的分析)。

(3) 期货交易合约法(future contract)，是指具有远期外汇债务或债券的公司，委托银行或经纪人买入或卖出相应的外汇期货，以消除外汇风险的方法(参见第七章的分析)。

(4) 期权合约法(option contract)，是指购买期权合约来规避汇率风险的一种方法。作为期权合同的持有人，可以根据市场汇率变动作任何选择，既可履约，也可不履约。不履约最多损失期权费，因而也就规避了汇率风险(参见第八章的分析)。

(5) 掉期合同法(swap contract)，是指具有远期的债务或债权的公司，在与银行签订买入或卖出即期外汇的同时，再卖出或买入相应的远期外汇，以防范风险的一种方法(参见第六章的分析)。

(6) 货币互换法(swap)，是指两个独立的借取不同的货币币种的借款人，同意在未来的时间内，按约定的规定，互相负责对方到期应付的借款本金和利息。利用货币互换既可以规避汇率和利率风险，也可以降低债务成本(参见第九章的分析)。

7. 采取易货贸易

易货贸易是指支付结算采用以货换货的方式，即商品经过计价后进行交换，以补充现汇不足的贸易。由于易货贸易避免了货币的使用，也就规避了汇率风险。

二、国家的外汇储备风险规避

外汇储备风险规避是一国金融宏观管理的重要组成部分。储备货币的汇率变动同样对其价值影响巨大。如果储备货币发生货币危机，则会给以这种货币作为国家储备资产的国家带来极大的损失。因此，对外汇储备进行风险规避，意义非常重大，尤其是一些发展中国家更应如此。

1. 国家外汇储备风险规避的原则

国家外汇储备风险规避的原则主要包括以下几项。

(1) 建立一种管理框架,以便识别国际储备管理的风险,并将其控制在一定范围内。

(2) 对受委托管理国际储备的外部管理者而言,其管理方式与原则应该与货币当局一致。

(3) 风险敞口头寸应该定期检测,以识别风险是否超过可接受范围。

(4) 国际储备管理者应能够清醒认识并准备接受风险敞口可能带来的损失。

(5) 关注衍生工具和外汇操作的风险。

(6) 为了评估国际储备资产组合的脆弱性,国际储备管理单位应该定期进行压力测试以评估宏观经济与金融冲击的潜在影响。

2. 国家外汇储备风险规避的方法

国家外汇储备风险的规避主要从加强管理着手,具体包括以下几种方法。

(1) 选择储备货币。其重点在于选择最佳储备货币。应尽可能地选择有升值趋势的硬货币,减少有下跌趋势的软货币,以避免储备货币汇率下降带来的损失。

(2) 确定储备货币的数量。其核心是测量出一定时期内一国应持有的最佳或最适储备量。本国对外贸易结构和其他金融活动对储备货币的支付需求大,就尽可能增加其储备量;本国干预外汇市场、维持本国货币汇率稳定对储备货币的需求多,就需增加储备。

(3) 优化储备货币组合。对有关储备货币进行有效的组合,使外汇储备资产保值;储备货币币种结构应尽可能地与一国国际贸易结构和国际债务结构保持基本一致。

(4) 储备货币的投资管理。主要是设立专门化的经营与投资机构,依法对外汇储备资产进行投资,使其尽可能在保值的基础上增值。

第五节 外汇风险规避的综合方法

一、BSI法

BSI法,即借款—即期合同—投资法(borrow—spot—invest),是指先在存在外汇应收账款的情况下,通过借款借入与应收外汇相同数额的外币,再将这笔外币通过即期外汇交易卖给银行换回本币进行投资,从而既消除了外汇的时间风险,又消除了价值风险的一种方法。

1. BSI法在应收外汇账款中的具体运用

在有应收账款的情况下,为防止应收外汇的汇价波动,首先借入与应收外汇相同数额的外币,将外汇风险的时间结构转变到即期日(spot date)。借款后,时间风险消除,但货币风险仍然存在,此风险则可通过即期合约法予以消除。即期借入外币,卖给银行换回本币,外币与本币的价值波动风险不复存在。消除风险虽有一定费用支出,但若将借外币后通过即期外汇交易卖得的本币存入银行或投资，其赚得的投资收入，可以抵冲一部分因采取防险措施而产生的费用支出。

例如，某日本公司在90天后有一笔1000万美元的应收账款。为了预防美元贬值的外汇风险，日本公司可向银行借入相同金额的1000万美元(暂不考虑利息因素)，借款期限为90天，从而改变外汇风险的时间结构。日本公司借这笔贷款后立即按即期汇率USD1=JPY100卖出1000万美元，买入10亿日元。随后，日本公司又将10亿日元投资于日本货币市场(暂不考虑利息因素)，投资期为90天。90天后日本公司把1000万美元的应收账款还给银行。

2. BSI法在应付外汇账款中的具体运用

应付账款的公司先借本币，再通过即期外汇市场把本币换成外币，最后用外币投资远期收回的投资本息偿付账款。

例如，某日本公司从美国进口1000万美元的商品，支付条件为90天远期付款。该公司为防止90天后美元汇率上涨，首先从日本银行借入本币，期限为90天，然后与该行或其他日本银行签订即期外汇的买卖合约，以借入的日元购买1000万美元，紧接着将刚买入的美元投放于欧洲货币市场或美国货币市场，期限为90天。90天后该公司的应付美元账款到期，恰好其美元投资也到期，以收回的美元投资本息偿付对出口商的应付美元账款。最后用销售1000万美元进口商品所得到的本币偿还银行贷款。

二、LSI法

LSI法，即提前收付—即期合约—投资法(lead—spot—invest)，是指先在征得债务方同意后，给其一定折扣请其提前支付货款，然后立即通过即期外汇交易换成本币，再将换回的本币进行投资，从而将取得的收益抵冲上述费用支出的一种方法。

1. LSI法在应收外汇账款中的具体运用

对于有应收账款的出口商或债权人来说，LSI法包括三个步骤：首先征得交易对方的同意，请其提前支付款项，并给予一定的折扣；然后通过即期外汇交易，将收回的外汇款项兑换成本币；最后，为了获得一定的利息以补偿折扣，将换回的本币在货币市场上投资生息。

例如，某日本公司在90天后有一笔1000万美元的应收账款。为了预防美元贬值的外汇风险，日本公司在征得债务方同意并给其一定折扣后要求其在2天内提前付清这笔债务。日本公司取得1000万美元款项后，通过即期外汇买卖换成10亿日元，并投资于日本货币市场。

2. LSI法在应付外汇账款中的具体运用

应付账款的公司先借本币，再通过即期交易将本币换成外汇，最后将买得的外汇提前支付，即borrow—spot—lead，但国际上习惯上称为LSI。

例如，某日本公司从美国进口1000美元的商品，支付条件为90天远期付款。先从银行借入本币，然后通过与银行签订即期外汇交易合约，将日元换成1000万美元，最后将美元提前支付。这样通过借本币换外币，再以外币提前偿付，消除了全部外汇风险。将来只有一笔本币流出，借款到期时将销售1000美元进口商品所得到的本币偿还银行贷款即可。

本 章 小 结

1. 外汇风险是指外汇市场上汇率的变动，导致以外币计价的资产或负债其价值增加或者减少的可能性。它具有或然性、不确定性和相对性三个特性。

2. 外汇风险管理是指外汇资产持有者通过风险识别、风险测量、风险控制等方法，预防、规避、转移或消除外汇业务经营中的风险，从而减少或避免可能的经济损失，实现在风险一定条件下的收益最大化或收益一定条件下的风险最小化。

3. 外汇风险识别是指风险管理人员在进行调查研究之后，运用各种方法对潜在的及存在的各种外汇风险进行系统分类和全面识别的过程。风险识别有许多方法，如分解法、头脑风暴法、德尔菲法以及幕景分析法等。

4. 外汇风险测量是指根据企业生产经营和外汇汇率预测资料测算外汇汇率变动使企业可能产生的损失(或收益)的过程。

5. 会计风险是指经济主体对资产负债表进行会计处理中，将功能货币转换成记账货币时，由于汇率波动而可能呈现的账面损失。会计风险的基本测量方法有4种，即现行汇率法、流动与非流动项目法、货币与非货币项目法和时态法。

6. 交易风险是指在以外币计价的交易活动中，由于该种货币与本国货币的汇率发生变化而引起的应收资产或应付债务价值变化的可能性。测量交易风险的步骤是首先确定每种外币与其现金流量净额，然后确定这些外币的总体风险。

7. 经济风险又称经营风险，是指意料之外的汇率变动通过影响企业生产销售数量价格、成本，引起企业未来一定期间收益或现金流量变化的可能性。在测量经济风险时，较常用的是收益—成本的敏感性分析和回归分析。

8. 国家外汇储备风险是指一国所有的外汇储备因储备货币贬值而带来的风险。它主要包括国家外汇库存风险和国家外汇储备投资风险。

9. 微观主体的外汇风险规避方法可以分为以下几类：选好或搭配好计价货币；提前或拖延收付；采用冲销法；运用福费廷或保付代理；运用系列保值法；开展各种外汇保值业务；采取易货贸易；等等。

10. 外汇储备风险规避的方法可归纳为4种：选择储备货币、确定储备货币的数量、优化储备货币组合、储备货币的投资管理。

11. BSI法是指先在存在外汇应收账款的情况下，通过借款借入与应收外汇相同数额的外币，再将这笔外币通过即期外汇交易卖给银行换回本币进行投资，从而既消除了外汇的时间风险，又消除了价值风险的一种方法。

12. LSI法是指先在征得债务方同意后，给其一定折扣请其提前支付货款，然后立即通过即期外汇交易换成本币，再将换回的本币进行投资，从而将取得的收益抵冲上述费用支出的一种方法。

关键概念

外汇风险　外汇风险管理　完全抵补策略　部分抵补策略　完全不抵补策略
外汇风险识别　分解法　头脑风暴法　德尔菲法　幕景分析法　风险的定量估计
外汇风险测量　会计风险　交易风险　经济风险　国家外汇储备风险
国家风险　收硬付软　配对法　组对法　冲销法　福费廷　保付代理　调价保值
易货贸易　BSI法　LSI法

本章习题

1. 什么是外汇风险管理？外汇风险管理的策略有哪些？
2. 外汇风险管理包括哪些流程？
3. 简述风险识别的主要方法。
4. 外汇风险有哪些种类？
5. 如何在合约中订立保值条款？
6. 我国一家跨国公司在英国的子公司第1年赚得1000万英镑，第2年赚得1000万英镑。当这些利润和其他子公司的利润一起合并时，要按当年的加权平均汇率来计算。假设第1年的加权平均汇率为GBP/CNY=8.90，第2年为GBP/CNY=8.50美元。表10-3反映了该跨国公司前后两个报告期折算为美元的收益。请问会计风险带来的损失是多少？

表10-3　跨国公司的会计风险

报告期	英国子公司的当地收益	报告期英镑兑人民币的加权平均汇率	折算后英国子公司的人民币收益
第1年	1000万英镑	8.90	8900万元
第2年	1000万英镑	8.50	8500万元

7. 我国某公司与银行签订购买3个月远期100万美元，用于支付进口货款，协定汇率为USD/CNY=6.7760。3个月后，该公司需支付677.6万元人民币元买入100万美元，以支付进口所需要的货款。但3个月后汇率变为USD/CNY=6.8820。

请问：

(1) 在此情况下，属于哪一种类型的外汇风险？
(2) 蒙受损失的一方，损失的金额是多少？
(3) 蒙受损失的一方应该采取什么措施来规避汇率风险？

8. 我国某公司从美国进口100万美元的商品，支付条件为90天远期付款。该公司为防止90天后美元汇率上涨，请问如何采取BSI法来管理外汇风险？

9. 我国某公司在90天后有一笔100万美元的应收账款。为了预防美元贬值的外汇风险，该公司如何采取LSI法来管理外汇风险？

参考文献

[1] Cofnas A. The Forex Options Course: A Self-Study Guide to Trading Currency Options[M]. Hoboken: John Wiley & Sons, 2009.

[2] Martinez J. F. The 10 Essentials of forex trading[M]. New York: The McGraw-Hill Companies, 2007.

[3] Shamah S. A Foreign Exchange Primer[M]. West Sussex: John Wiley & Sons, 2003.

[4] Steiner B. Foreign exchange and money markets: theory, practice and risk management[M]. Oxford: Butterworth-Heinemann, 2002.

[5] Weithers T. Foreign Exchange: A Practical Guide to The Fx Markets[M]. Hoboken: John Wiley & Sons, 2006.

[6] 陈敬畅. 金融互换的风险及其防范[J]. 湖北社会科学, 2004(5): 98.

[7] 樊祎斌. 外汇交易实务[M]. 北京: 中国金融出版社, 2009.

[8] 付江涛. 汇率变动下的经济风险[J]. 新理财, 2011(1): 43-45.

[9] 刘金波. 外汇交易原理与实务[M]. 3版. 北京: 人民邮电出版社, 2022.

[10] 刘伟, 李刚, 李玉志. 外汇交易: 理论、实务、案例、实训[M]. 大连: 东北财经大学出版社, 2015.

[11] 刘园. 外汇交易与管理[M]. 3版. 北京: 首都经济贸易大学出版社, 2020.

[12] 刘玉操, 曹华国. 国际金融实务[M]. 大连: 东北财经大学出版社, 2013.

[13] 谭跃, 潘永红. 金融互换的风险及其管理研究[J]. 中央财经大学学报, 1999(7): 45-48.

[14] 王理平. 外汇EA交易入门与实战[M]. 北京: 中国财政经济出版社, 2018.

[15] 王征, 周峰. 网上外汇交易入门[M]. 北京: 中国铁道出版社, 2010.

[16] 王梓仲. 外汇交易实务[M]. 北京: 北京理工大学出版社, 2013.

[17] 魏强斌. 外汇交易进阶[M]. 4版. 北京: 经济管理出版社, 2018.

[18] 吴俊德, 许强. 外汇交易及资金管理[M]. 2版. 北京: 中信出版社, 2017.

[19] 夏乐. 央行间货币互换比较[J]. 中国金融, 2020(9): 48-49.

[20] 杨柳. 外汇交易理论、案例与实务[M]. 北京: 中国农业出版社, 2018.

[21] 杨胜刚, 姚小义. 外汇理论与交易原理[M]. 2版. 北京: 高等教育出版社, 2008.

[22] 杨向荣, 周伟, 朱静. 外汇交易实务[M]. 北京: 清华大学出版社, 2019.

[23] 杨玉凤, 李英. 国际金融实务[M]. 上海: 复旦大学出版社, 2014.

[24] 于研. 外汇操作理论与实务[M]. 上海：上海财经大学出版社，2012.

[25] 谢远涛，蒋涛，陆小丽. 外汇交易与管理[M]. 北京：清华大学出版社，2015.

[26] 张慧毅. 外汇交易进阶[M]. 北京：机械工业出版社，2018.

[27] 张笑梅，吴燊源. 从美国芝商所推出人民币外汇期货期权看人民币国际化新进程[J]. 中国外汇，2023(7)：46-49.